U0909151

中国（陕西）自由贸易试验区创新探索系列丛书

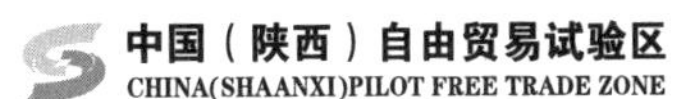

走进中国（陕西）自由贸易试验区

西安交通大学“一带一路”自由贸易试验区研究院
中国（陕西）自由贸易试验区工作办公室 编

中国社会出版社
国家一级出版社·全国百佳图书出版单位

图书在版编目（CIP）数据

走进中国（陕西）自由贸易试验区／西安交通大学“一带一路”自由贸易试验区研究院，中国（陕西）自由贸易试验区工作办公室编．--北京：中国社会出版社，2018.4

ISBN 978-7-5087-5943-2

Ⅰ.①走… Ⅱ.①西…②中… Ⅲ.①自由贸易区—经济建设—陕西 Ⅳ.①F752.841

中国版本图书馆 CIP 数据核字（2018）第 073485 号

书　　名：走进中国（陕西）自由贸易试验区

编　　者：西安交通大学“一带一路”自由贸易试验区研究院
中国（陕西）自由贸易试验区工作办公室

出 版 人：浦善新

终 审 人：李　浩

责任编辑：陈贵红

出版发行：中国社会出版社　　**邮政编码**：100032

通联方式：北京市西城区二龙路甲 33 号

电　　话：编辑部：（010）58124828
邮购部：（010）58124848
销售部：（010）58124845
传　真：（010）58124856

网　　址：www.shcbs.com.cm
shcbs.mca.gov.cn

经　　销：各地新华书店

中国社会出版社天猫旗舰店

印刷装订：三河市华东印刷有限公司

开　　本：170mm×240mm　1/16

印　　张：17.5

字　　数：286 千字

版　　次：2018 年 8 月第 1 版

印　　次：2018 年 8 月第 1 次印刷

定　　价：58.00 元

中国社会出版社微信公众号

《中国(陕西)自由贸易试验区创新探索系列丛书》编委会名单

前　言

2017年4月1日，中国（陕西）自由贸易试验区（以下简称陕西自贸试验区）正式挂牌成立，这是新形势下全面深化改革、扩大开放和加快推进“一带一路”建设、深入推进西部大开发的重大战略举措。为了进一步面向政府部门、企业、公众普及陕西自贸试验区建设发展的相关知识和政策，我们组织专门研究力量，整合当前有关自贸试验区建设的热点问题及重要政策文件，编写了这本涵盖自贸区发展、建设任务、实际操作等知识的普及读物。

全书整体结构由两个部分组成：第一篇为研究篇，参照《中国（陕西）自由贸易试验区总体方案任务分工》的内容，结合自贸试验区建设实践，分为自由贸易区基础知识、自贸区战略与“一带一路”倡议、陕西自贸试验区框架思路、政府职能转变、投资管理领域、贸易转型升级、金融服务领域、“一带一路”经济合作与人文交流、未来发展以及实用指南十个方面，提炼出120多个问答，涉及历史脉络的梳理、关键名词的解释、政策方案的解读、创新制度的分析等内容。第二篇为政策法规篇，给出了陕西自贸试验区相关政策法规列表以及重要文件全文。

本书是陕西自贸试验区创新探索系列成果之一，希望本书的出版不仅能够帮助读者理解自贸试验区的相关政策制度，还能够服务于自贸试验区的改革创新，为中国自贸试验区的发展贡献陕西声音、陕西力量和陕西模式。

目 录
CONTENTS

第一篇 01

研究篇

第一章

自由贸易区的基础知识

什么是自由贸易区?

自由贸易区(Free Trade Area,简称FTA)是指两个以上的主权国家或单独关税区通过签署协定,在世贸组织最惠国待遇基础上,相互进一步开放市场,分阶段取消绝大部分货物的关税和非关税壁垒,改善服务和投资的市场准入条件,从而形成实现贸易和投资自由化的特定区域。自由贸易区对进出口商品免征关税,并且允许在区内自由从事商品存储、展览、拆散、改装、重新包装、整理、加工和制造等业务活动,以达到促进本地区经济和对外贸易的发展、增加财政收入和外汇收入的目的。

自由贸易区所涵盖的范围是签署自由贸易协定的所有成员的全部关税领土,而非其中的某一部分。目前,中国已签署自由贸易协定16个,涉及韩国、澳大利亚、东盟、巴基斯坦、智利、新西兰、秘鲁等23个国家和地区,包括中国-韩国自贸区、中国-澳大利亚自贸区、中国-东盟自贸区、中国-新加坡自贸区等。

什么是自由贸易园区?

自由贸易园区(Free Trade Zone,简称FTZ)是指在主权国家或地区的关境以外,划出特定的区域,准许外国商品豁免关税自由进出的地区,实质上是采取自由港政策的关税隔离区。从狭义上看自由贸易园区仅指提供区内加工出口所需原料等货物的进口豁免关税的地区,类似于出口加工区,而从广义上看还包括自由港和转口贸易区。我国的经济特区、保税区、出口加工区、保税港、经济技术开发区等特殊经济功能区都具有自由贸易园区(FTZ)的某些特征,但目前我国尚无与自由贸易园区完全对应的区域。

自由贸易区按功能划分为哪几类?

根据不同的区位优势、基础设施和经济发展水平,不同国家和地区的自由贸易区有不同的功能定位,根据其功能划分为自由港型、出口加工型、保税仓储型、贸易型、工贸结合型。

表1-1 全球自由贸易区类型

类型	功能	特点	代表区域
自由港型	国际贸易、转口贸易、出口加工、物流	对在规定的自由港范围内进口的外国商品,无论是提供当地消费或是转口输出,原则上都不征收关税	新加坡、中国香港、直布罗陀、毛里求斯等离岸自由港
出口加工型	以从事加工为主,以转口贸易、国际贸易、仓储运输服务为辅	加工为主,贸易为辅	韩国马山、孟加拉国、埃及、尼日利亚等国的出口加工区
保税仓储型	再包装、分级、挑选、抽样、混合、处理	以保税为主,免除外国货物进出口手续,较长时间处于保税状态	意大利罗马免税仓库、荷兰阿姆斯特丹港
贸易型	从事商品展示和零售业务	利用优越的自然地理环境,以贸易为主,发展国际贸易,促进区内经济全面发展	智利伊基克自由贸易区、巴拿马科隆
工贸结合型	兼加工贸易与转口贸易于一身	交通位置优越,从事出口加工、转口贸易、国际贸易、仓储运输服务等综合业务	阿联酋迪拜港自由港区、土耳其爱琴海自由贸易免税区

*表中资料来源于闫然. 全球自由贸易区排名及评价体系分析[J]. 港口经济,2014(9):5-8.

自由贸易区的历史发展进程是什么?

从16世纪中期出现的世界上第一个自由港——意大利热亚那的格雷亨港算

起,世界自由贸易区近400年的发展历史大致可以分为四个阶段:

第一阶段是16世纪后半叶至18世纪初。随着资本主义手工业和航海业的发展,国际贸易快速得到提升,欧洲自由城市和自由港大量出现在地中海沿线,并逐渐向西欧沿海与波罗的海扩散。

第二阶段是18世纪中叶至20世纪40年代。随着两次工业革命的爆发,资本主义国家通过扩大殖民地来寻找新的销售市场和工业原材料来源地,因而在欧洲、加勒比群岛、亚洲和非洲等地建立了众多的自由贸易区,特别是第二次工业革命后,在欧洲大陆的德国汉堡出现了现代意义上的自由贸易区雏形。第一次世界大战之后,美国的自由贸易区开始兴起,1934年美国议会通过的《对外贸易区法案》,准许在全国不同地区创建自由贸易区。

第三阶段是第二次世界大战后至1960年。随着第二次世界大战后经济的恢复与繁荣,欧洲的许多自由港与自由贸易区得到重建和新建,亚洲的中国香港、新加坡以及大批拉美和加勒比国家的自由贸易区得到方兴未艾的成长。此时,以商品贸易为主的自由贸易区已成为许多国家和地区促进经济增长、出口与就业的激励措施。

第四阶段是20世纪60年代至今。这一阶段中主要是以出口加工为主的工业型自贸区,率先出现在东南亚、中国台湾、美国、墨西哥以及爱尔兰等新兴经济体或发展中国家,自由贸易区成为它们实施工业化和出口导向发展战略的重要依托。随后在20世纪70年代后,开始出现由贸易物流型向生产型、服务型、科技型、金融型等复合功能拓展与提升的综合型自由贸易区,其范围几乎涉及世界上所有国家与地区,特别是东亚与中东地区的各类自由贸易区发展日渐成熟。

世界自由贸易区的发展呈现出哪些特点?

随着时间的推移,世界自由贸易区发展数量不断增加,呈现出功能综合、法制完备、管理高效、政策优惠以及海关监管便捷等特点。

第一,自由贸易区的功能趋向综合。国际上自由贸易区的基本功能包括进出口贸易、转口贸易、仓储、商业或工业性简单加工、商品展示及金融、货运等。随着自由贸易区数量的增加,各国及地区也更加注重功能的拓展和相互间的融合。

第二,自由贸易区的法制逐渐完备。为实现自由贸易区服务本国经济发展的作用,世界上大多数国家或地区一般都采取将所实行的经济政策以法律形式固定下来,且立法级别通常为中央层面。除国家立法外,所在地方政府还制定相应的条例规章,规范自由贸易区的各种活动,使管理者和投资者有法可依、有章可循。

第三,自由贸易区的管理高效规范。随着自由贸易区之间不断竞争发展,各国自由贸易区的管理已逐渐趋向规范化。如各国设立专门的机构对自由贸易区进行统一管理,根据法律授权实行机构与管理一体化,坚持层次少和权力集中的原则,简化办事手续,提高工作效率。

第四,自由贸易区的特殊政策优惠。尽管世界各国或地区在制定自由贸易区经济政策时会因为经济发展水平和政治制度不同而有所差异,但均享有比国内其他经济地区更多优惠政策的待遇。如为鼓励外商前来投资,自由贸易区要求进出境关税豁免,境外进出特殊监管区的货物均无须交纳关税,且一般不受时间数量限制,只有区内货物运往境内其他区域,才须征收关税。

第五,自由贸易区的海关监管便捷。海关机构大都比较精简,管理便捷,监管手续简化,对区内企业和货物实行“一线放开,二线管住,区内自由”和“管住卡口,管出不管进”政策。

哪些因素促进世界自由贸易区的发展?

自由贸易区的建设与发展受到多种因素的影响,其中地缘、文化往来、经济改革、经济危机等是主要的影响因素。

第一,经济改革因素。在加入多边合作机制的同时,缔结自由贸易区有利于推动各成员国内的经济结构改革,从而可以借助更多外力来推进国内改革。

第二,经济危机因素。20 世纪 90 年代发生的地区性经济危机,也促使世界各国更加重视地区经济合作的制度化。因而,加强地区内经贸合作不仅有助于防范新的危机,而且也有助于世界经济的稳定发展。

第三,地缘因素。与多边贸易体制相比,区域内国家易于就自由贸易区达成协议并产生实效。同时,现有的自由贸易区大多富有成效,也激发了更多国家参与到自由贸易区中来。

第四,文化往来因素。邻近国家间的自由贸易区具有人员往来与物流便利、语言文化相近、生活习惯类似等多种有利条件,因而邻近国家和地区间具有更多的有利条件来扩大和加深经济合作。

世界自由贸易区有哪些?

目前全世界135个国家约有3500个自由贸易区,其名称各异,如:出口加工区、保税仓库区、自由区、对外贸易区、科学工业园区、离岸金融中心等,其实质都是自由贸易区。

表1-2 世界典型自由贸易区

名称	国家、地区、城市
杰贝阿里自由贸易区	迪拜
新型自由贸易区	尼泊尔、孟加拉国、不丹、马尔代夫、巴基斯坦、斯里兰卡、印度
中日韩自由贸易区	中国、日本、韩国
北美自由贸易区	美国、加拿大、墨西哥
美洲自由贸易区	阿根廷、安提瓜和巴布达、巴巴多斯、巴哈马、巴拉圭、巴拿马、巴西、秘鲁、玻利维亚、多米尼加共和国、多米尼克、厄瓜多尔、哥伦比亚、哥斯达黎加、格林纳达、海地、加拿大、美国、墨西哥、尼加拉瓜、萨尔瓦多、圣卢西亚、圣文森特和格林纳丁斯、圣基茨和尼维斯联邦、苏里南、特立尼达和多巴哥、危地马拉、委内瑞拉、乌拉圭、牙买加、智利、圭亚那、伯利兹、古巴、加勒比
中欧自由贸易区	波兰、匈牙利、捷克、斯洛伐克、斯洛文尼亚、罗马尼亚、保加利亚
东盟自由贸易区	印度尼西亚、马来西亚、菲律宾、新加坡、泰国、文莱、越南、老挝、缅甸、柬埔寨
欧盟与墨西哥自由贸易区	奥地利、比利时、保加利亚、塞浦路斯、克罗地亚、捷克共和国、丹麦、爱沙尼亚、芬兰、法国、德国、希腊、匈牙利、爱尔兰、意大利、拉脱维亚、立陶宛、卢森堡、马耳他、荷兰、波兰、葡萄牙、罗马尼亚、斯洛伐克、斯洛文尼亚、西班牙、瑞典、英国、墨西哥
中国-东盟自由贸易区	中国、印度尼西亚、马来西亚、菲律宾、新加坡、泰国、文莱、越南、老挝、缅甸和柬埔寨
巴拿马科隆自由贸易区	巴拿马、科隆

续表

名称	国家、地区、城市
德国汉堡自由贸易区	德国
美国纽约1号对外贸易区	美国
加勒比自由贸易区	安提瓜和巴布达、巴巴多斯、巴哈马、伯利兹、多米尼克、格林纳达、圭亚那、圣卢西亚、圣基茨和尼维斯、圣文森特和格林纳丁斯、特立尼达和多巴哥、蒙特塞拉特、苏里南、海地、牙买加

*表中资料主要来源于百度百科。

世界知名自由贸易区的发展历史及特点是什么?

国际上知名的自由贸易区包括北美自由贸易区、美洲自由贸易区,欧盟、中国-东盟自由贸易区等,其发展历史和特点如下表所示。

表1-3 世界知名自由贸易区的发展历史和特点

自由贸易区	发展历史及特点
北美自由贸易区	1992年8月12日,美国、加拿大和墨西哥三国就《北美自由贸易协定》达成一致意见,并于同年12月17日由三国领导人分别在各自国家正式签署。1994年1月1日,协定正式生效,北美自由贸易区(NAFTA)宣布成立。三个会员国彼此必须遵守协定规定的原则和规则,如国民待遇、最惠国待遇及程序上的透明化等来实现其宗旨,借以消除贸易障碍。自由贸易区内的国家货物可以互相流通并减免关税,而贸易区以外的国家则仍然维持原关税及壁垒
欧盟自由贸易区	欧洲联盟(EU)是世界三大自由贸易区之一,其实质是一个集政治实体和经济实体于一身、在世界上具有举足轻重的巨大影响力的区域一体化组织。欧盟的诞生使欧洲的商品、劳务、人员、资本自由流通,使欧洲的经济增长速度快速提高

续表

自由贸易区	发展历史及特点
中国－东盟自由贸易区	中国－东盟自由贸易区(CAFTA),是中国与东盟十国组建的自由贸易区。2010 年 1 月 1 日,贸易区正式全面启动。自贸区建成后,东盟和中国的贸易占到世界贸易的 13%,成为一个涵盖 11 个国家、19 亿人口、GDP 达 6 万亿美元的巨大经济体,是目前世界人口最多的自贸区,也是发展中国家间最大的自贸区
欧盟与墨西哥自由贸易区	1999 年 11 月 24 日,欧盟与墨西哥正式签署了建立双边自由贸易区的协定。欧盟希望加强与墨西哥空贸合作的愿望始于 1994 年墨西哥加入北美贸易自由区。为了与美国争夺势力范围,1995 年,当时的欧盟委员会副主席马林提出了新的拉美政策
美洲自由贸易区	1994 年,美国迈阿密西半球首脑会议提出美洲自由贸易区(FTAA)的设想,目的是于 2005 年初在西半球建立一个世界上面积最大、年 GDP 总值达 14 万亿美元、拥有 8 亿人口的自由贸易区
巴拿马科隆自由贸易区	巴拿马科隆自由贸易区位于巴拿马运河大西洋入海口处,是西半球最大的自由贸易区,同时也是仅次于中国香港的世界第二大自由贸易区。科隆自由贸易区成立于 1948 年,与迈阿密共列为对中南美洲转口中心,同时也是全球第二大转口站,仅次于香港

* 表中资料根据央视网经济报道(2013)选编。

世界自由贸易区联合会的作用是什么?

世界自由贸易区联合会(World Federation of Free Trade Zones)是国际性的非营利组织,以充分贯彻自由贸易的精神,促进自由贸易区之间的深度合作,充分挖掘各国自由贸易区的协同效应为宗旨,通过对各国自由贸易区的深度研究和交流,发展成为联合国经济社会发展组织的特殊咨询机构。

世界自由贸易区联合会的作用有三个方面:

第一,联合会利用自由贸易区作为商品集散中心的地位,进一步扩大地区和国家的出口贸易和转口贸易,从而提高其在全球贸易中的地位和能级,创造更多的外汇收入。

第二,联合会利用自由贸易区作为国际投资中心的地位,利用区内税收、外汇使用等优惠政策,进一步吸引外资,引进国外先进技术与管理经验。

第三,利用自由贸易区作为国际物流中心的地位,通过在港口、交通枢纽和边境地区设立自由贸易区,可起到繁荣港口、刺激所在地区和国家交通运输、物流业发展的作用。

第二章

中国自由贸易区战略与“一带一路”倡议

中国自由贸易区战略的提出历程与目标任务是什么?

中共十七大把自由贸易区建设上升为国家战略;十八大提出要加快实施自由贸易区战略;十八届三中、五中全会提出要以周边为基础加快实施自由贸易区战略,形成面向全球的高标准自由贸易区网络。加快实施自由贸易区战略,是中国新一轮对外开放的重要内容。

自由贸易区战略的近期目标任务是,加快现有自由贸易区谈判进程,在条件具备的情况下逐步提升已有自由贸易区的自由化水平,积极推动与我国周边大部分国家和地区建立自由贸易区,使我国自由贸易区的贸易额占对外贸易总额的比重达到或超过多数发达国家和新兴经济体的水平。

自由贸易区战略的中长期目标任务是,形成包括邻近国家和地区、涵盖“一带一路”沿线国家以及辐射五大洲重要国家的全球自由贸易区网络,使我国大部分对外贸易、双向投资实现自由化和便利化。

当前中国推进自由贸易区战略的重点是什么?

根据“十三五”规划建议,中国将在三个方面加快自由贸易区战略的实施:推进 RCEP 谈判及 FTAAP 建设;积极推进同“一带一路”沿线国家建成自由贸易区;推进与不同类型的国家和地区建立自由贸易区,致力于形成面向全球的高标准自贸区网络。

中国应抓住自由贸易区发展的机遇,积极稳妥应对国际上的挑战:

第一,中国与“一带一路”沿线国家互补大于竞争,发展机遇充足。例如,“一带一路”通过肯尼亚向上延伸至埃及,穿越非洲大陆。肯尼亚、埃及等国可被视为未来十年“一带一路”上的重点获益国家且两国潜力极大,是中国重要的自由贸易区合作伙伴。

第二,亚太自由贸易区建设的推进,推进区域经济一体化。除美国外的11个原TPP成员国已正式达成了新的自由贸易协定,即“全面且先进的TPP”(CPTPP),对此中国应加速RCEP谈判进程,以消除新协议达成后贸易转移对中国出口贸易的负面影响,从而促进中国和相关国家的贸易投资合作,也有利于巩固中国和东盟的经贸关系和睦邻友好,加速东亚经济一体化的进程。

“一带一路”倡议的内涵是什么?

“一带一路”是“丝绸之路经济带”和“21世纪海上丝绸之路”的简称。“一带一路”旨在借用古代丝绸之路的历史符号,高举和平发展的旗帜,充分依靠中国与有关国家既有的双多边机制,借助既有的、行之有效的区域合作平台,积极发展与沿线国家的经济合作伙伴关系,共同打造政治互信、经济融合、文化包容的利益共同体、命运共同体和责任共同体。

“一带一路”的内涵归纳起来,主要是“五通三同”。“五通”就是政策沟通、设施联通、贸易畅通、资金融通、民心相通,这“五通”是统一体、缺一不可。“三同”就是利益共同体、命运共同体和责任共同体,这三者也是一个整体,不可分割,形成共赢的局面。

其中,政策沟通是共建“一带一路”的重要保证,“一带一路”建设与国内建设最大的不同之处是,每个国家在相关问题上都可能有不同的政策,甚至技术标准质量标准等各异,这就首先要通过沟通,达成相关项目的政策共识;

设施联通是共建“一带一路”优先领域,不仅指交通设施,还包括油气管道、输电网、跨境光缆建设等,交通设施建设是关注的重点;

贸易畅通是共建“一带一路”的重点内容,需要使贸易、投资和人员往来便利化,加强信息交换、海关、认证等方面的合作来拓宽贸易和投资;

资金融通是共建“一带一路”的重要支撑,充分发挥设立丝路基金和各国融资的作用,引导商业股权投资基金和社会资金参与共建“一带一路”;

民心相通是“一带一路”建设的社会根基,必须通过传承和弘扬古“丝绸之路”友好合作精神，开展广泛的人文交流，加强媒体合作、旅游合作等多种方式，来增进彼此合作和理解，以共同推进“一带一路”建设。

中国自由贸易区与“一带一路”倡议的内在关系是什么?

中国自由贸易区与“一带一路”倡议作为中国对外开放的载体，是新时期我国改革开放战略的核心，两者相互依存、共同发展。中国自由贸易区与“一带一路”倡议的内在关系体现为以下几个方面：

第一，内涵理念相通。中国自由贸易区建设遵循的“投资自由化、贸易市场化、金融国际化、管理规范化”与“一带一路”倡议坚持的“政策沟通、道路联通、贸易畅通、货币流通、民心相通”之间存在诸多共通之处。其内涵都涉及投资、贸易以及政府管理等方面，且蕴含着世界大同的博爱精神与互利共赢、共谋发展的合作价值理念。

第二，功能作用相连。“一带一路”倡议的核心是通过构筑发达交通网络不断深化沿线经济合作，实现经济转型升级和再平衡，努力打造以“一带一路”为载体的自由贸易区网络。而中国自由贸易区则以消除贸易壁垒、推进贸易自由、提升贸易便利为使命，具有同“一带一路”倡议相一致的功能作用，即增进对外经贸、扩大对外开放、加强对外交流。贸易核心区域的建立为“一带一路”提供战略支撑，推进“一带一路”自由贸易区网络的落实。

第三，中国自由贸易区为“一带一路”倡议孵化制度创新。中国自由贸易区采取“先行先试”的原则逐步推行各项管理制度创新，不仅为国内经济转型升级、参与国际贸易谈判积累经验，还为“一带一路”制度建设提供了可靠的实践平台，有利于“一带一路”良好法治营商环境的形成与发展。

中国自由贸易区如何推动“一带一路”文化交流?

中国自由贸易区建立以来，在文化产业监管方面采取了放宽文化产业经营许可范围、简化文化活动审批流程、便利艺术品进出口贸易、多元化商事争议解决机制以及为知识产权交易提供法律保障等一系列新举措，形成了特有的自由贸易区文化产业发展模式，为我国与“一带一路”沿线各国间的文化交流合作提供了一个良好的展示窗口和贸易平台。

受到思维差异、价值观念、利益分歧等因素的影响,一些西方国家和发展中国家仍对“一带一路”存在诸多误解、误读,并借此影响和干扰“一带一路”建设。针对这类现象最好的解决办法是要做好宣传推广,尤其是要将“一带一路”的正确理念传向世界。而中国自由贸易区依靠自身特有的文化监管制度与模式成为宣导本国“一带一路”倡议文化意识的有利平台,利用自由贸易区加强我国与“一带一路”沿线各国的文化交流、传播与贸易,消除彼此观念上的芥蒂,将“一带一路”开放合作、和谐包容、互利共赢的精神理念由中国自贸区传向“一带一路”沿线各国乃至全世界,从而稳固“一带一路”倡议的社会根基。

“一带一路”倡议如何助力推进中国自由贸易区建设?

“一带一路”倡议提出以来,中国同沿线国家在经济贸易中的联系得到显著加强,对中国自由贸易区建设起到助推作用:

第一,“一带一路”有利于构建中国与沿线经济体商建自由贸易区的良好环境。“一带一路”倡议致力于通过铺设亚欧非大陆及附近海洋互联互通网络,推动沿线各经济体的交流,推进贸易投资自由化。“一带一路”所倡导的“五通”建设有助于构建与“一带一路”经济体自由贸易区建设的有利环境。

第二,“一带一路”有利于加强经济联系并推动区域经济合作。“一带一路”倡议与沿线经济体经济发展战略相契合,例如中国中西部和中亚国家的优势产业均集中在重工业和加工工业,其产业发展战略相似;中国东部沿海地区与东盟国家都将战略性新兴产业和服务业作为未来发展重点;而中国与西亚国家则表现出较强的贸易互补性,呈现产业间贸易特征。中国与“一带一路”沿线经济体经济发展的共同诉求有助于加强经济联系,进一步推动双边自贸区建设。

第三,“一带一路”有利于化解中国所面临的区域经济合作压力。TPP 和 TTIP 谈判参与国都是中国的重要出口市场和外资来源地,这两个协定为中国深入开展国际区域经济合作设置了障碍。在此背景下,中国提出的“一带一路”倡议是对 TPP、TTIP 的有力回应,其范围覆盖西欧的发达国家以及东欧、东南亚、中亚、西亚、南亚、非洲的广大发展中国家,有利于推进中国与相关国家商建自贸区,减弱 TPP 和 TTIP 的不良影响。

“一带一路”倡议为什么能引领国际自由贸易区发展?

“一带一路”倡议着力解决投资贸易便利化问题,积极同沿线经济体共同商建自由贸易区,激发并释放合作潜力。“一带一路”倡议对国际自由贸易区发展的引领作用具有现实依据。

第一,“一带一路”顺应国际自由贸易区发展的新走向。“一带一路”倡议进一步提出“开展更大范围、更高水平、更深层次的区域合作,共同打造开放、包容、均衡、普惠的区域经济合作架构”,推进“一带一路”的落实有利于国际自贸区向规则化、机制化、多边化和巨型化的方向发展。

第二,“一带一路”的合作机制是发挥引领作用的现实基础。“一带一路”倡议利用现有的双边和多边等机制,搭建灵活开放的战略伙伴关系网络,打通我国与亚非拉等地区之间的合作交流之路。多个区域经济合作组织的建设不仅会推动亚欧经济融合,而且将为中国走向全球提供更加便利的条件,为“一带一路”引领国际自由贸易区发展提供平台。

第三,推进“一带一路”倡议的基本要求是加快自由贸易区建设。“一带一路”倡议以我国周边国家和地区的发展为依托,通过立体交叉、多元会通的主动性战略与沿线国家和地区发展自由贸易关系。推进“一带一路”倡议,需要把沿线国家作为区域经济一体化的重点方向,推进 RCEP 及一系列自由贸易区谈判,逐步形成面向全球的高标准自由贸易区网络。

“一带一路”倡议怎样引领国际自由贸易区发展?

在全球经济合作浪潮中,中国要在未来国际经贸规则制定和世界经济新格局中把握主动,必须以“一带一路”战略引领国际自由贸易区的发展,培育引领国际合作与竞争的新优势。

第一,中国应实施更加主动的自由贸易区战略。中共中央国务院发布了《关于构建开放型经济新体制的若干意见》,对构建开放型经济新体制提出了总体要求:坚持自主开放与对等开放,走出去战略谋划,实施更加主动的自由贸易区战略,拓展开放型经济发展新空间。因此,以“一带一路”倡议为纲、自贸区建设为目,实施更为主动的自贸区发展战略,是引领国家自贸区发展的基础。

第二,中国应该构建面向全球的国际战略体系。随着世界形势和国际力量格局的变化,国内发展需求、自我认知和观念变革等进一步推动了中国国际战略理论的发展,如何制定和实现中国国际战略是当前研究重点。制定中国国际战略时要考虑和重视国际国内因素,以“一带一路”倡议为指导,构建面向全球的全面中国国际战略体系,是我国引领国际自由贸易区发展的战略需求。

第三,中国应该积极争夺国际贸易规则的制定权。顺应国际自贸区发展的新趋势,在“一带一路”倡议下,构建从互联互通建设到周边自贸区群建设再到全球自由贸易区网络建设的战略路径,实施以“一带一路”为目的的自由贸易区发展的目标和思想,配套以具体地区和相关行业政策,才能真正主导国际贸易规则的制定权,引领国际自由贸易区的发展。

第四,中国应该努力缩小与国际新型贸易协定的差距。目前,我国与国际上发达国家和地区正在商谈的协定如TPP仍存有差距,以TPP为标杆进行研究和借鉴,有助于缩小我国同国际新型贸易协定的差距,提升自由贸易区的开放程度,发挥“一带一路”倡议引领国际自由贸易区发展的作用。

第五,中国应该尽力提高自由贸易区的利用率。“一带一路”沿线国家或地区普遍存在企业对自由贸易区利用率偏低的问题,这在一定程度上降低了自由贸易区的实施效果。我国应该开展“一带一路”沿线国家的比较研究,探讨影响不同国家和地区自由贸易区使用情况的共性和个性因素,以期更好地利用自由贸易区的资源,使企业在国际自由贸易区中获得更多的利益。

第三章

陕西自由贸易试验区框架思路

自由贸易试验区的概念是什么?

自由贸易试验区是中国根据其自身情况单方面设立的特殊区域,不涉及双边或多边协定,其在贸易、投资和金融方面的政策对所有贸易商和投资者一致适用,不设专门针对某些国家的特定优惠。实际上,自由贸易试验区概念的界定较为模糊,如上海外高桥保税区、外高桥保税物流园区、浦东机场综合保税区及洋山保税港区等既非自由贸易区,更不是自由贸易园区。但是,由它们组合起来的上海自由贸易试验区或后续设立的广东自由贸易试验区等是否属于自由贸易园区,无论是法律法规还是政府文件上均无定论。

中国自由贸易试验区的发展历程是什么?

从2013年中国(上海)自由贸易试验区设立以来,目前中国已设立了11个自由贸易试验区,其发展历程如下:

表3-1 中国自由贸易试验区发展历程

时间	事件
2013年8月22日	国务院正式批准设立中国(上海)自由贸易试验区
2013年9月29日	中国(上海)自由贸易试验区挂牌仪式在上海外高桥保税区举行

续表

时间	事件
2014 年 12 月 12 日	国务院常务会议同意在广东、天津、福建特定区域再设三个自由贸易园区,以上海自贸试验区试点内容为主体,结合地方特点,充实新的试点内容
2015 年 4 月 21 日	中国(广东)自由贸易试验区、中国(天津)自由贸易试验区、中国(福建)自由贸易试验区正式挂牌成立
2016 年 8 月 31 日	党中央、国务院决定,在辽宁省、浙江省、河南省、湖北省、重庆市、四川省、陕西省新设立 7 个自贸试验区
2017 年 3 月 15 日	国务院正式批准设立辽宁省、浙江省、河南省、湖北省、重庆市、四川省、陕西省 7 个自贸试验区
2017 年 4 月 1 日	中国(辽宁)自由贸易试验区、中国(浙江)自由贸易试验区、中国(河南)自由贸易试验区、中国(湖北)自由贸易试验区、中国(重庆)自由贸易试验区、中国(四川)自由贸易试验区、中国(陕西)自由贸易试验区正式挂牌成立

中国自由贸易试验区的发展目标及主要任务是什么?

自由贸易试验区的发展目标是:率先建立同国际投资和贸易通行规则相衔接的制度体系,把自贸区建设成为投资贸易自由、规划开放透明、监管公平高效、营商环境便利的国际高标准自由贸易园区。

自由贸易试验区的主要任务是:把制度创新作为核心任务,把防控风险作为重要底线,以开放促改革、促发展,加快政府职能转变,扩大投资领域开放及投资管理制度创新,推进贸易监管制度创新和贸易发展方式转变、金融领域及金融制度开放创新,完善法制领域的制度和政策保障。

中国自由贸易试验区各自的功能定位是什么?

我国设立的 11 个自由贸易试验区,其功能定位各有特色,具体如下表所示:

表 3-2　我国 11 个自由贸易试验区的功能定位

自贸试验区	功能定位
上海	对照国际最高标准、最好水平的自由贸易区，全面深化自贸试验区改革开放，加快构建开放型经济新体制，在新一轮改革开放中进一步发挥引领示范作用
广东	依托港澳、服务内地、面向世界，将自贸试验区建设成为粤港澳深度合作示范区、21 世纪海上丝绸之路重要枢纽和全国新一轮改革开放先行地
天津	以制度创新为核心任务，以可复制可推广为基本要求，努力成为京津冀协同发展高水平对外开放平台、全国改革开放先行区和制度创新试验田、面向世界的高水平自由贸易园区
福建	围绕立足两岸、服务全国、面向世界的战略要求，充分发挥改革先行优势，营造国际化、市场化、法治化营商环境，把自贸试验区建设成为改革创新试验田；充分发挥对台优势，率先推进与台湾地区投资贸易自由化进程，把自贸试验区建设成为深化两岸经济合作的示范区；充分发挥对外开放前沿优势，建设 21 世纪海上丝绸之路核心区，打造面向 21 世纪海上丝绸之路沿线国家和地区开放合作新高地
辽宁	以制度创新为核心，以可复制可推广为基本要求，加快市场取向体制机制改革、积极推动结构调整，努力将自贸试验区建设成为提升东北老工业基地发展整体竞争力和对外开放水平的新引擎
浙江	以制度创新为核心，以可复制可推广为基本要求，将自贸试验区建设成为东部地区重要海上开放门户示范区、国际大宗商品贸易自由化先导区和具有国际影响力的资源配置基地
河南	以制度创新为核心，以可复制可推广为基本要求，加快建设贯通南北、连接东西的现代立体交通体系和现代物流体系，将自贸试验区建设成为服务于“一带一路”建设的现代综合交通枢纽、全面改革开放试验田和内陆开放型经济示范区
湖北	以制度创新为核心，以可复制可推广为基本要求，立足中部、辐射全国、走向世界，努力成为中部有序承接产业转移示范区、战略性新兴产业和高技术产业集聚区、全面改革开放试验田和内陆对外开放新高地

续表

自贸试验区	功能定位
重庆	以制度创新为核心,以可复制可推广为基本要求,全面落实党中央、国务院关于发挥重庆战略支点和连接点重要作用、加大西部地区门户城市开放力度的要求,努力将自贸试验区建设成为“一带一路”和长江经济带互联互通重要枢纽、西部大开发战略重要支点
四川	以制度创新为核心,以可复制可推广为基本要求,立足内陆、承东启西,服务全国、面向世界,将自贸试验区建设成为西部门户城市开发开放引领区、内陆开放战略支撑带先导区、国际开放通道枢纽区、内陆开放型经济新高地、内陆与沿海沿边沿江协同开放示范区
陕西	以制度创新为核心,以可复制可推广为基本要求,全面落实党中央、国务院关于更好发挥“一带一路”建设对西部大开发带动作用、加大西部地区门户城市开放力度的要求,努力将自贸试验区建设成为全面改革开放试验田、内陆型改革开放新高地、“一带一路”经济合作和人文交流重要支点

什么是中国(陕西)自由贸易试验区?

中国(陕西)自由贸易试验区(以下简称陕西自贸试验区)是由国务院批准在陕西设立的试行政府职能转变、金融制度、贸易服务、外商投资和税收政策等多项改革措施的指定区域。2014 年 3 月 5 日,全国人大代表、西安市市长董军在审议政府工作报告时,建议国家设立“丝绸之路经济带”西安自由贸易试验区;2016 年 8 月 31 日国务院正式批准设立陕西自贸试验区;2017 年 3 月 15 日国务院印发《中国(陕西)自由贸易试验区总体方案》(以下简称《总体方案》);2017 年 4 月 1 日陕西自贸试验区正式揭牌。建设陕西自贸试验区是新形势下全面深化改革、扩大开放和加快推进“一带一路”建设、深入推进西部大开发的重大举措。

陕西自贸试验区的总体目标和主要任务是什么?

陕西自贸试验区的总体目标是:经过三至五年改革探索,形成与国际投资贸易通行规则相衔接的制度创新体系,营造法制化、国际化、便利化的营商环境,努力建成投资贸易便利、高端产业聚集、金融服务完善、人文交流深入、监管高效便捷、法制环境规范的高水平高标准自由贸易园区,推动“一带一路”建设和西部大开发战略的深入实施。

依据《总体方案》，陕西自贸试验区的主要任务包括七个方面的改革创新：切实转变政府职能；深化投资领域改革；推动贸易转型升级；深化金融领域开放创新；扩大与“一带一路”沿线国家经济合作；创建与“一带一路”沿线国家人文交流新模式；推动西部大开发战略深入实施。

陕西自贸试验区的标志是什么？有何意义？

LOGO以“陕西”二字拼音首字母“SX”为设计元素，融合“中国”英文首字母“C”和两条相互交织的纽带，交织点构成璀璨星光（字母X），中心构成古钱币形象，不仅体现陕西特色，还体现古丝绸之路为起点的商贸特点。色彩方面，红色代表东方，蓝色代表西方，两条纽带又似两只合握的手，体现了中西方经济合作和人文交流。

图3-1　陕西自贸试验区的标志

为什么选择陕西建立自由贸易试验区？

自由贸易试验区在陕西的设立，是实施“一带一路”倡议、西部开发战略、创新现代农业交流合作机制的需要，有利于深化在能源等特色领域的合作，创新合作方式，形成利益共同点；有利于推动商贸流通领域合作，发挥陕西内通外联、东西兼顾的独特优势，挖掘合作契合点；有利于推动文化领域的交流与合作，通过放宽文化领域投资准入，创新文化输出渠道和手段，拉近与世界的距离。

同时，陕西还具有如下自身优势：

第一，陕西区位优势明显。陕西纵跨黄河、长江两大流域，是新亚欧大陆桥和中国西北、西南、华北、华中之间的门户，周边与山西、河南、湖北、四川、甘肃、宁夏、内蒙古、重庆8个省区市接壤，是国内邻接省区数量最多的省份，居于内陆枢纽地带，具有承东启西、连接西部的区位之便。

第二，陕西历史文化悠久。陕西文化源远流长，历史上曾是十三个朝代的建都地和全国政治、经济文化交流中心,中国历史上最辉煌的时代,均与陕西有关;并且作为古丝绸之路的发端,陕西自古就是中外经济、文化交流的重要节点之一。

第三,陕西科教资源富集。陕西坐拥众多高校和科研资源,科技进步指数居全国第7位。三秦大地如今活跃着各类科技人员110多万,拥有科研机构885个、军工科研院所33个,专利授权量3.34万件。陕西3D打印专利数已经占领全国3D打印行业半壁江山。此外,陕西拥有丰富能源资源,列入矿产资源储量表的保有资源储量潜在价值居全国第一。随着"一带一路"建设的持续推进,陕西参与国际科技交流合作的机会越来越多,面向全球配置科技资源的能力得到增强。

第四,陕西产业基础雄厚。陕西现已形成了以能源化工、装备制造、高新技术、航空航天为支柱的产业体系,为陕西创新驱动发展奠定坚实基础。

第五,陕西口岸平台齐备。目前国家"丝绸之路经济带"合作交流的平台主要都在陕西,如欧亚经济论坛及欧亚经济综合园区、丝绸之路国际博览会、丝绸之路国际艺术节、西咸新区能源金融贸易中心、亚欧大陆桥最大的陆港西安国际港务区及综合保税区、丝绸之路最大的空港及航空城试验区等。

陕西自贸试验区与保税区有什么区别?

保税区是经国务院批准设立的、一国海关设置的或经海关批准注册、受海关监督和管理的可以较长时间存储商品的区域。保税区具有进出口加工、国际贸易、保税仓储商品展示等功能,享有"免证、免税、保税"政策,实行"境内关外"运作方式。这些保税区与国际上的自由贸易区和自由港类似,设在区内的企业可以享受规定的进出口税收优惠。

综合保税区的级别高于保税区,是设立在内陆地区具有保税港区功能的海关特殊监管区域,实行封闭管理,不仅是目前我国开放层次最高、政策最优惠、功能最齐全的海关特殊监管区域,还是国家开放金融、贸易、投资、服务、运输等领域的试验区和先行区。西安综合保税区于2011年2月14日正式获得国务院批准设立,是西北地区第一个综合保税区。西安国际港务区是中国最大的陆地港口,作为陕西自贸试验区三大片区之一,覆盖综合保税区,是连接"一带一路"实现陆海互联的国际重要交通枢纽,是促进"贸易畅通、设施联通"的核心功能载体,也是中欧班列长安号的起点地。其所承担的主要任务和目标远远超出保税区的内容,包含税收、管理方式改革、投资贸易便利化、服务业以及金融创新等方面。

在陕西自贸试验区内企业与区外企业有什么不同?

自贸试验区内的企业会享有自贸区制度创新的许多实惠,包括商事制度改革的市场准入,进行国际贸易的企业还可享受国际贸易单一窗口带来的通关等便利,以及"走出去"一站式服务平台提供给企业对外投资的便利化服务。这一系列变化都体现了自贸区的政府、企业、市场三者之间新的关系。自贸试验区是对照国际的高标准做出来的,所以在自贸区内的企业发展会享有许多制度创新的红利、开放的红利,并将在这两个红利中获得更快更好的发展。需要强调的是,自贸试验区绝不是一个过去的"政策洼地",也不是不可复制推广的"盆景",而是一个"苗圃"——制度创新高地,这些改革开放的制度红利,它会变成可复制可推广的经验,尤其会在陕西省级以上园区乃至大西安范围推广,使得区外的企业也能享受到自贸试验区发展创新的红利。

陕西自贸试验区的管理体制与工作机制是什么?

陕西省人民政府成立自贸试验区工作领导小组,负责研究自贸试验区法规政策、发展规划,研究决定自贸试验区发展重大问题,统筹指导改革试点任务。下设自贸试验区工作办公室,包括综合信息处、政策法规处、协调指导处。

西安市、杨凌示范区和西咸新区设立自贸试验区管理委员会(简称管委会),接受自贸试验区工作领导小组以及西安市人民政府、杨凌示范区管委会、西咸新区管委会的领导,协调推进片区综合发展,统筹片区改革创新试点和改善营商环境工作,承担片区的规划、建设、管理与服务等具体事务。具体如下:

中国(陕西)自由贸易试验区西安管理委员会。西安管委会与西安市商务局合署办公,主任由市商务局局长兼任,管委会下设综合信息处、政策研究处和指导联络处,包含西安高新区(管委会)、西安经开区(管委会)、浐灞生态区(管委会)、西安国际港务区(管委会)四个功能区。

中国(陕西)自由贸易试验区杨凌示范区管理委员会。该管理委员会与杨凌示范区管委会合署办公,领导小组办公室设在示范区经贸和安监局,下设综合协调组、制度创新组、方案规划组,包含杨凌示范区功能区。

中国(陕西)自由贸易试验区西咸新区管理委员会。该管理委员会与新区管委会合署办公。管委会下设自贸办,与改革创新发展局合署办公,包含空港新城、沣东新城、秦汉新城、能源金贸四个功能区。

陕西自贸试验区工作办公室的工作职责是什么?

根据《中国(陕西)自由贸易试验区管理办法》,陕西自贸试验区工作办公室主要履行以下七个方面的职责:一是贯彻执行国家有关自贸试验区建设的方针、政策、法律、法规和制度;二是研究、推动出台自贸试验区综合改革、投资、贸易、金融、人才等政策并指导实施;三是具体协调与国家和省相关部门及自贸试验区各管委会事务;四是推动建立健全事中事后监管体系;五是检查自贸试验区各管委会法规政策的落实情况,定期对自贸试验区改革创新经验进行总结评估,并做好复制推广;六是统计发布自贸试验区公共信息,组织对外宣传和交流工作;七是承担省人民政府赋予的其他职责。

陕西自贸试验区涵盖的范围有多大?

陕西自贸试验区范围涵盖中心片区、西安国际港务区片区和西安杨凌示范区片区三个片区,总面积为119.95平方千米。其中,中心片区87.76平方千米,含西安高新区、西安经开区和西咸新区沣东新城、秦汉新城、空港新城部分区域;西安国际港务区片区26.43平方千米,含西安国际港务区和西安浐灞生态区部分区域;西安杨凌示范区片区5.76平方千米,包括杨凌示范区部分区域。

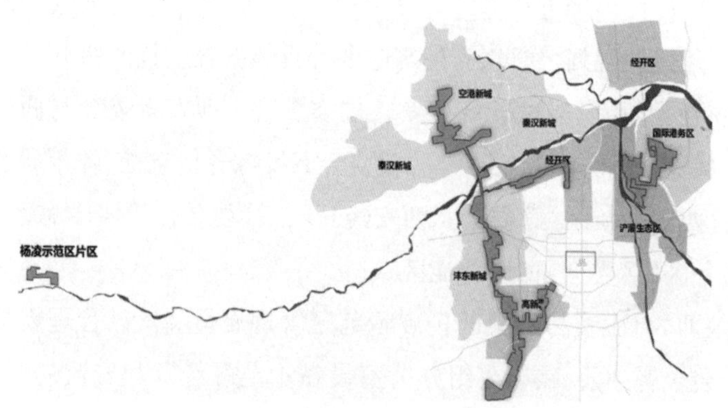

图3-2　陕西自贸试验区范围

陕西自贸试验区三大片区的四至范围是什么?

陕西自贸试验区三大片区中心片区、西安国际港务区片区和西安杨凌示范区片区,每个片区都是完整区块,拥有闭合的边界,体现了相对完整、便于管理的原则。三大片区具体的范围如下所述:

表 3－3　三大片区的四至范围

名称	四至范围
中心片区	东至经开区明光路,南至高新区锦业路二路、滨河北路,西至秦汉新城秦英路,北至空港新城正平大街
西安国际港务区片区	东至西安国际港务区西韩公路,南至浐灞生态区香槐一路,西至西安国际港务区灞河东路,北至西安国际港务区铁路北环线
西安杨凌示范区片区	东至新桥路,南至城南路、河堤路、滨河路一线,西至民乐路,北至兴平路、永安路、西兰高铁(杨凌段)一线

陕西自贸试验区如何按照功能进行划分?

陕西自贸试验区按区域布局划分为三大片区,且每个片区的功能定位是各有侧重的。具体而言:

自贸试验区中心片区重点发展战略性新兴产业和高新技术产业,着力发展高端制造、航空物流、贸易金融等产业,推进服务贸易促进体系建设,拓展科技、教育、文化、旅游、健康医疗等人文交流的深度和广度,打造面向"一带一路"的高端产业高地和人文交流高地。

西安国际港务区片区重点发展国际贸易、现代物流、金融服务、旅游会展、电子商务等产业,建设"一带一路"国际中转内陆枢纽港、开放型金融产业创新高地及欧亚贸易和人文交流合作新平台。

杨凌示范区片区以农业科技创新、示范推广为重点,通过全面扩大农业领域国际合作交流,打造"一带一路"现代农业国际合作中心。

另外,陕西自贸试验区还可以按海关监管方式划分为海关特殊监管区域和非海关特殊监管区域。其中,自贸试验区内的海关特殊监管区域重点探索以贸易便利化为主要内容的制度创新,开展保税加工、保税物流、保税服务等业务;非海关特殊监管区域重点探索投资体制改革,创新内陆地区开放发展机制,完善事中事后监督,推动金融制度创新,积极发展现代服务业和先进制造业。

陕西自贸试验区西安核心区的基本情况如何?

陕西自贸试验区在西安市范围内总面积为114.19平方千米,涵盖了西安高新区、西安经开区、国际港务区、浐灞生态区以及西咸新区五大区域。

表3-4 西安核心区的基本情况

区域名称	实施面积	功能定位
西安高新区	35.67平方千米,含西安高新综合保税区3.64平方千米及西安出口加工区B区0.79平方千米	突出科技创新和制度创新,建设"一带一路"创新之都
西安经开区	9.51平方千米,含西安出口加工区A区0.75平方千米	突出先进制造业与制造服务业特色,打造丝绸之路经济带先进制造业高地
国际港务区	22.62平方千米,含西安综合保税区6.17平方千米	突出"一带一路"国际内陆中转枢纽港、商贸物流集散中心,打造内陆自由港
浐灞生态区	3.81平方千米	突出丝路金融创新合作试验区和丝路国际交流示范区特色,打造国际交流合作新平台
西咸新区	42.58平方千米,含西咸新区空港保税物流中心0.36平方千米	重点打造临空产业聚集区和服务贸易示范区

陕西自贸试验区杨凌片区的基本情况如何?

陕西自贸试验区杨凌片区面积共计5.76平方千米,是全国唯一以农业发展为主要特色的自由贸易区，位于我国最早建立的国家杨凌农业高新技术产业示范区。杨凌自贸片区立足于推动"一带一路"建设和西部大开发战略深入实施，扎实履行国家使命，围绕农业领域的开放合作，创新现代农业交流合作机制，打造农业领域国际合作交流创新平台，提升"杨凌农科"品牌国际影响力，积极推动国际农业人文交流与合作。

杨凌自贸片区规划建设"四区一基地"，即国际农业商务区、农产品加工贸易区、金融创新区、综合保税区和国际农业科技合作交流基地，组建面向"一带一路"沿线国家的现代农业合作联盟和全球农业智库联盟，加快建设现代农业国际创新园和国际农业"星创天地"，大力发展生物产业、农产品加工贸易、农业装备制造和现代农业服务业，积极培育以农业为特色的外向型产业集群。杨凌自贸片区将对标国际标准，推进制度创新，创设与国际接轨的营商环境，践行"五个扎实"，矢志追赶超越，打造"一带一路"现代农业国际合作中心，建设世界知名农业科技创新城市。

陕西自贸试验区的设立对普通民众有哪些影响?

陕西自贸试验区的设立不仅有利于区内企业的发展，还会给普通民众带来诸多便利和实惠，具体而言：

第一，网购更实惠更便捷。自贸试验区可以吸引跨境电商进驻，电商可以在自贸试验区内直接在一线渠道拿货，然后商品再按需投递给下单的消费者。这样一来，中间交易环节减少，市民网购海外商品会更加快捷，网购的买家也只需要支付个人行邮税，这一费率低于货物税，商品价格也会更加低廉。

第二，娱乐场所有所增加。自贸试验区允许设立外商独资的娱乐场所，市民将体验到很多原汁原味的国外娱乐项目。同时，自贸试验区还允许设立外商独资演出经纪机构，届时外国明星来陕演出将会更加方便。

第三，出境游或更省钱。外资旅行社若入驻自贸试验区，将可以享受自贸试验区的税收优惠，加上外资旅行社可以更便捷地获得出境游方面的资质，并且具有网络、客源、管理、品牌、资金等方面的优势，推出的产品价格会更有优势。届时市民通过位于自贸试验区内的外资旅行社报名出境游，将会更加便宜。

第四，进口商品价格低。由于在自贸区里可以省去中间交易环节，享受保税仓储、展销等政策优惠后,含税的商品也会比市场价格低很多。在自贸试验区"保税展示交易平台"中,商品在展示过程中是保税的,卖出去才交进口关税,供货商不用事先垫付税款,卖不完的货还可以全球调拨,因此降低了资金成本,给消费者让利。

第五,体验国外医院服务。自贸试验区将会为外资独资医疗机构打开大门,届时一些国外医院可以进驻,市民不出国门就可以体验国外医院的环境、设施和服务。

第六,个人投资、理财渠道变宽。在众多有关自贸试验区的利好中,境外投资一直是重点之一。根据上海自贸试验区的经验,允许符合条件的外资金融机构设立外资银行,符合条件的民营资本与外资金融机构共同设立中外合资银行。这一政策实施意味着自贸区在金融领域又打开了一扇大门,民间资本将有机会进入国际资本市场。随着更多外资银行的进入,对于大多数市民而言,将拥有更多的理财选择。

陕西自贸试验区的保障机制有哪些?

陕西自贸试验区的保障机制包括以下几个方面:

第一,强化法制保障。自贸试验区需要暂时调整实施有关行政法规、国务院文件和经国务院批准的部门规章的部分规定的,按规定程序办理。各有关部门要支持自贸试验区在各领域深化改革开放试点、加大压力测试、加强监管、防控风险,做好与相关法律立改废释的衔接,及时解决试点过程中的制度保障问题。陕西省要通过地方立法,建立与试点要求相适应的自贸试验区管理制度。

第二,完善配套税收政策。落实现有相关税收政策,充分发挥现有政策的支撑促进作用。中国(上海)自由贸易试验区、中国(广东)自由贸易试验区、中国(天津)自由贸易试验区和中国(福建)自由贸易试验区已经试点的税收政策原则上可在自贸试验区进行试点,其中促进贸易的选择性征收关税、其他相关进出口税收等政策在自贸试验区内的海关特殊监管区域进行试点。自贸试验区内的海关特殊监管区域范围和税收政策适用范围维持不变。此外,在符合税制改革方向和国际惯例,以及不导致利润转移和税基侵蚀的前提下,积极研究完善境外所得税收抵免的税收政策。

第三,加强组织实施。按照党中央、国务院统一部署,在国务院自由贸易试验区工作部际联席会议统筹协调下,由陕西省完善试点任务组织实施保障机制,按照总体筹划、分步实施、率先突破、逐步完善的原则加快实施;按照既有利于合力推进自贸试验区建设,又有利于各片区独立自主运作的原则,建立精简高效、统一管理、分级负责的自贸试验区管理体系。各有关部门要大力支持,及时制定实施细则或办法,加强指导和服务,共同推进相关体制机制创新,把自贸试验区建设好、管理好。在实施过程中,要创新思路、寻找规律、解决问题、积累经验;要充分发挥地方和部门的积极性,因地制宜、突出特色,做好对比试验和互补试验;要抓好改革措施的落实,重大事项要及时向国务院请示报告。

第四,自贸试验区要及时总结改革创新经验和成果。国务院自由贸易试验区工作部际联席会议办公室要会同陕西省人民政府及有关部门,及时总结评估自贸试验区改革开放创新试点任务实施效果,加强各领域试点经验系统集成,并委托第三方机构进行独立评估。对试点效果好、风险可控且可复制可推广的成果,实施分类审查程序后可复制推广至全国其他地区。

第四章

政府职能转变

“转变政府职能”的总体目标是什么？体现在哪些方面？

陕西自贸试验区在切实转变政府职能方面的总体目标是：按照法制化、国际化、便利化的要求，积极探索建立与国际高标准投资和贸易规则体系相适应的行政管理体系。在政府管理方面，推动政府管理由注重事前审批转为注重事中事后监管，深化商事制度改革；在政府服务方面，实施“多证合一”综合审批服务运行模式，建立“一口受理、并联审批”工作机制，创新税收服务、完善社会信用体系，建设网上法律服务平台，建立高效的知识产权综合管理体制，实现高效便捷服务，促进投资和贸易便利化。

为什么要加强事中事后监管？主要包括哪些措施？

我国政府在经济管理领域，长期实行的是准入审批核准制度，用“重审批”的观念产生市场准入障碍，一旦审批通过后，“轻监管”则造成政府缺乏对事中、事后过程的监管，使得市场无法实现持续规范发展。而事中事后监管制度是政府职能转变的重要方面，从以控制和配置资源为主向以提供监管服务、维护市场秩序为主，从管制型、粗放型向服务型、精细化转变，从分散型、封闭型向集约型、开放型转变，是自贸试验区制度创新的核心内容。事中事后监管制度的加强，有助于营造良好发展环境，维护公平竞争市场秩序，促进经济社会持续健康发展。

根据《陕西省人民政府关于进一步加强事中事后监管工作的意见》，陕西自贸试验区“事中事后”监管将主要从以下方面实施：建立事中评估分类、事后联动奖惩的全链条信用监管体系；整合工商、海关、出入境检验检疫等业务部门信息系统,建设陕西自贸试验区政务服务平台;健全网格化监管执法工作制度;建立以随机抽查为重点,专项任务检查、举报移送线索核查、大数据监测检查、无照经营查处、商品质量抽检等多种监管方式并用的新型日常监管制度。

“商事制度改革”主要包括哪些方面?

商事制度改革从 2013 年十八届二中全会决定改革工商登记制度开始,其核心是市场监管方式的变革,由门槛式审批监管向市场主体自治自律、社会共治和政府适当监管的方式转变,最终实现激发市场主体活力的目标。商事制度改革在放宽市场准入上主要包括推进工商注册便利化、实施“多证合一、先照后证”改革以及完善企业退出机制等方面。

陕西自贸试验区商事制度改革从放宽市场准入、下放审批事项、精简办事流程等方面入手,目前不仅实现了“一口受理、并联审批、多证合一、多项联办”,将企业注册时间由过去的 7 个工作日缩短到 3 个工作日之内,还推出了“最多跑一次”的行政效能改革,扩展“一口受理”服务大厅职能,以方便企业就近注册登记。

此外,按照省政府统一部署,省工商局分别下放两项、委托两项省级事权给各自贸试验区片区。下放的两项省级事权是:企业名称预先核准、事业单位广告经营资格审批;委托的两项省级事权是:外国(地区)企业常驻代表机构核准登记、外国(地区)企业在中国境内从事生产经营活动核准。陕西未来将进一步落实自贸区市场准入的负面清单、实施多证合一、证照分离和登记注册全程电子化的改革,按照事前友情告知、事中监管执法、事后联合惩戒,协同自贸区的相关部门搞好市场监管,为投资者营造一个公平竞争的市场环境。

自贸试验区放宽市场准入的现代商事登记制度是什么?

现代商事登记制度包括企业登记制度、“证照分离”以及“单一窗口”三个方面,其具体的措施如下:

第一,实行企业登记制度改革。其主要包括实行注册资本认缴登记制、“先照后证”登记制、“三证合一”“一照一码”登记制。

第二,实行“证照分离”改革。主要措施包括三个方面:取消部分行政审批,建立相关管理制度;简化审批,实行告知承诺制等相关管理制度;对涉及公共安全等特定活动,加强市场准入管理并建立相应的管理制度。

第三,设立企业准入“单一窗口”。设立企业可以通过电子数据交换或现场办理的方式申报材料,由工商管理部门统一接收申请人向所有职能部门提交的申请材料,统一送达许可决定、备案文书和相关证照。“单一窗口”将包含统计登记、报关单位注册登记、行政许可证等方面,并实行全程网上电子化登记。

“多证合一、多项联办”审批模式的主要任务是什么?

“多证合一、多项联办”审批模式是自贸试验区市场准入制度的创新,以整合区内行政审批、备案事项,为市场主体提供市场准入便利化服务,推动自贸试验区建设发展。《中国(陕西)自由贸易试验区市场准入“多证合一、多项联办”改革工作方案》提出“多证合一、多项联办”改革的主要任务是:

第一,实行“一厅办结”工作模式,申请人办理企业登记注册审批备案,走进“一个大厅”,填写“一份表格”,递交“一套资料”,领取“一份执照”,办结相关登记备案事项即可营业。积极推行“互联网+政务服务”,实行登记备案全程电子化。

第二,实现多证合一、多项联办,整合19项涉及企业登记备案行政审批事项,实现工商营业执照、组织机构代码证、税务登记证、社会保险登记证、统计登记证、公安部门公章刻制审批、人民银行开户许可证“七证合一”,实现外汇管理部门开户备案、海关报关单位注册登记证、对外贸易经营者备案登记、出入境检验检疫报检企业备案登记、货运代理企业经营者备案、原产地证书注册备案登记证、外商投资企业备案登记和外国人来华工作就业许可等事项“八项联办”。

第三,构建综合审批工作流程,实行联审联批,完善审批工作流程;完善信息共享业务系统,实现各行政部门业务数据信息实时传递、同步办理;按照统一流程、统一软件、统一标识的原则,布局便捷高效的服务窗口。

值得注意的是,“多证合一”不能想合就合,只能整合信息采集、记载公示、管理备查类的一般经营项目涉企证照事项,以及企业登记信息能够满足政府部门管理需要的涉企证照事项,而对于关系国家安全、经济安全和公民生命财产安全的行政许可类事项不予整合。

“一口受理”流程是怎样的？

内资企业和外商投资企业“一口受理”流程如图所示，各流程具体要求和网上填报可通过陕西自贸试验区各片区网站查询和申报。

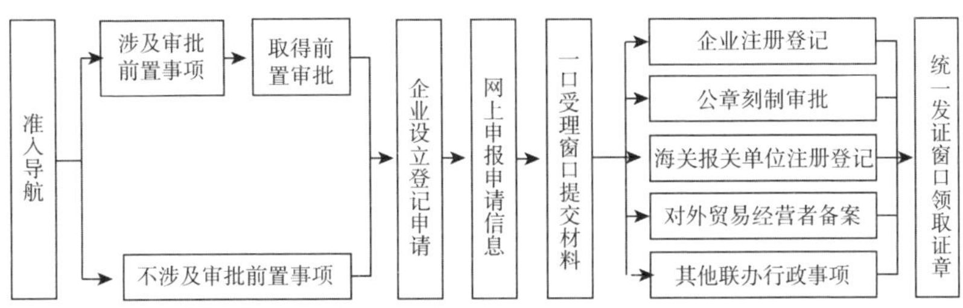

图 4－1　试验区内资企业设立“一口受理”流程

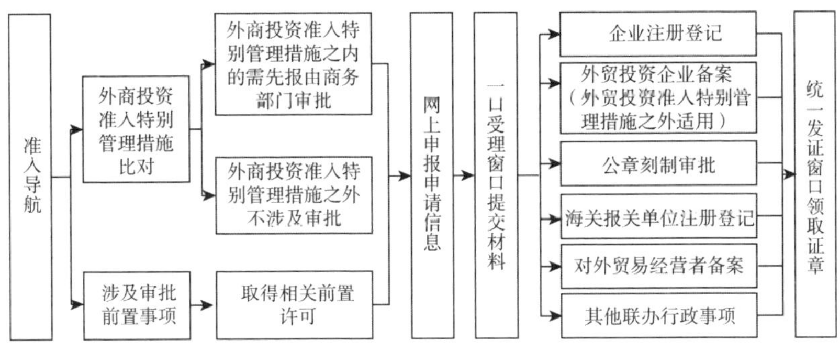

图 4－2　试验区外商投资企业设立“一口受理”流程

“一口受理”机制能够为企业带来哪些便利？

“一口受理”机制是政府办事流程的优化，即指“一表申请、一口受理”，“一口受理”窗口统一接收申请材料，统一向申请人送达有关文书。对于企业而言，“一口受理”机制的建立将帮助企业简化办事流程，以往按照一般流程，企业要到工商、税务、质监等各部门分别提交材料，而在“一口受理”机制下，企业只需到一个窗口提交材料，大大缩短了企业办结相关事项的时间。

社会信用体系是指什么？

社会信用体系是一种社会机制，具体作用于一国的市场规范，它旨在建立一个适合信用交易发展的市场环境,保证一国的市场经济向信用经济方向转变。该体系是以相对完善的法律、法规体系为基础;以建立和完善信用信息共享机制为核心;以信用服务市场的培育和形成动力;以信用服务行业主体竞争力的不断提高为支撑;以政府强有力的监管体系作保障的国家社会治理机制。

完善的社会信用体系是信用发挥作用的前提,它保证授信人和受信人之间遵循一定的规则达成交易,保证经济运行的公平和效率,具有记忆(保存失信者的记录)、揭示(扬善惩恶)和预警(对失信行为进行防范)的功能。从纵向延伸角度来看,确保社会信用体系能够正常运转必须包括信用管理行业和信用法律体系两个要素;从横向分割角度来看,社会信用体系包括公共信用体系、企业信用体系和个人信用体系三个方面。

陕西省公共信用信息平台是自贸试验区社会信用体系建设的重要基础设施,由陕西省信用管理办公室依据《陕西省公共信用信息条例》统一建设运行。其主要功能是全方位、多层次归集整合全省法人及其他组织、自然人信用信息,实现信用信息互联共享,并依法面向社会各界提供权威的公共信用信息服务。自贸试验区公共信用信息平台的建立将便于管理机构、驻区机构在市场准入、货物通关、财政资金使用、政府扶持、服务外包、监管服务以及招投标等环节中采用专业信用服务机构的信用产品。

知识产权保护对自贸试验区建设的重要作用体现在哪?

知识产权保护指依照现行法律法规,对侵犯知识产权的行为进行制止和打击,涵盖行政保护和司法保护两个方面,其在世界经济和科技发展中的作用日益凸显。知识产权保护对自贸试验区建设的重要作用体现在如下方面:

第一,知识产权是国际经济贸易的重要支柱。随着全球经济一体化的深入发展,对外贸易中知识技术因素不断增强,已经成为和货物、服务贸易并列的世界贸易重要支柱之一。自贸试验区的建立将进一步促进经济全球化及高新技术产品贸易的迅速崛起,知识产权与试验区内对外贸易的关系将更为紧密。

第二,知识产权促进创新发展已成为全球共识。知识产权是激励和保护创新的重要因素,利用知识产权促进创新发展赢得市场先机,已成为国际竞争的重要方式和手段。自贸试验区要取得竞争优势,知识产权是重要手段之一。

第三,建立国际化知识产权运行体系势在必行。自贸试验区作为升级版的开放地区,为适应国际知识产权发展趋势,迫切需要进一步的创新和建构知识产权运行体系,为全国构建与国际接轨的知识产权制度积累经验。

陕西自贸试验区将如何加强知识产权保护?

虽然我国知识产权法律法规体系正在逐步建立和完善,但知识产权保护面临多种挑战,侵权成本低、维权成本高、法院执行力不够以及行政执法手段不强等问题仍然存在。由于自贸试验区海关对于入境或者过境的货物放弃海关的知识产权监管,这也可能使得一些不法分子滥用自贸区海关监管的软化来实施犯罪行为,包括一些有组织的犯罪网络有可能利用自贸区来实施假冒产品的制造、流通和销售。

作为我国新时期对外开放"窗口"的自贸试验区,势必要在知识产权创造、运用、保护、管理、服务水平上接受国际社会的检视。开展知识产权综合管理改革试点,目的就是为了打通知识产权工作全链条,破解知识产权管理体制机制不完善、保护不够严格、服务能力不强、对创新驱动发展战略缺乏强有力支撑等突出问题。陕西自贸试验区作为落实开展知识产权综合管理改革试点之一,将从如下方面加强知识产权保护:

第一,紧扣创新发展需求,发挥专利、商标、版权等知识产权的引领作用,打通知识产权创造、运用、保护、管理、服务全链条,建立高效的知识产权综合管理体制;第二,构建便民利民的知识产权公共服务体系,探索支撑创新发展的知识产权运行机制;第三,推动形成权界清晰、分工合理、责权一致、运转高效、法制保障的体制机制;第四,探索建立自贸试验区跨部门知识产权执法协作机制,完善纠纷调解、援助、仲裁工作机制;第五,探索建立自贸试验区重点产业专利导航制度和重点产业快速协同保护机制。

陕西自贸试验区为进一步提高企业运用知识产权的法律武器维护自己合法权益的意识和能力,促进企业的技术进步和经济效益的提高,在 2017 年 5 月成立了陕西自贸区知识产权运营服务中心。该中心将与自贸区相关部门紧密协同,从政策咨询到战略发展,从布局设计到技术导引,从产业培育到企业研发,由点到面,在为区内企业提供知识产权咨询、专利信息、培训、维权援助等基础服务外,结合各功能区自身特点,重点在涉外知识产权服务、展会知识产权服务、文化知识产权运营方面做出特色,为陕西自贸区建设提供最优质的服务。

营商环境是指什么?

营商环境是指企业在开设、经营、贸易、纳税、履行合约等活动过程中各种周围境况和条件的总和,包含影响企业活动的社会要素、经济要素、政治要素和法律要素等方面,是一项涉及经济社会改革和对外开放众多领域的系统工程。营商环境的优劣直接影响着招商引资的多寡,不仅对区域内的经营企业产生影响,还会对区域的经济发展状况、财税收入、社会就业情况产生重要影响。

良好的营商环境不仅是一个国家或地区经济软实力的重要体现,也是一个国家或地区提高综合竞争力的重要方面。这就要求地方政府在营商监管方面建立高效监管程序的同时,还要有强有力的制度做保障,从而建立起透明、可执行的有关产权、经营、贸易以及履行合约等各类规则。

第五章

投资管理领域

深化投资管理领域改革主要体现在哪些方面?

陕西自贸试验区在利用外资、简化手续以及保障企业利益等方面进一步深化投资管理领域改革,主要围绕以下三个方面:

第一,在提升利用外资水平方面,对外商投资实行准入前国民待遇加负面清单管理制度,外商在自贸试验区内投资适用《自由贸易试验区外商投资准入特别管理措施(负面清单)》和《自由贸易试验区外商投资国家安全审查试行办法》,而对外商投资准入特别管理措施(负面清单)之外领域的外商投资项目(国务院规定对国内投资项目保留核准的除外)和外商投资企业设立及变更实行备案制,由自贸试验区负责办理。

第二,在简化整合外商投资手续方面,自贸试验区试行企业投资项目承诺制,探索建立先建后验的管理模式以及外商投资信息报告制度和外商投资信息公示平台,提升外商投资全周期的科学监管。

第三,在保障企业合法利益方面,允许符合条件的境外投资者自由转移其投资收益,支持企业开展多种形式的对外直接投资,对一般境外投资项目和设立企业实行备案制,属省级管理权限的,由自由贸易区负责备案管理。

自贸试验区内外资准入方式有哪些?

自贸区采取负面清单和准入前国民待遇管理模式,负面清单内的采取审批模式,负面清单外的采取备案模式。

什么是准入前国民待遇?

准入前国民待遇是指在负面清单之外的领域,给予外国投资者在投资准入阶段享受与本国投资者及其投资平等的制度和政策待遇。在国际投资法中,国民待遇是一项以条约为基础的义务,其含义是给予外国投资者及投资待遇不低于在相似情形下给予本国投资者及投资的待遇,各国际投资协定在国民待遇的范围、适用方面存在较大差异。

准入前国民待遇适用于投资建立之前,它将平等待遇扩大到准入权,并在国家监管和税收待遇等方面给予法律上和实质上的同等待遇。准入前国民待遇是传统投资协定采取的控制模式与开放投资体制中的自由模式最重要的差别,该制度将国民待遇延伸至投资发生和建立前阶段,其核心是给予外资准入权。

什么是负面清单?

负面清单,相当于投资领域的"黑名单",以清单的形式公开列明了企业不能投资的领域和产业。负面清单多以保留条款、例行条款以及不符措施等形式出现在双边或多边贸易协定的附件中。其通常是指一个国家在自由贸易协定中,针对某些与最惠国待遇、国民待遇不符的管理措施,以及在业绩要求、高管要求等方面的管理限制措施。

举例来说,对于负面清单中列明的限制和禁止外资投资的行业和义务,是不给予外资以准入前国民待遇的;对于未列入负面清单的行业和业务,则内外资一视同仁,即同样都要经过特殊审批程序。而与负面清单相对应的是 WTO 的《服务贸易总协定》提出的"正面清单",即列明了企业可以进行哪些领域的投资,而未列入的则被认为是不做开放承诺的。

负面清单管理都有哪些特点?

负面清单管理的特点包含如下几个方面:第一,取消所有一般性的外资审批流程;第二,在准入环节,除负面清单禁止或限制的领域,其他领域一律与国民同等待遇;第三,如若严格遵守负面清单,不存在投资项目被否定而造成的前期投入损失风险;第四,登记备案不作实质性审查,不存在标准模糊的理由;第五,减少多头管理;第六,除了保留国家安全审查以外,仍然保留特许经营行业的事前审批权,但须与国内投资者同等对待;第七,配套以更严厉的市场执法监督权,以弥补因取消或缺少事前监管可能造成的滥用理由。

自贸试验区如何实施负面清单管理模式?

2017 年 6 月 5 日,国务院办公厅发布《自由贸易试验区外商投资准入特别管理措施(负面清单)(2017 年版)》,进一步缩减外商投资负面清单,对外开放度提升。《自贸试验区负面清单》要求上海、天津、福建、辽宁、浙江、陕西等 11 个自贸区从 7 月 10 日起统一启用这份新版负面清单。

《自贸试验区负面清单》依据《国民经济行业分类》(GB/T4754—2011)划分为 15 个门类、40 个条目、95 项特别管理措施,其中特别管理措施包括具体行业措施和适用于所有行业的水平措施。负面清单中未列出的与国家安全、公共秩序、公共文化、金融审慎、政府采购、补贴、特殊手续、非营利组织和税收相关的特别管理措施,按照现行规定执行。自贸试验区内的外商投资涉及国家安全的,须按照《自由贸易试验区外商投资国家安全审查试行办法》进行安全审查。中国香港特别行政区、澳门特别行政区、台湾地区投资者在自贸试验区内投资参照《自贸试验区负面清单》执行。内地与香港特别行政区、澳门特别行政区关于建立更紧密经贸关系的安排及其补充协议,《海峡两岸经济合作框架协议》,我国签署的自贸协定中适用于自贸试验区并对符合条件的投资者有更优惠的开放措施的,按照相关协议或协定的规定执行。

值得注意的是,这次新版负面清单首次缩减到百项以内,比第一份负面清单足足减少了一半;较 2015 版负面清单,则减少了 10 个条目、27 项措施。由此带来的是,一方面自贸试验区进一步放宽外商投资门槛,可以吸引更多外商投资"走进来",引资引智力度加大;另一方面,自贸试验区改革新政陆续落地,新版负面清单也将进一步提升新政实施效率,引导更多的市场主体、资金在国际国内两个市场灵活配置与流动。

自贸试验区境外投资管理与现有审批制有何不同?

在审批制管理模式下,外资准入时商务主管部门首先对其投资主体资格、投资领域行业、投资方式、投资金额、拟设立公司的合同章程等的真实性、合法性进行审查、认可,是一种事前管理的模式。

自贸试验区对境外投资开办企业实行以备案制为主的管理方式,对负面清单以外的领域,在外资准入阶段,商务主管部门只对其投资主体资格、投资领域行业等基本信息进行备案,投资管理由事先审批转为注重事中、事后监管,提高境外投资便利化程度。

什么是外商投资项目备案制?

外商投资项目备案制是指对于一般的外商投资项目,向主管部门备案后,就可依法办理工商、海关、税务等相关手续,而无须事先报政府主管部门核准的外资管理制度。

外商投资企业设立及变更备案管理的性质是什么?

根据商务部2017年7月30日颁布的关于修改《外商投资企业设立及变更备案管理暂行办法》的决定,外商投资企业变更备案,可在变更事项发生后30日内办理,且设立和变更均是通过备案系统在线填报和提交备案申报材料,办理备案手续。备案机构仅对外商投资企业或其投资者提交的备案信息和相关文件形式上的完整性和准确性进行核对,对申报事项是否属于备案范围进行甄别。对于属于备案范围的,在3个工作日内完成备案。在备案完成后,外商投资企业或其投资者可自愿向备案机构领取备案回执。

可见,备案管理的性质属于告知性备案,不是企业办理其他手续的前置条件。外商投资企业或其投资者以承诺书形式对填报信息的真实性、准确性和完整性负责,备案机构在备案阶段仅对填报信息进行形式审查,领取备案回执也不是强制性要求。这与目前外资逐案审批制有着根本性区别,是方便企业、服务企业的"真备案"制度。

外商投资企业设立及变更备案管理的范围是什么?

经国务院批准,外商投资准入特别管理措施范围按《外商投资产业指导目录(2017年修订)》(以下简称《目录》)中限制类和禁止类,以及鼓励类中有股权要求、高管要求的有关规定执行。涉及外资并购设立企业及变更的，按现行有关规定执行。外商投资准入特别管理措施范围内的投资，对于涉及《目录》限制类和禁止类以及鼓励类中有股权要求、高管要求的领域，不论金额大小或投资方式（新设、并购）均将继续实行审批管理；对于外国投资者并购境内非外商投资企业，适用《关于外国投资者并购境内企业的规定》，其中涉及上市公司的，适用《外国投资者对上市公司战略投资管理办法》。对于外国投资者投资其他领域或采取其他方式投资的，一律实行备案管理。需要说明的是，外国投资者并购境内非外商投资企业完成后，外商投资企业发生的变更事项，如不涉及国家规定实施准入特别管理措施的，也将实行备案管理。

审批范围内事项的办理流程是什么？

负面清单内的外商投资企业属于审批范围，其具体流程如下：

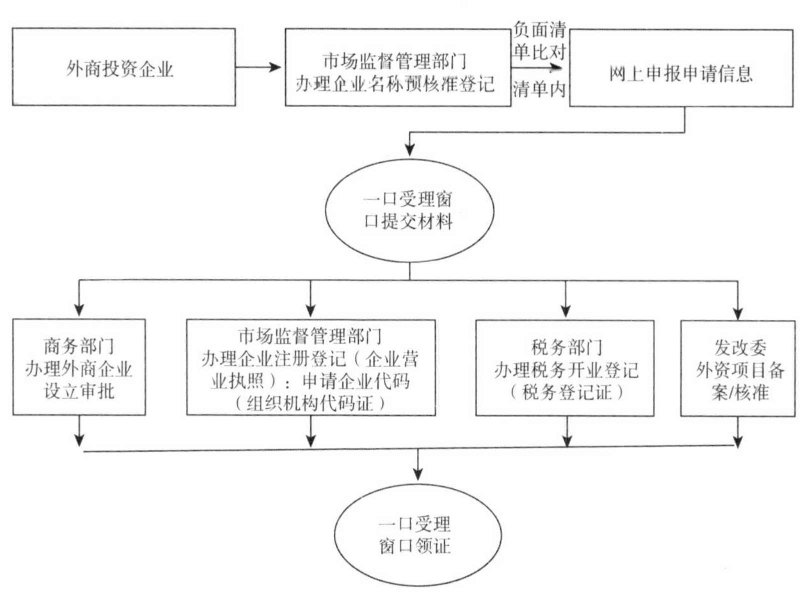

图 5－1　审批流程

属于备案范围的外商投资企业应如何进行备案？

外商投资企业设立及变更备案主要分为三步：第一，外商投资企业或其投资者通过备案系统在线填报和提交备案申请材料;第二,备案机构对填报信息形式上的完整性和准确性进行核对,并对申报事项是否属于备案范围进行甄别,在 3 个工作日内完成备案;第三,由备案人自行选择是否领取备案回执。

属于备案范围的外商投资企业设立备案需在营业执照签发前或营业执照签发 30 日内办理,外商投资企业变更备案需在变更事项发生后 30 日内办理。对申报事项属于备案范围的,备案机构应在 3 个工作日内完成备案,通过外商投资综合管理信息系统发布备案结果,并在线通知外商投资企业或其投资者;不属于备案范围的,备案机构应在线通知外商投资企业或其投资者按有关规定办理。

外商投资企业设立及变更备案中实际控制人如何确定?

在《外商投资企业设立备案申报表》和《外商投资企业变更备案申报表》中,要求填报外商投资企业最终实际控制人信息及外商投资企业投资者最终实际控制人信息。其中,外商投资企业最终实际控制人是指通过股份、合同、信托或其他方式最终直接或间接对外商投资企业实现控制的自然人、企业、政府机构或国际组织;投资者最终实际控制人是指通过股份、合同、信托或其他方式最终直接或间接对外商投资企业投资者实现控制的自然人、企业、政府机构或国际组织。上述实际控制人是境外的,需追溯至境外上市公司、境外自然人、外国政府机构(含政府基金)或国际组织;实际控制人是境内的,需追溯至境内上市公司、境内自然人或国有/集体企业。

什么是注册资本认缴登记制?

注册资本认缴登记制是工商登记制度改革的一项措施,将注册资本实缴登记制改为认缴登记制,企业法人注册资金最低限额、经营场所限制等规定被取消。具体而言,工商部门登记公司全体股东、发起人认缴的注册资本或认购的股本总额即公司注册资本,不登记公司实收资本。然而,每年公司应当将股东认缴出资额或者发起人认购股份、出资方式、出资期限、缴纳情况通过市场主体信用信息公示系统向社会公示。公司股东(发起人)对缴纳出资情况的真实性、合法性负责。同时,公司股东对缴纳出资的情况应符合当时设立公司时所递交的公司章程的规定。

什么是“一照一码”?

“一照一码”是指自贸区内新设立企业核发加载统一社会信用代码的《营业执照》,不再单独核发《组织机构代码证》和《税务登记证》。

“先照后证”登记制指的是什么?

“先照后证”就是先申领营业执照后再办理有关许可证,也就是说,如果企业需要从事许可经营项目的,而且经营项目属于企业登记前置许可事项的,在取得许可证或批准文件后向工商部门申领营业执照;其他经营项目,则在领取营业执照后向主管部门申请办理相关许可证或者批准文件,然后开展该项目经营活动。而在原有“先证后照”的制度框架下,从事前置许可经营项目的市场主体,需要先到许可审批部门办理有关许可证明文件后,再到工商部门申请办理营业执照,其中又以注册资本和前置审批最难逾越。

“先照后证”登记制是继注册资本认缴登记制度改革后的又一重要创新,改革以后,创业者只要到工商部门领取一个营业执照,就可以从事一般性的生产经营活动,如果要从事需要许可的生产经营活动,再向主管部门申请。在等待许可期间,创业者可以着手开展一些筹备工作,这就为企业先期发展争取了大量时间。“先照后证”登记制改革不仅将大幅提升公司的存活率,降低公司的设立成本,促成公司尽快开展商事活动;也将“倒逼”行政审批部门继续清理和压缩现有前置审批事项,转变政府职能,提高审批效率。

什么是“先建后验”的管理模式?

“先建后验”即企业在获得用地后,对原来前置审批事项只要依法作出承诺并经公示和备案后,项目即可“先建”。“先建”的环节极大地减少了企业取得项目前置要件所需时间,加快了项目投资落地进程,为企业抢占市场赢得了机会和时间。虽然项目审批环节被大幅缩减,办理手续简化,但不等于相关部门放松了对项目的监管,监管的重点落在严格的集中验收、责任追究等“后验”环节上,项目不达标不但不能投产,而且还要追究有关人员的责任。“先建后验”使企业摆脱了投资项目审批烦琐的程序,在项目前期工作中投入的时间和资金大幅压缩,切实享受到了改革带来的实惠。

陕西自贸试验区如何试行年度报告公示制?

自贸试验区内试行企业年度报告公示制度,即企业按照企业登记机关规定的内容和时间,通过互联网运用市场主体信用信息公示系统如实提交其上一年度投资人缴纳出资情况、资产负债情况、登记及备案事项变化情况等内容的制度。当年设立登记的企业,自下一年起报送年度报告。年度报告公示制度不是登记机关对企业的监督检查,而是企业向登记机关提交年报,登记机关不审查年报内容,只是提供信息平台公示年报提交情况,由企业对年度报告的真实性、合法性负责。

以陕西企业为例,在实行企业年度报告制度后,企业只需于 3 月 1 日至 7 月 30 日登录陕西省工商行政管理局门户网站,按规定格式和内容填写年度报告信息(西安市工商局登记企业登录西安市工商行政管理局门户网站),无须再到登记机关现场提交纸质材料接受审查,无须缴纳任何费用。工商机关将对企业年度报告公示内容进行抽查。

第六章

贸易转型升级

陕西自贸区建设中,如何推动贸易转型升级?

陕西自贸试验区在贸易方式、监管服务模式以及服务贸易等方面进一步推动贸易转型升级,主要围绕以下三个方面:

第一,在拓展新型贸易方式方面,形成以技术、品牌、质量、服务为核心的外贸竞争新优势。支持进口先进技术和资源类商品。扶持和培育外贸综合服务企业,为中小企业提供通关、融资退税、保险等服务。建立一批具有项目对接、海外市场拓展、技术共享等功能的服务贸易公共服务平台。引导出口企业从生产型企业向生产服务型企业转变。大力促进文化艺术、数字出版、中医药、技术等服务贸易发展。打造服务外包产业集聚区,培育一批领头企业和国际品牌。

第二,在通关监管服务模式创新方面,鼓励企业参与"自主报税、自助通关、自动审放、重点稽核"等监管制度创新试点。将出口退税申报功能纳入"单一窗口"建设项目,将涉及贸易监管的部门逐步纳入"单一窗口"管理平台。自贸试验区海关特殊监管区域内实施"一线放开""二线安全高效管住"的通关监管服务模式。完善通关合作机制,逐步实现信息互换、监管互认、执法互助。

第三,在服务贸易体系方面,建立以政府部门"服务清单"制度为核心,搭建服务贸易公共服务平台,大力发展生产性服务贸易,推动金融、保险、物流、信息、研发设计等资本和技术密集型服务出口,支持自贸试验区企业建设出口商品"海外仓"和海外运营中心,探索国际贸易供应链便利合作,加快融入境外零售体系。

鼓励企业统筹开展国际国内贸易的方向是什么?

根据陕西自贸试验区《总体方案》要求,鼓励企业统筹开展国际国内贸易,发展的方向是实现内外贸一体化发展。长期以来,由于监管方式不同,税收制度的不同,中国企业存在着一种特殊的现象,即开展国际贸易的企业不做国内贸易,而开展国内贸易的企业不做国际贸易。在外贸领域,大量企业由于缺乏国内销售渠道,企业只能通过在国际市场上压低产品价格才能消化其产能。而在内贸领域,同样企业由于种种限制,无法将自身优势产品出口到国外,赚取更高的利润。这种经营模式的长期存在不利于中国企业合理调配资源。

随着自贸试验区区内负面清单管理方法的实施、贸易便利化措施的进一步实施、相关税收制度的进一步合理,区内企业的发展方向是其业务内容既涉及国际贸易又包括国内贸易,实现内贸和外贸的一体化发展。

政府部门服务清单制度包含哪些内容?

自 2015 年以来,陕西按照中央安排部署,全面推行了各级政府权力清单、责任清单和公共服务事项清单制度建设。省政府按照“省上先行、以上率下、压茬推进”的思路,在完成省级部门权责清单的基础上,通过编制市级、县级和乡镇权责清单《通用参考目录》,明确统一了编制标准,做到总体框架一致、各地特色明显。目前陕西已完成了市县镇三级政府的公共服务事项和乡镇、街道办事处权力和责任清单的编制工作,并在“陕西省权责清单和公共服务事项清单统一发布平台”上线运行。“三个清单”具有如下特点:

第一,“三个清单”覆盖了所有行政层级,52 个省级部门、10 个设区市、杨凌示范区和 107 个县(市、区)、1282 个乡镇政府和街道办事处全部纳入“三个清单”制度建设范围。

第二,“三个清单”覆盖了政府工作部门的所有单位,包括政府工作部门、具有行政职能的党委工作部门以及部分中省双管单位和垂直管理机构。

第三,“三个清单”覆盖了所有权力事项和公共服务事项。权力清单包含了行政许可、行政处罚、行政强制、行政征收、行政给付、行政检查、行政奖励、行政确认、行政裁决和其他权力 10 大类。责任清单与权力清单一一对应,每一项权力在实施过程中每一个环节都有具体、明确的责任。而公共服务事项清单涵盖了政策支持、法律和信息咨询、知识产权保护、就业技能培训、公共教育、劳动就业、社会保障、医疗卫生、住房保障、文化体育、扶贫脱贫等与群众日常生产生活密切相关的事项。

“单一窗口”的概念是什么?

“单一窗口”是联合国倡导的一项国际贸易便利措施,其内涵是指参与国际贸易和运输的各方通过单一的平台,一次提交标准化的信息和单证,以满足相关法律法规及管理的要求;同时监管部门处理状态(结果)通过单一平台反馈给申报人。企业通过一个窗口来办理涉及海关、检验检疫、海事、出入境边检、港务等多个监管部门的事务,这将在很大程度上提高申报效率,缩短通关时间,降低企业成本。

陕西国际贸易“单一窗口”是什么?

陕西国际贸易“单一窗口”依托中国电子口岸开发的中国国际贸易“单一窗口”标准版,申报人通过陕西“单一窗口”一点接入、一次性提交标准化单证和电子信息,提高申报效率,缩短通关时间,降低企业成本,促进贸易便利化,以推动国际贸易合作对接。国际贸易“单一窗口”实现了中央和陕西地方两级平台的互联互通,一方面,在中央层面完成与中国国际贸易“单一窗口”的对接,具体业务功能包括货物申报、运输工具申报、舱单申报、税费支付、贸易许可、原产地证书、企业资质办理、出口退税申报和统计查询等方面;另一方面,在陕西地方层面扩展实施“单一窗口”特色服务功能,包括口岸政务服务功能、口岸物流服务功能、口岸数据服务功能和口岸特色应用功能等四个方面内容。

陕西国际贸易“单一窗口”的发展历程是什么?

2007 年,陕西省与国家海关总署签订了陕西省《电子口岸建设合作备忘录》,建立了由省级和中央驻陕相关单位组成的联席会议,制定了相关制度。

2014 年 10 月,陕西省人民政府办公厅印发陕西省电子口岸三年发展规划中提出:力争通过 3 年努力,建成“三大平台”,实现一网覆盖,把我省电子口岸建成西部一流、与国际接轨的“单一窗口”模式的通关信息服务平台。

2015 年 12 月,陕西电子口岸综合服务平台(一期)在陕西省信息化中心举行了上线发布仪式。

2017 年 5 月,中国(陕西)国际贸易“单一窗口”标准版试点工作开始进行,一期上线的是货物申报功能。

什么是海关特殊监管区域?

海关特殊监管区域是设立海关的港口、车站、机场、国界孔道、国际邮件互换局(交换站)和其他有海关监管业务的场所,以及虽未设立海关,但是经国务院批准的进出境地点。目前,海关特殊监管区大概有 11 种类型,即保税区、出口加工区、保税物流园区、保税港区、综合保税区、出口监管仓库、进口保税仓库、保税物流中心(A)型、保税物流中心(B)型、珠澳跨境工业区珠海园区、霍尔果斯国际边境合作中心,一般我们通称为海关特殊监管区域。由于上述区域各自具备不同的运作功能,因而也分别享受着国家不同的政策优惠,特别是进出口税收政策。自贸试验区的设立兼备了保税区、保税物流园区、保税港区、综合保税区 4 个海关特殊监管区域的功能与优惠政策,更加全面地体现了国际贸易一体化的要求。

什么是“一线放开”“二线安全高效管住”?

“一线”管理是指自贸试验区与境外之间的管理,“一线放开”是指货物从境外进入自贸试验区内的海关特殊监管区域,允许区内企业凭进口舱单将货物直接提运入区,再凭进境货物备案清单向主管海关办理申报手续,即“先进区、后报关”。“一线放开”强调的是发挥市场对资源配置的基础性作用,从原来的常规性监管,变成精简监管,这是为了适应经济全球化的趋势,推进我国开放型经济水平的体现。

“二线”管理是指自贸试验区与境内区外之间的管理,“二线安全高效管住”立足于“单一窗口”的平台功能,将涉及贸易监管的海关、检验检疫、外汇、支付等相关监管部门接入“单一窗口”作业平台,实现集约式、一站化的高效管理,重视的是发挥国家宏观调控的作用,从而弥补市场调节的不足与缺陷。

“货物状态分类监管模式”指的是什么？

货物状态分类监管，是指海关根据货物的不同状态，实施相应的监管模式，确保对不同状态货物实施有效监管。根据区域内货物状态的内涵、分类及相应监管模式，设定保税货物、非保税货物两类不同状态货物。保税货物按现行规定进行监管，非保税仓储货物按本公告规定进行监管。非保税仓储货物，指境内海关特殊监管区域外非保税货物进入海关特殊监管区域内进行仓储，最终实际离境出口或返回境内区域外的货物，包括区域内保税货物办结报关征税手续后转为非保税仓储货物。

基本上可以划分为三大类货物状态进行监管：一是对区内保税仓储、加工等货物，按照保税货物状态监管；二是对通过试验区口岸进出口或国际中转的货物，按照口岸货物状态监管；三是对进入试验区内特定的国内贸易货物，按照非保税货物状态监管。

什么是预检验制度和进口货物出区“零等待”？

进口货物预检验及核销，是指根据企业申请，检验检疫部门对区内货物实施集中检验，分批核销出区的工作模式。预检验合格货物可以免于检验，随时分批出区，直接核销放行。

什么是保税展示交易？

保税展示交易是指经海关注册登记的自贸试验区内企业在试验区规划面积以内、围网以外的综合办公区专用的展示场所以及区外其他场所开展保税展示、交易的经营活动。海关允许商品在保税状态下出区进入展示平台，企业可按照经营需要进行物流配送，已销售货物在规定时限内进行集中申报并完税。

保税展示交易的业务规则包括以下几个方面：

一是开展保税展示交易的区内企业应当与海关实行计算机信息联网。

二是区内企业在特殊监管区域规划面积以内、围网以外的综合办公区专用的展示场所或区外其他场所开展出区保税展示交易的，应当提供税款担保。

三是货物在出区展示期间发生内销的，区内企业应当在规定日期内向主管海关集中办理进口征税手续,集中申报不得跨年度办理,主管海关征税放行后,辅助系统自动退还区内企业的担保额度。

四是货物出区展示完毕,区内企业应当通过辅助系统办理货物回区手续,最长不得超过货物出区之日起6个月。因特殊情况需要延长期限的,区内企业应当向主管海关办理延期手续,延期最多不超过3次,每次延长期限不超过6个月。

五是企业需定期向海关申报出区展示货物情况。

第七章

金融服务领域

陕西自贸区建设中，如何深化金融领域开放创新？

在创新金融制度方面，探索建立与自贸试验区相适应的本外币账户管理体系，促进跨境贸易、投融资便利化。拓展跨境电子商务人民币结算。自贸试验区内银行可按有关规定发放境外项目人民币贷款。支持自贸试验区内符合条件的企业按规定开展境外证券投资。

在强化金融服务方面，支持符合条件的法人在自贸试验区内依法设立金融租赁公司、财务公司、汽车金融公司、消费金融公司等金融机构。支持符合条件的境内纯中资民营企业发起设立民营银行。支持全国性中资商业银行、陕西本地银行、符合条件的外资银行在自贸试验区内新设分行或营业机构。允许外商投资在自贸试验区内新设一家合资证券公司。鼓励各类金融机构创新供应链融资、贸易融资等业务。

在建立健全金融风险防范体系方面，落实风险为本的原则，探索建立跨境资金流动风险监管机制，强化开展反洗钱、反恐怖融资、反逃税工作，防止非法资金跨境、跨区流动，防范开放环境下的金融风险。

目前的外汇管理制度是怎样的？

近年来，我国外汇管理重点领域改革明显加快，2012 年 8 月，货物贸易外汇管理改革在全国实施，此后，外商直接投资、外债管理等一系列资本项目改革政策也相继出台。2013 年 9 月，服务贸易外汇管理改革也在全国正式推行。所有这些改革的目的是为了简政放权，减少环节，降低成本，提升效率，促进投资和贸易的便利化。

自外管局在全国范围内实施服务贸易外汇管理改革以来,境内企业和个人办理服务贸易外汇业务的便利度得到显著提高,具体表现为:一是取消了服务贸易购付汇核准,所有服务贸易购付汇业务均可在金融机构直接办理;二是金融机构对单笔等值5万美元以下的服务贸易收付汇业务原则上不审核交易单证;三是对个人结汇和购汇均实行等值5万美元年度总额管理,个人可凭身份证件直接办理年度总额以内的结购汇业务。

陕西自贸试验区如何建设现代农业国际合作中心?

杨凌位于关中平原中部,总面积135平方千米,城市规划区35平方千米,下辖一个县级杨陵区,有2个镇3个街道办事处,总人口24万。杨凌是华夏农耕文明的发祥地之一,素以"农科城"著称于世,区内驻有国家"985工程"和"211工程"管理序列的西北农林科技大学,全国首批示范性高职院校——杨凌职业技术学院,拥有60多个国家级和省部级科研平台,聚集了农林水等70多个学科、近7000名科教人员。

以建设丝绸之路经济带现代农业国际合作中心为目标,坚持"引进来""走出去"两条腿走路,杨凌已同60多个国家(地区)建立了农业科技与产业合作关系。一方面,通过搭平台、建项目等多措并举,加快"走出去"步伐,启动建设了中哈、中吉、中美等8个国际农业合作园区。每届农高会,举办国际交流活动20多项,来自世界40多个国家的500多名政府官员、农业专家齐聚杨凌,共同探讨世界农业发展大计。同时,充分发挥援外培训基地作用,累计为来自100多个发展中国家的1600多位农业官员和技术人员开展培训,杨凌的国际影响力不断提升。

特别是在种业、农产品深加工、农产品贸易、农业金融、农业科技教育等领域减少和取消对外商投资准入限制,推动农业科技服务业转型。允许外商投资从事农业金融业务、以控股形式开设农产品期货公司、以独资形式投资建设高等农业教育机构。围绕涉农工业战略高地建设,通过抓招商、上项目,促投资,稳增长,着力打造新的经济增长点,大力发展农业电商,"淘宝网杨凌馆"线上、线下同步开馆,京东杨凌运营中心建成投用,300多家电商企业聚集发展。围绕打造世界一流农业自贸试验区,夜以继日加快杨凌购物中心等一批重点项目建设。同时,对标国际贸易标准和投资贸易规则,大胆试、勇敢闯、自主改,推行"七证合一、八项联办”审批模式,全力打造国际一流的营商环境。

陕西自贸试验区外汇管理体制改革包括哪些方面?

根据《金融服务中国(陕西)自由贸易试验区建设的意见》,陕西自贸试验区针对外汇账户管理、资金池管理,支付机构跨境外汇支付业务试点,跨境投融资等方面出台13条措施。具体如下:

第一,简化经常项目外汇账户管理。在真实、合法交易的基础上,自贸试验区内货物贸易外汇管理分类等级为A类的企业无须开立待核查账户,货物贸易外汇收入可直接进入经常项目外汇账户。

第二,简化经常项目外汇收支手续。银行按照展业三原则办理经常项目购付汇、收结汇及划转等手续,可自主把握是否审核单证及审核何种单证。放宽货物贸易电子单证审核条件。支持自贸区开展适应内陆加工贸易等多种贸易业态的结算便利化试点。

第三,探索适合商业保理发展的外汇管理模式。鼓励自贸试验区有实际需求、经营合规且业务和技术成熟的商业保理公司开展国际保理业务,充分发挥商业保理在扩大出口、促进流通等方面的积极作用。

第四,进一步深化支付机构跨境外汇支付业务试点。大力扶持和培育有实际需求、经营合规且业务和技术条件成熟的支付机构参与跨境外汇支付业务试点。

第五,推动直接投资便利化。将外商投资企业和境外投资企业外汇登记改由银行办理,取消外商投资企业和境外投资企业联合年检,改为实行直接投资存量权益登记。支持企业开展对外直接投资,鼓励自贸区企业参与“一带一路”建设,指导银行优先安排自贸区10亿美元内大额对外投资存量项目资金汇出。探索研究限额内资本项目可兑换。

第六,便利跨国公司外汇资金集中运营管理。放宽跨国公司外汇资金集中运营管理准入条件,相关备案条件中上年度本外币跨境收支规模可由超过1亿美元调整为超过5000万美元。境内银行通过国际外汇资金主账户吸收的存款,可境内运用比例由不超过6个月日均存款余额的50%调整为100%,境内运用资金不占用银行短期外债余额指标。

第七,进一步简化资金池管理。允许经银行审核真实、合法的电子单证办理经常项目集中收付汇、轧差净额结算业务。简化集中收付汇和轧差结算收支申报程序,建立与资金池自动扫款模式相适应的涉外收付款申报方式,允许银行和企业签订一揽子涉外收付款扫款协议。

第八,探索将外汇管理和金融服务功能纳入国际贸易“单一窗口”。扶持和培育外贸综合服务企业,为中小企业提供通关、融资、退税、保险等服务。积极支持政府部门建立以“服务清单”制度为核心的服务贸易体系和公共服务平台。

第九,便利融资租赁公司境内外融资。允许自贸试验区内金融租赁公司、外商投资融资租赁公司和中资融资租赁公司在向境内承租人办理融资租赁时,如果用以购买租赁物的资金50%以上来源于自身的国内外汇贷款或外币外债,可以外币形式收取租金等。鼓励自贸区融资租赁类公司开展对外融资租赁业务,取消其境外放款额度限制。

第十,允许自贸区境外机构境内外汇账户结汇。允许注册且营业场所均在自贸试验区的银行为境外机构境内外汇账户(NRA账户)按照不落地结汇方式办理结汇业务,结汇后汇入境内使用的,境内银行应当按照跨境交易相关规定,审核境内机构和境内个人有效商业单据和凭证后办理,不得划转境外或进入FT账户(即银行等金融机构为客户在自贸区分账核算单元开立的规则统一的本外币账户)及人民币NRA账户等。

第十一,拓宽企业资本项下外币资金结汇用途。支持自贸区企业资本项目外汇收入实行意愿结汇。对重点外商投资企业资本项目外汇收入结汇在一定条件下可实行简化管理。鼓励投资性外商投资企业、外资股权投资管理机构、外资创业投资管理机构在自贸试验区以资本金结汇资金开展股权投资。

第十二,便利涉外主体跨境融资。允许内保外贷项下资金通过向境内进行放贷、股权投资等方式直接或间接调回境内使用。支持有货物贸易出口的企业,扩大境内外汇贷款结汇范围,银行可按照展业三原则要求,对出口项下相关背景进行真实性、合规性审核后,代企业办理结汇。实施外债意愿结汇政策,下放银行直接办理。

第十三,支持企业利用全口径跨境融资宏观审慎管理政策融资。统一中、外资企业借款标准,符合条件的企业均可开展跨境融资。允许自贸区金融机构和企业在与其资本或净资产挂钩的跨境融资余额上限内,自主开展本外币跨境融资。

自贸试验区如何加快跨境人民币结算中心功能建设?

推动人民币作为自贸区与“一带一路”沿线国家跨境贸易和投资计价、结算的主要货币;简化跨境贸易和投资人民币结算业务流程;支持开立跨境人民币结算账户;支持跨国企业集团开展跨境双向人民币资金池业务;鼓励境外发行人民币债券;支持境外母公司境内发行人民币债券;支持自贸区银行发放境外人民币贷款;支持开展个人跨境贸易人民币结算业务;拓展跨境电子商务人民币结算。

金融服务陕西自贸试验区建设的作用体现在哪些方面?

2017 年 7 月 31 日,由陕西省自贸办发布的关于《金融服务中国(陕西)自由贸易试验区建设若干意见》,该意见分六个部分共 36 条,包括扩大人民币使用,加快跨境人民币结算中心功能建设、进一步简政放权,促进贸易投资便利化、大力创新金融服务,支持实体经济加快发展、深化金融改革创新,推进人文交流和现代农业国际合作等举措,将为金融服务陕西自由贸易试验区建设打造良好的政策措施服务体系。

金融服务陕西自贸试验区建设有助于减少企业办理业务过程中的审批环节和需要提交的证明资料,进一步提高自贸区内市场主体贸易投资的便捷性和时效性,有效降低市场主体交易成本;为企业提高境外融资规模提供便利,充分利用境外低成本资金,对加快陕西省融资租赁产业发展具有重大的促进作用;从外金融支持“一带一路”人文交流和现代农业国际合作的具体措施,体现了对陕西自由贸易试验区特色产业发展的支持,有利于促进自贸区内产业转型升级,进一步提升全省对外开放的质量和水平。

陕西自贸试验区如何创新金融服务?

创新金融服务是指从全方位多角度地提供各种金融服务,对服务意识、服务环境、服务设施、服务方法和服务手段等方面进行创新。

第一,探索建立与自贸试验区相适应的本外币账户管理体系。在风险可控的前提下,探索创新本外币账户设置、结算业务办理等新模式,支持市场主体通过自贸试验区本外币账户开展跨境投融资业务,促进跨境贸易、投融资结算便利化。

第二,鼓励各银行创新供应链融资。推动自贸试验区企业特别是轻资产服务贸易企业发展应收账款融资。推动自贸试验区政府部门通过补贴或奖励方式促进核心企业确认应收账款及降低企业融资负担。鼓励金融机构探索平衡核心企业、上下游企业利益的市场化供应链融资机制。

第三,支持自贸试验区企业在银行间市场进行直接融资。引导符合条件的企业在银行间市场发行短期融资券、中期票据、中小企业集合票据、非公开定向债务融资工具、资产支持票据等债务融资工具,进一步拓宽企业融资渠道。探索推动自贸试验区企业结合行业产业特点,发行“双创”、军民融合等专项债券融资工具。推动政府运用奖励和补贴等方式,对在银行间市场发行债券融资工具的企业给予支持。

第四,健全守信激励和失信惩戒机制。推进行政许可和行政处罚信息公示,实现与省公共信用信息平台的联通与共享。落实金融领域守信激励失信惩戒机制,拓展金融信用信息基础数据库的广度和深度,推广征信产品和服务在自贸试验区应用。在自贸试验区设立征信查询服务窗口,为市场主体提供方便、快捷、高效的信息查询服务。

第五,推动引进各类征信服务机构。支持自贸试验区引进第三方征信机构,开展信用登记、信用调查、信用咨询等业务,帮助企业提升信用水平。探索引进国际或国内专业信用评级机构,建立自贸试验区入区企业信用评级制度,完善信用分类管理机制。

第六,推动自贸试验区支付结算基础设施建设。发展金融 IC 卡(芯片银行卡)和移动金融,打造金融 IC 卡无障碍示范区,完善自贸区金融 IC 卡应用环境,加大销售终端、自动柜员机等机具布放力度。在自贸试验区各综合服务大厅“一口受理窗口”试点开通企业基本存款账户开立绿色通道,大力推广电子商业汇票等非现金支付工具。

自贸试验区如何扩大金融服务业开放?

金融是服务业的重要组成部分,金融服务业是竞争性服务业,受益于对外开放,未来还需进一步扩大开放。按照《中共中央、国务院关于构建开放型经济新体制的若干意见》,结合各地自贸试验区建设的主要任务措施,自贸试验区应重点构建服务实体经济的金融体系和面向国际的金融市场平台。

第一,提升金融机构国际化经营水平,鼓励金融机构审慎开展跨境并购,完善境外分支机构网络,提升金融服务水平,加强在支付与市场基础设施领域的国际合作。建立健全支持科技创新发展的国际金融合作机制。拓展经常项下、直接投资项下跨境人民币流通渠道,发展经常项下跨境支付人民币结算。大力发展互联网金融。推动金融服务业对符合条件的民营资本和外资金融机构开放。

第二,推动金融资本和产业资本联合,探索建立境外股权资产的境内交易融资平台。支持金融机构在试验区内设立符合制度政策规定的国际金融交易平台,推出面向国际投资者的产品和业务,支持实验区内金融市场平台与境外资本市场联结合作。

融资租赁业务及制度特点是什么?

融资租赁业务是指出租人根据承租人对出卖人、租赁物的选择,向出卖人购买租赁物,提供给承租人使用,承租人支付租金的交易活动。融资租赁直接服务于实体经济,在促进装备制造业发展、中小企业融资、企业技术升级改造、设备进出口、商品流通等方面具有重要的作用,是推动产融结合、发展实体经济的重要手段。

融资租赁制度的特点为允许承租企业分期缴纳租金,海关对融资租赁货物按照审查确定的租金分期征收关税和增值税。同时简化担保手续,允许符合条件的企业可以保证书方式提供担保。

2018 年 12 月 28 日,陕西省商务厅、陕西省国家税务局公布的陕西自由贸易试验区第一批内资融资租赁试点企业为陕西鼎盛裕和融资租赁有限公司和陕西财信融资租赁有限公司。

自由贸易账户、分账核算单元与分账核算业务各指什么?

自由贸易(FT)账户是指金融机构根据客户需要在自贸试验区分账核算单元开立的规则统一的本外币账户。自贸试验区内的机构自由贸易账户和境外的机构自由贸易账户合称为机构自由贸易账户;自贸试验区内的个人自由贸易账户和区内境外的个人自由贸易账户合称为个人自由贸易账户。

分账核算单元是指省(市)级金融机构为开展自贸试验区分账核算业务,在省(市)一级机构内部建立的自由贸易专用账务核算体系,并建立相应的机制实现与金融机构其他业务分开核算。

分账核算业务是指省(市)级金融机构通过设立分账核算单元,为开立自由贸易账户区内主体提供经常项目、直接投资以及投融资创新等相关业务,以及按准入前国民待遇原则为境外机构提供相关金融服务。

建立健全跨境资金流动监管体系包括哪些方面?

自贸试验区跨境资金流动监管体系包括宏观审慎管理制度和资金流动管理制度。

第一,宏观审慎管理制度对应于金融体系,主要目标是运用分周期策略和工具,防止金融泡沫扩大,维护金融稳定。中国人民银行于2016年起将差别准备金动态调整和合意贷款管理机制升级为宏观审慎评估体系,并建立了宏观审慎管理框架。各地自贸试验区可根据中国人民银行的指导性意见及金融开放创新的任务要求,借鉴中国人民银行上海总部印发的《中国(上海)自由贸易试验区分账核算业务境外融资与跨境资金流动宏观审慎管理实施细则(试行)》,建立健全宏观审慎管理制度。

第二,资金流动管理(CFM)制度通常采用限制居民或非居民的资本交易或者限制这些交易相关的转移和支付等措施和工具,对跨境资金流动进行监管和管制。在自贸试验区,金融监管应该适应金融开放及资本自由流动的趋势,单一的资本管制已不适应,应该将资本流动管理与宏观审慎管理进行有效组合。

金融改革如何推进人文交流和现代农业合作?

结合陕西省自贸试验区战略定位、发展目标和经济发展特色,将人文交流和现代农业国际合作作为重点突破方向,具体措施主要包括如下方面:

第一,积极推进文化金融改革创新。鼓励金融机构支持依托政府、企业在人文交流方面的基础设施建设需求,探索通过延长贷款期限、灵活设定还款方式等,开展和改善融资服务。鼓励金融机构围绕自贸试验区与“一带一路”沿线国家的科技合作、教育合作、文化交流、文化贸易,积极创新金融产品,提供更具针对性的金融服务，支持创建与“一带一路”沿线国家人文交流新模式。

第二，支持金融机构开发适合文化行业“轻资产”特征的信贷方式或其他金融产品。鼓励和推动金融机构依托无形资产市场价格发现机制开展融资、结算等金融服务，鼓励开展知识产权质押融资业务。

第三，支持现代农业国际合作。鼓励金融机构为现代农业国际合作项目量身打造金融产品和提供全面高效金融服务；鼓励金融机构建立综合授信联盟，针对“走出去”涉农企业开展统一信用评级，加大对示范区“一带一路”沿线国家现代农业示范园区融资支持；引导金融机构利用杨凌众创田园平台和跨境农业电子商务平台，向新型农业创客开展创业贷款。

陕西自贸试验区如何防控开放环境下的金融风险？

陕西自贸试验区在加快金融开放创新的同时，应该尽快制定自贸试验区金融风险防控管理的相关规定，构筑金融风险防火墙。自贸试验区金融风险防控措施应当包括以下方面：

第一，自贸试验区内机构办理跨境创新业务，应以真实合法交易为基础，不得使用虚假合同等凭证或虚构交易办理业务。各银行应遵循“展业三原则”，完善业务真实性、合规性审查机制，及时、准确、完整地向人民银行和外汇局报送相关数据信息及可疑交易，切实履行反洗钱、反恐融资、反逃税等义务。

第二，探索在自贸试验区建立和完善跨境资金流动风险监测预警指标体系，全面监测分析跨境资金流动，健全和落实单证留存制度，探索主体监管，实施分类管理，采取有效措施防范风险，避免资金利用自贸区特殊政策违规流动。

第三，加强金融消费权益保护。加强自贸试验区金融消费权益保护，建立与金融监管、行业组织和司法部门的协调机制，探索构建和解、专业调解、仲裁和诉讼在内的多元化金融纠纷解决机制，同时还需加强自贸区金融创新产品相关知识普及和风险教育。

第八章

“一带一路”经济合作与人文交流

促进“一带一路”沿线国家经济与人文交流的措施有哪些?

按照总体方案紧紧围绕西部大开发以及与“一带一路”沿线国家经济合作、人文交流的战略定位要求,以突出自贸试验区建设对西部大开发的带动作用为基点,重点在政策沟通、设施联通、贸易畅通、资金融通、民心相通等方面,探索构建与“一带一路”沿线国家经济、人文交流的新模式。具体措施包括:

一是在扩大与“一带一路”沿线国家的经济合作方面,做到“三个创新”,即“创新互联互通合作机制,创新国际产能合作新模式,创新现代农业国家交流合作机制”。

二是在创建与“一带一路”沿线国家人文交流新模式上把握“五个重点”,即发挥陕西特色优势,以科技、教育、文化、旅游和医疗卫生合作为重点,创新机制、搭建平台、探索方式,全面加强与“一带一路”沿线国家在人文领域的交流,扩大中华文明的影响。

三是推动西部大开发战略深入实施。以自贸试验区探索体制机制创新经验,示范带动西部地区加快经济社会全方位改革步伐,承接沿海和东部地区产业转移,打造中国经济新的增长极。

如何创新与“一带一路”沿线国家的经济合作?

陕西自贸试验区在互联互通、国际产能、现代农业交流合作机制方面进一步创新,从而推动自贸试验区与“一带一路”沿线国家的经济合作。

第一,创新互联互通合作机制。健全政府对话、企业合作、民间互动的多层次、多领域合作机制。按照共商、共建、共享的原则，构筑全方位立体化开放大通道，建设“一带一路”交通、商贸、快递物流中心。创新航空港、陆港联动发展机制。完善集疏运体系，加密航线航班，增加国际货运航线航班。在陕西自贸试验区内组建符合条件的本地货运航空公司，大力发展空港货运物流，打造国家航空运输枢纽。拓展西安陆路口岸铁路监管功能，推动国际中转集拼业务发展。提升中欧班列（西安）辐射能力，推动将中欧班列（西安纳入中欧）“安智贸”试点计划。深入发展多式联运企业联盟合作，在设施共享、单证统一、规则衔接、信息互联等方面先行先试。建设国际邮件互换局（交换站）。加快西安领事馆区建设。

第二，创新国际产能合作模式。系统推进与“一带一路”沿线国家产能合作机制建设。发挥金融对“一带一路”经济合作的推动作用，地方可根据实际需要，引入社会资本推动设立“走出去”发展引导基金。推动合作园区建设。按照开放、共享的原则，加强境外经贸合作区、产业集聚区、农业合作区等建设，开启“两国双园”国际产能合作新模式。打造绿色丝绸之路。制定鼓励绿色消费的经济政策，落实绿色产品认证制度，建立政府监督、企业自律、公众参与的环保监督机制。支持自贸试验区内的企业按照绿色低碳要求和循环经济理念设计发展战略、生产流程、营销模式、企业文化，打造绿色低碳企业集群和国家级绿色品牌企业。鼓励自贸试验区内绿色低碳龙头企业“走出去”，建设国际产能合作绿色产业园区。加强自贸试验区内重点产业知识产权海外布局和风险防控。

第三，创新现代农业交流合作机制。打造农业领域国际合作交流新平台，积极推进国际旱作农业交流与合作，组建面向“一带一路”沿线国家的现代农业合作联盟和全球农业智库联盟，拓展在农业新技术、新品种、新业态以及节水农业、设施农业、农业装备制造等领域的国际合作。创立国家（杨凌）农业技术标准创新基地，承担农业技术标准的制定工作，提升“杨凌农科”品牌标准的国际化水平。创新中外农业高等教育和职业教育联合办学模式，开展面向“一带一路”沿线国家的援外农业技术培训。支持杨凌示范区片区加快建设国家现代农业国际创新园和“星创天地”。深化农业金融改革创新，允许引进符合条件的国外专业保险公司，开展涉农保险业务。支持建设“一带一路”现代农业国际合作中心。

如何创建与“一带一路”沿线国家人文交流新模式?

陕西自贸试验区围绕科技、教育、文化交流、旅游以及医疗卫生等方面,创新与“一带一路”沿线国家合作交流的新模式。

第一,创新科技合作机制。建立健全政府间科技创新合作及对话机制。发挥企业创新主体作用,引导企业成为“一带一路”科技创新合作的投入、执行和收益主体,形成骨干企业先导带动、中小企业大规模参与的合作局面,并吸引社会力量参与。积极发现与“一带一路”沿线国家产业发展的契合点和共振点,引导各类创新主体在沿线国家共建创新平台,深化产学研合作,鼓励企业设立海外研发中心。发挥民间组织作用,鼓励通过青年交往、志愿者互派、学术往来与交流等方式,丰富民间科技交往内容,鼓励民间科技组织广泛开展各类科技公益活动。探索建设信息丝绸之路。以信息基础设施为载体,开辟以通信和互联网产业为抓手的新型国际贸易之路,推动“一带一路”信息文明的创新与传播。

第二,创新教育合作机制。拓展与“一带一路”沿线国家跨境教育合作空间,推动教育资源共享,建设智力丝绸之路。围绕“一带一路”建设需求,调整优化相关院校的学科及专业设置,推进面向“一带一路”沿线国家的教育培训基地建设。在自贸试验区设立国际汉唐学院和中国书法学院。允许获得硕士及以上学位的优秀外国留学生毕业后直接在自贸试验区工作,完善留学生实习居留、工作居留和创新创业奖励制度。

第三,创新文化交流合作机制。加强与“一带一路”沿线国家合作,保护和传承中华老字号,大力推动中医药、中华传统餐饮、工艺美术等企业“走出去”。与“一带一路”沿线国家共同开展文物保护与考古研究工作,依托自贸试验区开展博物馆国际交流与陕西文物国际展示试点。鼓励社会资本以多种形式参与文化产业和文化园区建设,加强对非物质文化遗产、民间文艺、传统知识的普查、保护和合理利用。建设中影丝路国际电影城等一批文化产业项目,依托现有交易场所,在国家政策法规允许范围内开展文化艺术品交易业务。积极推动文化产品和服务出口,减少对文化出口的行政审批事项,拓展艺术品交易市场功能。依托海关特殊监管区域政策功能,开展文化产品跨境电子商务试点,鼓励文化企业借助电子商务等新型交易模式拓展国际业务。试点以政府和社会资本合作(PPP)等模式推动对外文化投资,加强文化知识产权保护,积极推进文化金融改革创新。

第四,创新旅游合作机制。深化旅游业资源开放、信息共享、行业监管、公共服务、旅游安全、标准化服务等方面的国际合作,提升旅游服务水平。允许在自贸试验区内注册的符合条件的中外合资旅行社,从事除台湾地区以外的出境旅游服务。吸引外商投资旅行社在自贸试验区内设立公司运营总部。积极与"一带一路"沿线国家签订旅游合作框架协议、旅游合作备忘录等整体性协议,合作举办国际旅游展会。推动中医药健康旅游发展。

第五,创新医疗卫生合作机制。发挥陕西医疗资源、医学教育、医学科研及区位优势,在卫生合作机制、重点传染病防控、重大慢性非传染性疾病防治、突发急性传染病防控与紧急医学救援、能力建设与人才培养、传统医药、卫生体制和政策、卫生发展援助、健康产业发展等重点领域,与"一带一路"沿线国家进行广泛合作。允许"一带一路"沿线国家与国内中医药服务机构在自贸试验区内投资中医理疗、康复、培训、宣传、国际推广等机构,搭建中医药健康养生国际综合服务平台。

陕西自贸试验区建设如何推动"一带一路"倡议实施?

陕西自贸试验区在推动"一带一路"倡议实施上,主要包括以下方面:

第一,以西安港务区和西成新区空港新城及西安铁路交通枢纽为载体,推动陆港、空港联动发展,建设国际商贸物流中心。

第二,依托杨凌现代农业国际合作中心、西安半导体国际合作产业园等,打造"一带一路"国际产能合作中心。

第三,依托陕西世界文化遗产等历史文化资源,推动文化和旅游融合发展,打造"一带一路"文化旅游中心。

第四,加大能源金融、物流金融和文化金融创新力度,更好地发挥金融服务实体经济发展的作用,着力打造"一带一路"区域金融中心。

陕西自贸试验区建设如何推动西部大开发战略深入实施?

西部大开发战略,就是依托亚欧大陆桥、长江水道、西南出海通道等交通干线,发挥中心城市作用,以线串点,以点带面,逐步形成我国西部有特色的西陇海兰新线、长江上游、南(宁)贵(阳)昆(明)等跨行政区域的经济带,带动其他地区发展,有步骤、有重点地推进西部大开发。随着陕西自贸试验区的建设与发展,将有助于推动西部大开发战略深入实施。

第一,带动区域开放型经济发展。充分利用自贸试验区的载体和平台作用,在积极承接外向型产业转移的同时,将陕西的科技、产业优势向西部其他地区辐射。培育建设产业集群发展带推动关中—天水、新疆天山北坡、呼包银榆等重点经济区域协同开放、一体发展,形成西部地区新增长极。联合西部地区相关省份开展多式联运,畅通沟通境内外、连接东中西的新亚欧大陆桥国际经济走廊。建立西部地区联合对外合作交流平台,以资源优势为重点,以资源加工工业为主体,强化国际国内交流,带动西部贫困地区、民族地区开放战略实施。加强区域口岸合作,推动陆港联动,实现口岸功能延伸,提升对外开放、公共卫生安全保障能力。推动检验检疫部门与地方卫生部门等加强联防联控合作,防止传染病跨境传播。

第二,推动区域创新发展。积极鼓励自贸试验区各科研院所与西部地区各类企业合作,推进协同创新。及时总结推广"双创"示范、系统推进全面创新改革及知识产权保护的经验,推动有条件的地区建设具有强大带动力的创新型城市和区域创新中心,培育一批知识产权试点示范城市和知识产权强市、强县。创新军民融合发展机制,建立军民成果双向转化"人才池"和"专利池"。建立重点产业专利导航工作机制,建设国家知识产权服务业聚集区。积极推动国家军民融合知识产权运营工作,依托国家知识产权运营军民融合特色试点平台,探索国防专利横向流通转化、国防专利解密与普通专利跟进保护有机衔接、普通专利参与军民研发生产等机制,促进军民科技成果共享共用。推动西部地区军民技术相互有效利用,开展军民两用技术联合攻关,推动产业化发展。

第三,推进区域产业转型升级。通过自贸试验区高端产业集聚,促进西部地区优化现代服务业、先进制造业和战略性新兴产业布局,创新区域经济合作模式。以产业链为纽带,促进西部地区在研发设计、生产销售和物流配送等环节的协同配合,支持西部地区企业通过跨区域兼并重组实现产业转型升级。

第四,构建服务区域发展的人才高地。率先在自贸试验区建立健全高层次人才评价机制、简化高层次人才评价认定程序、完善符合条件的外国籍高层次人才签证及居留政策等,推动境内外专业人才双向流动,为外国籍高层次人才来陕工作开辟绿色通道,简化手续,在出入境、工作、停居留等方面提供福利,积累经验并向西部地区推广。联合打造西部优质人才载体,提升西部地区高层次人才发展及创业创新平台建设水平。建设面向西部地区的高层次人才综合服务体系,大力发展人力资源服务业。

陕西自贸试验区建设如何服务于丝绸之路经济带建设?

陕西自贸试验区应该从加快与丝路沿线国家和地区互联互通建设、促进多领域互利发展和创新丝路合作机制等多方面发力,提升陕西丝路开放合作水平。

第一,推动西安港铁路口岸升级为国家级开放口岸,加快形成丝绸之路经济带最具影响力的国际贸易物流中心。全面开拓空中丝绸之路,完善中亚—国内中转航线网络,依托西咸空港综合保税区,构建航空货运中转集散中心、分拨中心。对自贸试验区符合条件的外籍员工,提供入境、过境、停居留便利。对赴丝绸之路沿线国家的项目考察、合同商签、项目执行等商务组开辟出境绿色通道,压缩审批时间,放宽商务团人数、时间等限制。

第二,加强与丝路沿线国家在文化教育领域的国际合作,带动与丝路沿线国家的科技交流与人力资源培训合作。深入推进丝绸之路经济带区域通关一体化,强化与丝路国家海关合作。发挥陕西在装备制造、能源开采加工、现代农业、食品轻工等领域的优势,支持企业向丝绸之路沿线国家拓展,开展产能合作。

第三,深化与丝路沿线省份的合作。依托政策优势,搭建合作机制和平台,加强联动与合作,探索建立区域性丝绸之路经济带建设协调机构,携手重大课题研究和产业投资合作,推进丝绸之路经济带战略出实效。

什么是“五新”战略任务?

从中央提出西部大开发到“一带一路”建设,再到习近平总书记对陕西发展提出“追赶超越”科学定位,在此背景下,陕西省省委原书记娄勤俭在陕西省第十三次党代会上提出未来五年陕西发展目标时指出,通过培育新动能、构筑新高地、激发新活力、共建新生活、彰显新形象,同步够格全面建成小康社会,加快富民强省步伐,建设富裕和谐美丽陕西,奋力谱写追赶超越新篇章,即“五新”战略任务,具体包括以下内容:

一是“培育新动能”,打造陕西经济发展的新引擎、新动力。通过调整产业结构、调整经济结构,及时谋划、打造新的引领产业,使之形成产业链条、产业集群,成为陕西新的经济增长点,带动全省发展。

二是“构筑新高地”,通过打造“一带一路”核心区、高水平自贸试验区、军民深度融合发展示范区、全面深化改革先行区、区域特色发展引领区等,让陕西在中国经济转型中形成高地,在产业发展上占领制高点。

三是“激发新活力”,通过进一步深化改革改变传统思维方式,增强陕西经济发展的活力,增强企业的活力,特别是民营企业的活力,促使陕西从传统、落后的农业省份向经济高速发展的现代化省份转变。

四是“共建新生活”,着力于通过经济发展带动人民群众生活方式的转变,更重要的是改变陕西人传统的生活方式,使其跟上经济社会发展的节奏,与之相匹配。

五是“彰显新形象”,涉及陕西在丝绸之路经济带建设中的外在形象,西安的国际化大都市形象,陕西发展追赶超越的形象等。

陕西自贸试验区建设如何落实“五新”战略任务?

落实“五新”战略任务,构筑改革开放新高地,必须以自贸试验区建设为引领,在扩大对外经贸合作规模、提升“引进来”“走出去”质量水平上狠下功夫。

第一,以开展制度创新、建设制度高地为核心,加快建设高水平的自贸试验区。推进陕西自贸试验区建设,是陕西对外开放的战略机遇,必须坚持大胆试、大胆创、自主改,自觉承担起试制度、试政策、闯新路的重任。要以商事制度改革为突破,持续优化升级“一口受理、多证合一、多项联办”平台,在自贸试验区各片区设立行政审批服务局和市场监管局,积极开展知识产权综合管理改革试点,率先在自贸试验区形成制度性交易成本低、内外资愿意来、优秀人才留得住的营商环境。要积极借鉴、复制、集成先行区的成功经验,全面深化投资领域改革,加快建立对外投资合作“一站式”服务平台,支持企业开展多种形式的对外直接投资。加快推进贸易便利化改革,建好用好国际贸易“单一窗口”,推出具有陕西特色的服务功能,积极为国家探索可复制推广的陕西经验。要积极创新对外合作交流新模式,着力推进创新互联互通合作机制、国际产能合作模式、现代农业交流合作机制。要结合我省特色和优势,围绕科技、教育、文化、旅游、健康医疗5个重点领域,创建与“一带一路”沿线国家人文交流新模式。

第二,以打造“一带一路”核心区为目标,全面深化对外经贸合作。加速推动贸易畅通、全面深化对外经贸合作是“一带一路”建设的重要内容,也是我省打造“一带一路”核心区、构筑改革开放新高地的重要任务和显著标志。要积极开展全面深化对外经贸合作体制机制创新试点,在构建开放型经济新体制、创新服务贸易发展模式上创造陕西经验、作出陕西贡献。要深入实施“优质优价、优进优出”战略,加快推进外贸结构调整,扎实推进外贸转型升级基地、贸易平台、国际营销网络“三项建设”,加快实施陕西名牌产品出口振兴暨外贸孵化工程,大力培育“陕西制造”“陕西创造”和“陕西服务”品牌,努力保持进出口持续增长态势。要鼓励支持企业在“一带一路”沿线国家建设“海外仓”或“陕西商品展示中心”,推动设立“陕西非洲产业发展基金”,持续加强对境外重点投资项目的跟踪服务,引导企业抱团“走出去”。

第三,要坚持引资、引技、引智并重,以创新方式方法、加强平台载体建设为重点,深入开展精准招商和专业对接,不断扩大引资规模、提升招商质量。围绕我省产业发展重点,紧盯世界500强企业研发与投资趋势,开展精准对接、上门招商,继续拓宽利用外资渠道,努力提高招商引资质量水平,确保项目不断档、投资不减速、发展不停步,实现招商引资新突破。精心办好丝博会暨西洽会、杨凌农高会、欧亚经济论坛等国际交流与合作平台活动,创新举办陕粤港澳经济合作周、陕西—长三角地区经济合作活动等重大投资贸易促进活动,加速构建“全球招商”服务网络,发挥好重大平台机制的引领带动作用。组织开展省级以上经开区综合发展水平考核评价工作,全力推进省级重点国际合作产业园建设,不断提升开发区的国际化水平。坚持定期发布中、英、俄、法多语种《陕西投资环境白皮书》,办好陕西投资指南网,用好各类新媒体,全面介绍陕西省的发展环境和优惠政策。

陕西自贸试验区如何实现引领“追赶超越”的目标?

陕西自贸试验区实现引领“追赶超越”的目标,主要体现在释放内需潜力、激发内在活力、发展实体经济、落实创新驱动战略、加快县域经济和民营经济发展、协调城乡区域发展、保障和改善民生以及环境保护和生态文明建设八个方面,具

体措施如下:

第一,在释放内需潜力方面,一是抓项目促投资,继续调整优化投资结构,集中用于重大战略、重大工程和重点建设任务,加快重大基础设施建设;二是抓工业保运行,鼓励和督促煤电企业建立长期稳定的合作关系,加快制定省内配套企业产品目录,推进汽车新材料、汽车与电池等行业的协同发展,培育发展文化旅游、休闲娱乐、医养结合等消费业态,鼓励发展便民利民社区商业;三是抓调节保运行。继续加强对经济运行监测、预测、预判,制定完善应急政策预案,用好财政风险补偿资金,完善政府、银行和担保机构风险分担机制。

第二,在激发内在活力方面,一是落实供给侧结构性改革实施意见,在全面完成国家下达煤炭、钢铁行业去产能指标的同时,推动企业稳定转型和发展壮大;二是深化重点领域改革,加强财政收支管理,推进预决算公开,深入实施营改增。以投融资体制改革为重点进一步深化"放管服"改革,建立新型投融资体制;三是加快实施"一带一路"倡议。落实"一带一路"陕西行动计划,推动西安经中亚至欧洲的陆路物流大通道建设,推动中欧班列健康运营和海外物流基地建设。

第三,在发展实体经济方面,一是加快能源工业高端化发展,建成榆林、延安、富平热电项目,加快实施新一轮技术改造工程,推动纺织、食品等传统产业转型升级和数字出版、文化创意等服务业新业态,全力打造"中国孟菲斯"现代物流枢纽;二是加快农业供给侧结构性改革,继续加强现代农业园区建设,打造一批综合示范园区,强化农业扶持政策,提高种粮比较效益及农业整体素质和竞争力。

第四,在落实创新驱动战略方面,完善创新评价和考核制度,大力发展和培育新产业、新模式、新业态,加快西咸新区国家双创示范基地建设。深入推进西安全面创新改革试验区建设,在军工科研院所分类改革、科研机构企业化改制方面形成2-3条可复制可推广经验。

第五,在加快县域经济和民营经济发展方面,进一步创新发展环境,强化财政、金融、社会资本支持现代农业园区、工业集中区、重点示范镇、文化旅游名镇建设等各项政策措施,进一步加大强县赋权政策落实力度,激发县域发展动力,全面提升县域经济发展水平。

第六,在协调城乡区域发展方面,加快推进关中协同创新发展、陕北转型持续发展、陕南绿色循环发展。加快户籍制度改革步伐,促进农业转移人口就地就近转化,深化镇级小城市综合改革试验区试点。瞄准发达国家和国内发达地区,以引进大项目和有助于形成产业聚集、产业升级、形成新经济增长极的项目为重点,积极培育新增长点增长极。

第七,在保障和改善民生方面,以建档立卡贫困村贫困户为对象,实施旅游扶贫、光伏扶贫、电商扶贫、金融扶贫,统筹推进安置点产业培育、基础设施和公共设施配套、管理服务跟进等工作实施大学生就业促进计划和创业引领计划,继续推进煤炭、钢铁等去产能重点行业职工安置工作。加快推进教育事业、卫生计生等专项建设,吸引社会力量推进健康养老服务业发展。

第八,在环境保护和生态文明建设方面,一是做好节能降耗工作,严格实行能源消费总量和强度"双控"制度,强化工业、建筑、交通和商贸等重点领域节能管理;二是建立健全生态环境保护体制机制,持续推进"陕北大绿化、关中园林化、陕南森林化"建设,推广节能、低碳、绿色和有机产品认证,推行合同能源管理和环境污染第三方治理新模式。

陕西自贸试验区如何加速优势产业和企业国际化进程?

自贸区建设将与城市功能相互促进,超前进行整体规划和建设,会极富特色与成效,从而带动陕西周边城市乃至整个中西部地区经济腾飞发展。从自贸区所具有的基本功能来分析,自贸区通常都具有进出口贸易、转口贸易、仓储、加工、商品展示、金融等多种功能,未来将在金融、保险、商贸、中介等第三产业发展上取得显著成效,这些功能综合起来就会大大提高自贸区的运行效率和抗风险能力,会使其在客观上产生巨大的生产要素聚集功能,从而大幅度拉动当地经济增长,显著改善当地投资与贸易环境,提升区域竞争力。伴随着陕西自贸区的建设,陕西成为西北内陆改革开放高地也将水到渠成。陕西作为丝绸之路经济带的新起点,作为西北内陆的门户地区,陕西经济的崛起,必将对我国西部地区起到示范、带动及辐射作用,使我国西部地区向西对外开放不断走向深入。

陕西拥有的产业优势如能源化工、装备制造、汽车、电子信息、医药等,以及丰富的文化教育与旅游资源,与丝绸之路经济带沿线国家和地区产业存在较强的互补性,高度契合中亚、中东欧、东盟等国家的市场需求。因此,随着陕西自贸区建设的推进,各种创新的贸易模式与经营业态将不断涌现,必将加速陕西省内优势产业与企业的国际化进程。通过自贸区及其他现有政策资源的协同作用,将会在金融服务、商贸服务、专业服务、文化服务以及社会服务等领域扩大开放,从而使企业的市场进入与创业门槛大幅度降低,有效拓展我省对外直接投资与贸易领域。另外,随着自贸试验区的设立还将吸引大量的优质国外教育机构、演艺经纪机构、旅行社等企业入驻,使中外企业在这些领域的合作、合资成为可能。

如何对照高标准全球化治理规则,培育国际竞争新优势?

对照国际高标准治理规则,从优化负面清单管理模式、建立国际贸易规则以及试验金融开放创新监管制度三方面培育自贸试验区国际竞争的新优势。

第一,优化负面清单管理模式,促进投资领域开放。自贸试验区施行的负面清单,其实质功能是外商投资准入特别管理措施,在负面清单之外给予外商投资准入的前国民待遇。负面清单管理模式的优化,一方面要对诸如投资定义、间接征收、自由投资转移、公平与公正待遇、非歧视原则等重要概念作出尽可能清晰的界定,在话语上与国际标准统一,以透明的外资准入管理模式和流程吸引高端产业和优质资本;另一方面要列明国家监管的兜底条款,设置有效的反垄断审查及国家安全审查协助工作机制和投资者 - 国家争端解决机制。自贸试验区的负面清单实验要为国际高标准的经贸谈判提供实践经验和技术支持,同时为开放型经济新体制的构建提供先行先试经验。

第二,对照国际高标准的贸易规则,提升贸易便利化水平。自贸试验区的主要功能之一是促进贸易便利化,“一线放开”是自贸区贸易便利化的直接体现,其主要特点是实现货物进出自由。国际贸易便利化是各国自贸区竞争的核心制度。这一制度要求在开放环境下实施便捷高效的监管服务,即在“一线放开”的同时,要有严密的监管服务和措施跟进,严格守住风险底线,这就需要海关实施便捷、高效的精准查验制度。贸易便利化的另一个重要装置是国际贸易单一窗口。自贸试验区的国际贸易单一窗口要完善服务功能和运作机制,进一步集成物流和监管流程,基本实现口岸与贸易管理及供应链的各环节全覆盖。开展国内区域间的单一窗口合作和互联互通,推进跨区域通关一体化改革,启动国际性联通项目应用试点。

第三,对照全球资本流动的自由化发展趋势,试验金融开放创新监管制度。

根据国际货币基金组织的资料，随着经济全球化的发展，无论在发达经济体还是新兴经济体，跨境资本流动呈现出越来越开放的总体趋势。在一般情况下，资本流动自由化可以对诸如金融部门的发展、宏观经济政策的实施、贸易和经济的增长等起到促进作用。在微观层面上，资本流动自由化可以使企业更便利地获得资本，为生产性投资提供资金，并使家庭和企业能够实现投资组合多元化，以规避风险。但是，大规模资本流动也可能带来风险，使金融系统和宏观经济受到冲击。因此，自贸试验区要在金融开放条件下创新金融体系和监管制度，建立健全审慎的监管框架来管理资本流动可能引起的风险。审慎监管框架不是为了限制资本流动，而是保证金融体系的适应性和健全性，加强金融风险防范，守住不发生系统性风险、区域性风险的底线。

第九章

自由贸易试验区的未来发展

自由贸易试验区未来的发展模式是什么?

我国自贸试验区数量目前达到11个,形成了东中西部全方位制度创新的“雁行阵”格局,随着自贸试验区制度创新的不断深入,其全面深化改革和扩大开放试验田的作用将持续释放。数据显示,近4年来,我国自贸试验区建设取得了显著成效,总体方案设计的366项国家有关部门任务,实施率超过90%;营商环境不断优化,获得各类市场主体的高度认可。2016年,上海、广东、天津、福建自贸试验区共设立企业14万家,实际使用外资同比增长80%以上;实现税收4000亿元,同比增长26.2%,高于全国21.9个百分点。中央改革办专项督察认为,4个自贸试验区形成了多领域、复合型综合改革态势,彰显了深化改革开放试验田作用。可以看到,作为党中央、国务院在新形势下推进全面深化改革和扩大开放的一项战略举措,自由贸易试验区建设正在以制度创新为核心,为全面深化改革和扩大开放探索新途径、积累新经验。

经过改革开放近40年的发展,我国已经成为国际经济贸易大国,逐渐走到世界经济舞台的中心,同时也面临全面提高对外开放水平的新任务。党的十九大报告指出:“要以‘一带一路’建设为重点,坚持引进来和走出去并重,遵循共商共建共享原则,加强创新能力开放合作,形成陆海内外联动、东西双向互济的开放格局。”报告还指出:“优化区域开放布局,加大西部开放力度。赋予自由贸易试验区更大改革自主权,探索建设自由贸易港。”探索建设自由贸易港,将推动自贸试验区建设不断升级,为中国新一轮开放和各个自贸试验区的进一步发展提供了更好的战略机遇,无疑是自贸试验区发展模式的一大飞跃。

未来要在现有某些自贸试验区及其包含的自由区基础上，对标国际最高水平，建立高标准的对外开放区域，从而成为对外开放的强大引擎，立志成为全球贸易枢纽中心。中共中央政治局委员、国务院副总理汪洋在《人民日报》上发表《推动形成全面开放新格局》一文中进一步强调："自由贸易港开放层次高、营商环境优、辐射作用强，对于促进开放型经济创新发展具有重要意义。"党的十九大报告提出："赋予自由贸易试验区更大改革自主权，探索建设自由贸易港。"

什么是自由贸易港?

自由贸易港是指设在国家与地区境内、海关管理关卡之外的，允许境外货物、资金自由进出的港口区。对进出港区的全部或大部分货物免征关税，并且准许在自由港内，开展货物自由储存、展览、拆散、改装、重新包装、整理、加工和制造等业务活动。探索建设自由贸易港，是对改革开放试验田的建设提出了更高要求，指明了新的方向。自由贸易港也常被视为自贸试验区的"升级版"，是目前全球开放水平最高的特殊经济功能区。

自由贸易港的发展和特点

最早的自由贸易港出现于欧洲，13 世纪法国开辟了马赛港为自由贸易区。1547 年，热那亚共和国正式将热那亚湾的里南那港定名为世界上第一个自由港。其后，为了扩大对外贸易，一些欧洲国家便陆续在一些港口城市开辟自由港。现今，随着全球的贸易活动与经济发展，自由贸易港的数量已有 130 多个。

当前对自由贸易港的分类主要有两种：一种是按其限制程度分为完全自由港和有限自由港。前者对外国商品一律免征关税；后者仅对少数指定出口商品征收关税或实施不同程度的贸易限制，其他商品可享受免税待遇，目前绝大部分自由港均属此类，如汉堡、中国香港、新加坡等。另一种是按其范围大小分为自由港市和自由港区。前者包括港口及所在城市全部地区都划为非关税地区，外商可自由居留及从事有关业务，所有居民和旅客均享受关税优惠，如新加坡和中国香港；后者仅包括港口或其所在城市的一部分，不允许外商自由居留，如哥本哈根等。

自由贸易港的特点主要包括以下两点：

第一，从区域角度来看，自由贸易港的主要开发目标和功能同港口本身货物集散中心的作用紧密相连。一般来讲,自由港应处于外贸货物吞吐量大、国际航线多、联系的国家和地区多、腹地外向型经济发达的港口。

第二,从环境条件来看,自由贸易港不仅要有良好的硬环境,各项基础设施、服务设施完善,能满足航运业的各种要求,陆上集疏运条件优越,信息现代化程度高,而且要有良好的软环境,有一系列特殊政策和措施及形成法规,还要有较高的办事效率和良好的文化生活环境,以及各类适应外向型经济的专门人才。需要指出的是,目前自由贸易港大多已脱离了传统自由贸易港的形态,其功能不单是纯商业的行为,作业范围逐渐从商品储存和转运,扩展到包括工业、贸易、运输、金融及旅游等多个方面。

自由贸易港与自由贸易试验区的区别

自由贸易港同自由贸易区相比,两者的异同可以从两个维度进行剖析。第一,从地理特征来看,是“港”与一般“区”的差异,“港”绝大多数临海,也有少部分临江。未来的自由贸易港首先突出“港”的概念,这与一般的自贸区有所差异。此前,自贸区是“区”和“港”不分,未来适度区分后“港”的功能会体现得更加充分。第二,从经济功能来看,自由贸易港的功能是一般的自贸区不一定具有的。“港”内的交易等特征更加明显,而境内区外、离岸金融这些不在现有的制度体系内。此外,高水平的服务业在自由贸易港里发展,如法律、会计等行业,都要遵守国际标准和惯例,同时也有自然人的流动,在此基础上,货物才可能交易。

自由贸易试验区在吸引外资设厂,发展出口加工企业,允许和鼓励外资设立大的商业企业、金融机构等方面有利于促进区内经济综合、全面地发展。目前,设立的11个自由贸易试验区主要还是基于国内既有管理体制框架内渐进开展新制度的“压力测试”,改革自主权被限定在事权范围内。随着改革开放的推进,其在“自由化”上的局限性凸显,存在商品流向的扭曲、避税,人、货物、资金等要素自由流动较慢等问题。尽管自贸试验区也是“一线放开、区内自由”“先进区、后报关”,但货物到港,还是要向海关申报,仍需要进境备案清单,特别是针对一些货物,国家有十几个部委在准入关上都设置了许可证件。自贸试验区虽然设立了国际贸易“单一窗口”“多头跑”大幅减少,但企业仍得申请,这就意味着人、货物、资金等要素,即便在自贸试验区内,也不是最高的自由。而自由贸易港考虑的是,一线,不申报;当然,前提是生态安全、经济安全都得管得住,也就是说,自由贸易港是一种嵌入式的监管,利用大数据对信息流、物流等锁定风险疑点,监管部门退到二线。

此外,为了避免出现这种商品流向的扭曲,自由贸易区组织均制定"原产地原则",规定只有自由贸易区成员国的"原产地产品"才享受成员国之间给予的自由贸易待遇。比如船舶维修行业,德国的曼恩公司是全球最主要的船舶发动机制造商,一直想依托洋山港发展船舶维修业务,却一直不顺利。一般贸易,正常的货物到港,都需要有仓单,但如果国际班轮的发动机坏了,想利用停靠上海的时间委托给企业维修,却不知这台发动机应该以何种方式报关、入关。还有维修用配件,当它出洋山保税港区仓库时,性质为货物;当该配件装上船舶替换受损零件时,其性质变为了船舶物料。根据现行海关相关法规,不同性质的同一货物,有不同的监管方法,另外进口配件还会涉及税收问题,这些都导致这项业务发展处处受限。

什么是自由贸易港的核心?

我国自由贸易试验区现行的管理方式,适合的是在岸和部分转口贸易,就是能够明确告知海关交易货物的目的地;而自由贸易港的核心,却是"离岸贸易"。其中"离岸"的含义是指投资人的公司注册在离岸法区,但投资人不用亲临当地,其业务运作可在世界各地的任何地方直接开展。经营离岸贸易的贸易商(或称贸易中间商)分别与海外的出口商和进口商签订买卖合同,合同规定从海外组织货源并直接销售给海外进口商,货物直接由出口商所在地发运到进口商所在地,不需经过贸易商所在地。通过离岸贸易,企业可以综合全面地降低进出口运营成本。特别是当离岸贸易发展起来后,由于在一线儿乎没有海关等部门的监管,这种最先进、最宽松、最合理的体制,吸引的是货物、资本、服务等全球资源的汇集,国际航运公司就会越来越多地在此设立总部,带来船舶的集聚。届时,自由贸易港也会成为很多国际企业分拨中心的首选,这带来的是比进口更大量的国际商品的流动,进而带动运输、物流、资金的流动。当然,不管是离岸金融贸易还是服务贸易,都需要自由贸易港来完成。

提出“探索建设自由贸易港”的历程

中国第一个自由贸易试验区——上海自贸区于2013年9月挂牌两个月后，在十八届三中全会通过的《关于全面深化改革若干重大问题的决定》上，有关自由贸易港的概念被提出，要求在推进现有试点的基础上，选择若干具备条件的地方发展自由贸易园(港)区。

2017年3月，在国务院印发的《全面深化中国(上海)自由贸易试验区改革开放方案》中，提出在洋山保税港区和上海浦东机场综合保税区等海关特殊监管区域内，设立自由贸易港区。对标国际最高水平，实施更高标准的“一线放开”“二线安全高效管住”贸易监管制度。根据国家授权实行集约管理体制，在口岸风险有效防控的前提下，依托信息化监管手段，取消或最大限度简化入区货物的贸易管制措施，最大限度简化一线申报手续。探索实施符合国际通行做法的金融、外汇、投资和出入境管理制度，建立和完善风险防控体系。

2017年10月18日，习近平总书记在党的十九大报告中明确提出“赋予自由贸易试验区更大改革自主权，探索建设自由贸易港”，正式开启了中国自由贸易的新篇章。

提出“探索建设自由贸易港”的国内外背景是什么？

目前，上海已明确并正在筹建自由贸易港，天津、浙江、陕西、四川等地也积极响应，相继提出建设“自由贸易港区”“内陆自由贸易港”、发展“离岸贸易和转口贸易”等一系列试验任务，形成了以探索建设自由贸易港助力全面开放的新格局。实际上，自由贸易港政策的推出并非突然，而是中国所处的经济地位、推进对外开放以及自贸区试点不断深化的必然结果。

第一，外贸对中国经济贡献作用大，一直是中国经济最重要的引擎之一。中国作为一个体量非常庞大的经济体，却拥有比其他大型经济体高得多的对外贸易依存度。2006年，我国进出口金额占当年GDP的比重高达64%，虽然2016年外贸依存度已经下降到33%，但仍是中国经济最重要的引擎之一。中国巨大的出口工业品产能和完善的产业链使得中国具有很大的外贸弹性，同时全球需求的复苏也为中国经济带来了巨大的推动力。

第二,从当前的国际形势来看,中国亟须打造新的对外开放高地。为促进对外贸易,我国在1990年设立了第一个保税区:上海外高桥保税区。从1990年至今,我国进出口金额已经增长了近43倍。近年来,我国加入WTO带来的开放红利已经所剩不多,而在"放宽市场准入,扩大服务业对外开放,保护外商投资合法权益"等方面我国一直步子不大,下一阶段打造新的对外开放高地,积极探索新的对外开放路径,是我国合理的政策选项。与此同时,WTO的多哈回合已经以失败告终,TPP等多边自由贸易协定开始兴起,继续冲击WTO在世界贸易领域的统治地位。加快新一轮对外开放的探索,有利于我国尽快适应世界高水平开放协定的要求,未雨绸缪做好WTO影响力衰落的准备。

第三,其他国家对中国推进开放的压力,进一步助推了新一轮对外开放。出于对国家安全、战略行业和中国实际发展水平的考虑,我国在加入WTO时申请了15年的保护期,并限制了金融、汽车、电信等领域的外资准入,对于农产品、影视等产品仍在实施配额制。由于这些战略领域和服务业的对外开放程度一直不能令某些国家、地区和经济体满意,因此这些国家、地区和经济体,特别是美国和欧盟,也一直对我国继续推进开放施加压力。美国总统特朗普因其自身的理念,尤为重视平衡对中国的贸易逆差。特朗普上台不久,就谋求中美经济合作"百日计划",在农业、能源、金融服务等领域谋求合作。如在农业领域,中国放开对美国牛肉的进口,美国则允许从中国进口熟制禽肉;在金融领域,中国承诺对信用评级、跨境结算、电子支付、银行业、债券结算一系列的美国服务业,尤其是对金融行业开放。

探索建设自由贸易港的意义是什么?

自由贸易港开放层次高、营商环境优、辐射作用强,对于促进开放型经济创新发展具有重要意义。

第一,探索建设自由贸易港,有利于我国在国际分工中居于更加优势的位置。有专家指出,中国企业目前在全球价值链的位置仍处于中低端。通过探索建设自由贸易港,将推动我国自身的制度创新,这将有利于中国企业实现价值链位置的突破与上移,显著加快中国国内企业的转型升级步伐,进而获得更大规模的国际贸易增量。

第二,探索建设自由贸易港,有利于我国推进自由贸易大国向贸易强国的转变。通过推动自由贸易港的建设,积极探索实施符合国际通行做法的管理制度;以港区为载体,加强与各国各地区特别是"一带一路"相关国家和地区的制度、规则进行对接,在促进贸易和投资更加便利化的同时,推动我国建成更具活力的内外经济联动体系。

第三,探索建设自由贸易港,也是打造我国更高层次对外开放格局的生动体现,有利于我国更加深入地参与优质产能全球化配置。除贸易外,自由贸易港还可以实施符合国际惯例的金融、外汇、投资和出入境等管理制度,从而营造出一种"离岸"环境。不同于自贸试验区,自由贸易港通过进一步创新,释放改革和对外开放红利,会为创新产业企业创造更多发展机会,助力我国更好地参与到全球经济活动之中。

国内外典型自由贸易港有哪些?

纵观全球各大自由贸易港实践的成功案例,不难发现它们大多集中于沿海、沿江地区。中国香港、新加坡港、迪拜港、鹿特丹港等自由港的崛起,无不是依托自身得天独厚的区位优势,不断完善贸易便利化举措,营造宽松、自由的贸易发展环境。

新加坡自由贸易港概况。新加坡港位于新加坡的南部沿海,西临马六甲海峡的东南侧,南临新加坡海峡的北侧,是亚太地区最大的转口港,世界沿海港口行业比较知名,也是世界最大的集装箱港口之一。该港扼太平洋及印度洋之间的航运要道,战略地位十分重要。它自13世纪开始便是国际贸易港口,现已发展成为国际著名的转口港,同样也是新加坡政治、经济、文化及交通的中心。为了促进贸易便利化,新加坡政府早在1989年就率先推出了贸易管理电子平台贸易网,将海关、税务、安全等35个政府机构连接在一个网络上,企业只需要提供一份电子文件,最快10秒钟就可以办齐与进出口贸易相关的所有申报和审核手续。

香港自由贸易港概况。作为拥有上百年自由港发展历史的香港,自由贸易港的范围涵盖了整个城市,真正做到了"香港即自由港,自由港即香港"。为了充分促进贸易自由化,香港制定了十分宽松的进出口政策。除酒类、烟草等特殊规定的商品之外,对于一般进出口货物均无须缴付任何关税;除管制类商品之外,一般货物也不受进口配额或其他进口证所限。在这样宽松的政策下,从1980年起,随着珠江三角区经济的腾飞以及香港在金融、物流、服务贸易等产业结构上的调整和优化,香港转口货值在近几十年保持了较快的持续增长。

迪拜自由贸易港概况。迪拜港位于阿联酋东北沿海,濒临波斯湾的南侧,又名拉希德港,与1981年新建的米纳杰贝勒阿里港同属迪拜港务局管辖,是阿联酋最大的港口,也是集装箱大港之一。迪拜港在世界港口行业比较闻名,该港地处亚欧非三大洲的交汇点,是中东地区最大的自由贸易港,尤以转口贸易发达而著称。它是海湾地区的修船中心,拥有名列前茅的百万吨级的干船坞,主要工业有造船、塑料、炼铝、海水淡化、轧钢及车辆装配等,还有年产50万吨的水泥厂。由于迪拜地处东西方交流的咽喉要道,经常作为欧亚经济活动的中心,不仅是通往波斯湾沿岸地区,也是通往南非、印度、中亚以及东欧各国的重要门户。为了更好地利用得天独厚的地理优势,迪拜市政府从20世纪70年代开始,大力推进与交通运输业有关的基础设施建设,其中港口开发和机场建设是最重要的基建项目。

鹿特丹自由贸易港概况。鹿特丹港是欧洲最大的海港,是世界上主要的集装箱港口之一,占地100多平方千米。其所在地鹿特丹是荷兰第二大城市,亚欧大陆桥的西桥头堡(东桥头堡是中国连云港市),位于欧洲莱茵河与马斯河汇合处。鹿特丹港实行杂货、石油、煤炭、矿砂、散装、集装箱等专业化装卸,同时可供600多艘千吨船和30多万艘内河船舶,年吞吐货物3亿吨左右。港口货物的运输干线莱茵河、高速公路、港口铁路与国内外交通网相连,进出口主要对象国为德国、英国、法国、意大利等欧盟国家。荷兰政府从建设、运营、发展及其物流管理等方面构建了鹿特丹港的政策体系,并通过欧盟以及荷兰关税法、税法等法规加以明确和保障,强化了港口服务管理功能,营造了鹿特丹港宽松自主的通关环境。

上海自由贸易港的功能定位是什么?

2017年3月30日,国务院《全面深化中国(上海)自由贸易试验区改革开放方案》部署,在洋山保税港区和上海浦东机场综合保税区等海关特殊监管区域内设立自由贸易港区。上海自由贸易港由洋山港和浦东机场组成,其中,洋山保税港区14.16平方千米,浦东机场综保区3.59平方千米,这种海港和空港的组合正是国际上自由贸易港的主流布局。目前,上海自贸试验区推进工作领导小组所有成员单位都已参与到上海自由贸易港方案的研究制订中,初步方案的征求意见稿已经形成,正在征求各部委意见。

上海自由贸易港的核心功能是国际贸易自由化、便利化,培育贸易新业态、新模式,促进贸易转型升级,提高国际贸易中心的能级。即在全球高端要素跨境流动便捷、自由、规范的条件下,培育发展国际航运、国际投资、国际金融等产业的全球化功能和业态,提升集聚配置全球高端要素的能力和国际价值链地位,发展出参与引领全球经贸合作竞争新优势。

上海自由贸易港制度设计的核心是什么?

为实现国际贸易自由化、便利化,上海自由贸易港主要的改革措施是对标国际最高水平,实施更高标准的“一线放开”“二线安全高效管住”“区内自由”,这也是自由贸易港制度设计的核心环节。

其中,“更高标准”是指高于自贸试验区的口岸监管标准,对标国际最高标准,包括以下几个方面:第一,货物、物品进出“一线”免于惯常海关监管,取消或最大限度简化入区货物的贸易管制措施和货物进出“一线”的申报,进入自由贸易港的货物不缴纳关税和其他进出口税;第二,在自由贸易港区内,企业可以自由开展仓储、物流、销售、展览、维修、组装、加工、制造、包装等生产经营活动,区内的业务准入方面无须经过审核批准;第三,货物、物品进出“二线”实行进出口申报管理,依靠高标准的国际贸易“单一窗口”安全高效管住。

此外,上海自由贸易港的制度设计除了更高水平的“一线放开”,还有更高水平的“区内自由”。上海自由贸易港是开放型经济新体制的先行试验平台,在主体功能基础上要培育发展多维度的功能和产业。为适应经济全球化新特点及国际自贸区发展新趋势,上海自由贸易港从贸易为主向贸易和投资并重发展,从货物贸易为主向货物贸易和服务贸易并重发展,从在岸业务为主向在岸、离岸业务并重发展,从单一产业发展向全球供应链枢纽发展。这些功能集合发展不仅要求“一线”更加自由便捷,还要求“区内”的经济、生产活动更便利,成本更低。

具体而言,上海自由贸易港在金融监管创新方面,主要是在经常项目和直接投资业务的资金跨境结算、收付领域,在 FT 账户(自由贸易账户)分账核算体系框架内对区内与境外的资金流动和货币兑换放宽监管,提高自由便利程度。而具有挑战性的监管创新是对一些货物流、资金流、订单流分离的离岸业务(离岸贸易、离岸金融)实施真实性审查,既履行"反洗钱、反恐怖融资、反逃税"监管,也为真实的离岸业务提供高效便利的国际金融监管服务。另外,在国际投资领域,金融监管也要适应诸如协议控制(VIE)结构类投资、离岸股权投资等一些新的投资形态,既有效防控风险,又支持新的国际投资形态发展。

自由贸易港的建设将对哪些企业产生影响?

根据自由贸易港的功能定位,贸易类企业特别是经营国际中转贸易的企业会获得较大的发展机会。大力发展国际中转贸易是上海国际贸易中心、国际航运中心建设的重要内容。自由贸易港实施更高标准的"一线放开",将大幅度节约两头在外业务的时间成本和税收成本,促进国际中转及离岸贸易的发展。"一线"监管的放松也可以促进服务贸易特别是技术类服务贸易的发展,区港一体化监管也有利于国际航运企业的发展。自由贸易港"区内自由"的制度红利有利于"原进原出"的全球维修、加工制造、仓储物流、跨境电商等类企业的发展。与自由贸易港区外的海关特殊监管区域相比,经营国际业务的企业不仅可以享受保税政策,也可以享受区内流转税优惠政策以及更宽松便捷的监管服务。另外,自由贸易港在外汇管理及跨境结算支付方面的便利性改革可以催生第三方金融服务及投资服务新业务的发展。可以说,自由贸易港对标国际最高水平的国际贸易自由化便利化改革创新,将为经营国际业务的各类企业带来更大的制度红利。

第十章

实用指南

如何查询陕西自贸试验区各片区办理业务范围?

企业或个人查询办理流程、网上办理业务等可通过陕西自贸试验区官网或各片区、功能区门户网站进行。

表 10-1 陕西自贸试验区各门户网站

网站名称	网址
中国(陕西)自由贸易试验区门户网站	http://www.shaanxiftz.gov.cn/
中国(陕西)自由贸易试验区中心片区网站	http://www.xaftz.gov.cn/
中国(陕西)自由贸易试验区杨凌片区网站	http://ftz.yangling.gov.cn/
中国(陕西)自由贸易试验区 西安国际港务区片区网站	http://ftz.itl.gov.cn/
中国(陕西)自由贸易试验区西安区域	http://www.xaftz.gov.cn/
中国(陕西)自由贸易试验区西安浐灞生态区	http://www.chanbaftz.com/
陕西西咸新区空港新城	http://www.xxanc.gov.cn/
陕西西咸新区沣东新城	http://www.xxfd.gov.cn
陕西西咸新区秦汉新城	http://www.qhxc.gov.cn/
陕西西咸新区能源金融贸易区	http://www.xxctjt.com/
中国(陕西)自由贸易试验区西安经开功能区	http://jkzmq.xetdz.com.cn/
中国(陕西)自由贸易试验区 西安高新区综合服务网	http://xaftz.xdz.gov.cn/

在陕西自贸试验区如何申请设立企业?

申请人可以访问中国(陕西)自由贸易试验区门户网站的“省工商局网上办事大厅”“行政事项审批(备案)联办网上申请平台”专栏,按照要求准备相关资料并提交申请。

自贸试验区的外商投资企业设立与区外有什么不同?

在自贸试验区内设立的外商投资企业与区外企业除营业执照样式不同以外,主要表现为对区内企业试行负面清单备案制。具体不同之处如下:

第一,营业执照样式不同,自贸区内企业为“一照一码”版本的《营业执照》。

第二,外商投资准入试行负面清单备案制。对外商投资准入特别管理措施列表(负面清单)之外的领域,试验区内外商投资企业向商务部门或其授权单位备案,并向登记机关申请设立登记。

第三,在自由贸易试验区内,对负面清单以外的领域,按照内外资一致的原则,将外商投资企业由审批制改为备案制,将外商投资企业合同章程审批改为备案管理。不符合备案制要求的外商投资企业和区外一样仍然实行合同章程审批。

陕西自贸试验区综合服务大厅的地址和联系方式是什么?

陕西自贸试验区涵盖西咸新区功能区、高新区功能区、经开区功能区、国际港务区功能区和浐灞区功能区、杨凌示范区综合服务大厅六个综合服务大厅,其具体的地址和联系方式如下:

表10-2 各综合服务大厅的地址、联系方式

名称	地址	咨询电话
西咸新区功能区综合服务大厅	西咸新区沣泾大道西一路1号	029-33186868
高新区功能区综合服务大厅	西安锦业路1号都市之门A座	029-88314364
经开区功能区综合服务大厅	西安市未央区明光路166号凯瑞E座	029-89298669
国际港务区功能区综合服务大厅	西安国际港务区港务大道6号	029-83332382
浐灞区功能区综合服务大厅	浐灞大道1号浐灞商务中心二期	029-83597975
杨凌示范区综合服务大厅	咸阳市杨陵区摩尔国际西北角	029-87032509

外商投资企业的经营年限有什么限制?

在申报材料中外资企业的经营年限必须写明具体年限。其中工业企业经营年限不超过土地使用年限,商贸企业经营年限不超过30年。

外商投资企业有哪些形式?

根据组织形式区分,可分为有限责任公司、股份有限公司(分发起式和社会募集两种)、合伙企业;根据企业形式区分,可分为外商独资企业、中外合资经营企业、中外合作经营企业。

外商投资企业出资方式有哪些?

根据《中华人民共和国公司法》,有限责任公司股东可以用货币出资,也可以用实物、知识产权、土地使用权等可以用货币估价并可以依法转让的非货币资产作为出资(法律、法规另有规定的从其规定)。

对投资设立的境外企业冠名有什么具体要求?

投资设立的境外企业冠名应当符合境内外法律法规和政策规定。未按国家有关规定获得批准的企业,其境外企业名称不得冠以“中国”“中华”“国家”等字样。

企业从哪里可以查阅国家对境外投资的相关政策规定?

企业登录国家发展改革委、商务部、国家外汇管理局等网站,查阅国家关于境外投资的相关政策法规和注意事项。

外籍人员是否能申请在华永久居留?有什么条件?

外籍人员具有博士研究生以上学历在当地工作,或已在当地连续工作满4年、每年在我国境内实际居留累计不少于6个月,有稳定生活保障和住所,工资性年收入和年缴纳个人所得税达到规定标准,经工作单位推荐,可以申请在华永久居留,并允许其配偶和未成年子女随同申请。授权省级公安机关会同当地有关部门按照上一年度本区域人均水平倍数规定工资性年收入标准和纳税标准，报公安部批准后实施。

在当地工作的外国人申请居留许可有什么便利？

在当地工作的外国人，如其已连续两次申请办理工作类居留许可，且无违法违规问题的，第三次申请工作类居留许可，可以按规定签发有效期5年以内的工作类居留许可。

企业外籍工作人员在入境方面有什么便利？

有关企业选聘的外籍技术人才和高级管理人才，办妥工作许可证明的，可在入境口岸申请工作签证入境；来不及办理工作许可证明的，可凭企业出具的邀请函件申请人才签证入境。

陕西自贸试验区外商投资申请表填报注意事项有哪些？

区内外商企业在填写投资申请表时，应注意对境外投资者、实际控制人以及企业情况等信息内容。

表10－3 外商投资申请表填报注意事项

注意事项	信息	说明
境外投资者信息	投资者名称	外国公司、企业或其他经济组织的法定名称或个人姓名
	国别/地区	国别指拥有主权的国家；地区指附属于某一国家的特别行政区域
	地址	外国公司、企业、其他经济组织的法定地址或个人的住所
	主体资格证明号码/护照号码	外国投资者为公司、企业或其他经济组织，提供在当地注册登记部门注册登记号取得的证明号码；外国投资者为自然人，提供该自然人护照号码，台湾籍自然人提供台胞证号码，香港、澳门自然人提供居民证号码

续表

注意事项	信息	说明
实际控制人信息	实际控制人	虽不是公司的股东,但通过投资关系、协议或者其他安排,能够实际支配公司行为的自然人、法人或其他组织
	投资项目被当地政府处罚	投资企业因税务、海关、外汇管理、垄断、商业贿赂等行为受到投资地政府相关部门处罚
投资企业情况	投资企业名称	应与企业预先核名通知书一致
	投资总额	外商投资企业所需资金总额,注册资本指投资者到工商机关认缴的全部出资额
	非现金出资方式	投资者以建筑物、厂房、机器设备或者其他物料、工业产权、专有技术、场地使用权等作价出资
	主要行业	参照国民经济行业分类中列明的行业

目前国际上解决投资者-东道国争端的主要途径有哪些?

在传统国际法上,争端解决程序仅适用于国家之间,而投资者-国家争端解决机制源于国际商事仲裁,其目的在于避免此类争端解决的政治化,该解决机制广泛存在于现有双边投资协定和自由贸易协定的投资环节中。投资者-国家争端解决机制允许投资者不经过国内法院程序直接就东道国违反条约甚至合同义务提起国际仲裁,期望在国际层面上为外国投资者提供一个国际化的、相对迅速的、基于事实并中立的争端解决机制,促使相关国家遵守其国际义务,保障投资者的利益。

国际上解决投资者-国家争端的主要途径包括以下内容:一是磋商或谈判;二是东道国当地救济,包括利用东道国的行政救济(如行政复议)与司法救济(如行政诉讼);三是提交依据《华盛顿公约》建立的《解决国家与他国国民间投资争端的中心》仲裁解决;四是提交其他国际仲裁机构,如国际商会仲裁院仲裁解决;五是适用《联合国国际贸易委员会仲裁规则》通过临时仲裁(或特设仲裁)等方式解决;六是利用东道国救济与国际仲裁的混合方式解决等。

第二篇 02

政策法规篇

第一章

陕西自贸试验区政策法规列表

（共46个政策文件）

中央级政府政策文件

1. 中共中央国务院关于构建开放型经济新体制的若干意见（中发〔2015〕13号）

2. 国务院关于加快实施自由贸易区战略的若干意见（国发〔2015〕69号）

3. 国务院办公厅关于印发自由贸易试验区外商投资国家安全审查试行办法的通知（国办发〔2015〕24号）

4. 国务院办公厅关于印发自由贸易试验区外商投资准入特别管理措施（负面清单）（2017年版）的通知（国办发〔2017〕51号）

5. 国务院关于同意设立中国（陕西）自由贸易试验区的批复（国函〔2017〕38号）

6. 国务院关于印发中国（陕西）自由贸易试验区总体方案的通知（国发〔2017〕21号）

省部级政府政策文件

1. 陕西省人民政府关于中国（陕西）自由贸易试验区实施部分省级管理事项的决定（陕西人民政府令第199号）

2. 陕西省机构编制委员会办公室关于设立中国（陕西）自由贸易试验区西安区域工作机构的批复（陕编办发〔2017〕37号）

3. 陕西省机构编制委员会办公室关于设立中国（陕西）自由贸易试验区杨凌示范区管委会的批复（陕编办发〔2017〕38号）

4. 陕西省机构编制委员会办公室关于设立中国（陕西）自由贸易试验区西咸

新区工作机构的批复(陕编办发〔2017〕39 号)

5. 陕西省审改办　陕西省人民政府法制办公室　陕西省商务厅关于做好向中国(陕西)自由贸易试验区下放部分省级管理事项有关问题的通知(陕审改办发〔2017〕3 号)

6. 陕西省人民政府关于印发“十三五”建设内陆改革开放新高地规划的通知(陕政发〔2017〕21 号)

7. 陕西省人民政府关于发布政府核准的投资项目目录(2017 年本)的通知(陕政发〔2017〕23 号)

8. 陕西省人民政府关于深化“放管服”改革全面优化提升营商环境的意见(陕政发〔2017〕26 号)

9. 陕西省人民政府关于进一步加强事中事后监管工作的意见(陕政发〔2017〕33 号)

10. 陕西省发展和改革委员会　中国人民银行西安分行关于印发《陕西省企业综合信用等级评价管理细则(试行)》的通知(陕发改财金〔2017〕1093 号)

11. 陕西省发展和改革委员会　中国人民银行西安分行关于印发《陕西省诚信典型选树和联合激励办法(试行)》的通知(陕发改财金〔2017〕1235 号)

12. 陕西省发展和改革委员会关于印发《陕西省个人诚信体系建设重点任务分工》的通知(陕发改财金〔2017〕1284 号)

13. 陕西省发展和改革委员会关于深化投资管理改革促进中国(陕西)自由贸易区试验区外商投资和境外投资工作的通知(陕发改外资〔2017〕1056 号)

14. 中国(陕西)自由贸易试验区工作领导小组办公室关于印发中国(陕西)自由贸易试验区总体方案任务分工的通知(陕自贸组办发〔2017〕1 号)

15. 中国(陕西)自由贸易试验区工作领导小组办公室关于成立中国(陕西)自由贸易试验区工作专题组的安排意见(陕自贸组办发〔2017〕6 号)

16. 中国(陕西)自由贸易试验区工作办公室关于印发自由贸易试验区建设有关工作制度的通知(陕自贸办发〔2017〕2 号)

17. 中国(陕西)自由贸易试验区工作办公室　中国人民银行西安分行　国家外汇管理局陕西分局关于印发《金融服务中国(陕西)自由贸易试验区建设的意见》的通知(陕自贸办发〔2017〕3 号)

18. 陕西省商务厅关于印发《中国(陕西)自由贸易试验区2017年重点工作》的通知(陕商发〔2017〕23号)

19. 陕西省商务厅关于印发《中国(陕西)自由贸易试验区信息报送制度》的通知(陕商发〔2017〕24号)

20. 陕西省人民政府法制办公室关于印发《关于加强省自贸试验区建设法治保障工作的意见》的通知(陕府法发〔2017〕50号)

21. 陕西省工商行政管理局　陕西省发展和改革委员会　陕西省财政厅　陕西省档案局关于印发《陕西省推行工商登记全程电子化工作实施方案》的通知(陕工商发〔2017〕123号)

22. 关于印发《陕西省推行工商登记全程电子化工作实施方案》的通知(陕工商发〔2017〕123号)

23. 陕西省公安厅推出七项服务自贸区和国家级自主创新示范区的出入境管理措施

24. 陕西省国税局强化十条措施助推中国(陕西)自由贸易试验区建设(陕国税发〔2017〕51号)

25. 陕西检验检疫局关于印发支持中国(陕西)自由贸易试验区建设20项措施的通知(陕检质〔2017〕34号)

26. 陕西银监局简化中国(陕西)自由贸易试验区银行机构及高管准入方式实施细则

27. 陕西自贸区合资券商设立参考指引

28. 国家旅游局办公室关于支持中国(陕西)自贸试验区旅游相关工作意见的复函(旅办函〔2016〕891号)

29. 质检总局关于推进检验检疫改革创新　进一步支持自由贸易试验区建设的指导意见(国质检通〔2017〕261号)

30. 海关总署关于印发支持和促进中国(陕西)自由贸易试验区建设发展的若干措施的通知(署加发〔2017〕77号)

各片区、功能区政策文件

1. 西安高新区管委会关于实施特殊人才跨越计划的若干政策
2. 中国(陕西)自由贸易试验区西安经开功能区招商引资政策
3. 加快中国(陕西)自由贸易试验区杨凌示范区片区发展的若干政策
4. 中国(陕西)自贸试验区西安国际港务区国际招商和引才政策
5. 中国(陕西)自由贸易试验区西安浐灞生态区国际招商优惠政策
6. 西咸新区支持总部经济发展优惠政策
7. 中国(陕西)自由贸易试验区西咸新区空港新城功能区招商引资优惠政策
8. 中国(陕西)自由贸易试验区西咸新区沣东新城功能区招商引资优惠政策
9. 中国(陕西)自由贸易试验区西咸新区秦汉新城功能区招商引资优惠政策
10. 中国(陕西)自由贸易试验区西咸新区能源金融贸易区功能区招商引资优惠政策

第二章

陕西自贸试验区主要政策法规

（全文版，共20个政策文件）

国务院关于同意设立
中国（陕西）自由贸易试验区的批复

国函〔2017〕38号

陕西省人民政府、商务部：

你们关于设立中国（陕西）自由贸易试验区的请示收悉。现批复如下：

一、同意设立中国（陕西）自由贸易试验区。

二、中国（陕西）自由贸易试验区涵盖中心片区、西安国际港务区片区、杨凌示范区片区，总面积119.95平方千米（具体四至范围见附件）。中国（陕西）自由贸易试验区地块的落桩定界工作，经商务部、国土资源部、住房城乡建设部审核验收后报国务院备案，由商务部、国土资源部、住房城乡建设部负责发布。

三、中国（陕西）自由贸易试验区内的海关特殊监管区域的实施范围和税收政策适用范围维持不变。

四、陕西省人民政府、商务部要会同有关部门做好《中国（陕西）自由贸易试验区总体方案》的组织实施工作。

国务院

2017年3月15日

附件:

中国(陕西)自由贸易试验区四至范围

一、中心片区共87.76平方千米

四至范围:东至经开区明光路,南至高新区锦业二路、滨河北路,西至秦汉新城秦英路,北至空港新城正平大街。

二、西安国际港务区片区共26.43平方千米

四至范围:东至西安国际港务区西韩公路,南至产灞生态区香槐一路,西至西安国际港务区灞河东路,北至西安国际港务区铁路北环线。

三、杨凌示范区片区共5.76平方千米

四至范围:东至新桥路,南至城南路、河堤路、滨河路一线,西至民乐路,北至兴平路、永安路、西兰高铁(杨凌段)一线。

国务院办公厅关于印发自由贸易试验区外商投资准入特别管理措施(负面清单)(2017年版)的通知

国办发〔2017〕51号

各省、自治区、直辖市人民政府,国务院各部委、各直属机构:

《自由贸易试验区外商投资准入特别管理措施(负面清单)(2017年版)》已经国务院同意,现印发给你们。此次修订进一步放宽外商投资准入,是实施新一轮高水平对外开放的重要举措。各地区、各部门要认真贯彻执行,增强服务意识,提高监管水平,有效防控风险。实施中的重大问题,要及时向国务院请示报告。

《自由贸易试验区外商投资准入特别管理措施(负面清单)(2017年版)》自2017年7月10日起实施。2015年4月8日印发的《自由贸易试验区外商投资准入特别管理措施(负面清单)》同时废止。

国务院办公厅

2017年6月5日

自由贸易试验区外商投资准入特别管理措施(负面清单)(2017年版)说明

一、《自由贸易试验区外商投资准入特别管理措施(负面清单)(2017年版)》(以下简称《自贸试验区负面清单》)依据现行有关法律法规制定,已经国务院批准,现予以发布。负面清单列明了不符合国民待遇等原则的外商投资准入特别管理措施,适用于自由贸易试验区(以下简称自贸试验区)。

二、《自贸试验区负面清单》依据《国民经济行业分类》(GB/T4754—2011)划分为15个门类、40个条目、95项特别管理措施,与上一版相比,减少了10个条目、27项措施。其中特别管理措施包括具体行业措施和适用于所有行业的水平措施。

三、《自贸试验区负面清单》中未列出的与国家安全、公共秩序、公共文化、金融审慎、政府采购、补贴、特殊手续、非营利组织和税收相关的特别管理措施,按照现行规定执行。自贸试验区内的外商投资涉及国家安全的,须按照《自由贸易试验区外商投资国家安全审查试行办法》进行安全审查。

四、《自贸试验区负面清单》之内的非禁止投资领域,须进行外资准入许可。《自贸试验区负面清单》之外的领域,在自贸试验区内按照内外资一致原则实施管理。

五、香港特别行政区、澳门特别行政区、台湾地区投资者在自贸试验区内投资参照《自贸试验区负面清单》执行。内地与香港特别行政区、澳门特别行政区关于建立更紧密经贸关系的安排及其补充协议,《海峡两岸经济合作框架协议》,我国签署的自贸协定中适用于自贸试验区并对符合条件的投资者有更优惠的开放措施的,按照相关协议或协定的规定执行。

自由贸易试验区外商投资准入
特别管理措施(负面清单)(2017 年版)

序号	领域	特别管理措施
一、农、林、牧、渔业		
(一)	种业	1. 禁止投资中国稀有和特有的珍贵优良品种的研发、养殖、种植以及相关繁殖材料的生产(包括种植业、畜牧业、水产业的优良基因)。 2. 禁止投资农作物、种畜禽、水产苗种转基因品种选育及其转基因种子(苗)生产。 3. 农作物新品种选育和种子生产须由中方控股。 4. 未经批准,禁止采集农作物种质资源。
(二)	渔业	5. 在中国境内及其管辖水域从事渔业活动,须经中国政府批准;不得注册登记中国籍渔业船舶。
二、采矿业		
(三)	专属经济区、大陆架和其他管辖海域勘探开发	6. 对中国专属经济区、大陆架和其他管辖海域的勘查、钻探、开发活动,须经中国政府批准。
(四)	石油和天然气开采及开采辅助活动	7. 投资石油、天然气、煤层气的勘探、开发,须通过与中国政府批准的具有对外合作专营权的油气公司签署产品分成合同方式进行。
(五)	有色金属矿和非金属矿采选和开采辅助活动	8. 禁止投资稀土勘查、开采及选矿;未经允许,禁止进入稀土矿区或取得矿山地质资料、矿石样品及生产工艺技术。 9. 禁止投资钨、钼、锡、锑、萤石的勘查、开采。 10. 禁止投资放射性矿产的勘查、开采、选矿。
(六)	金属矿及非金属矿采选	11. 石墨的勘查、开采。
三、制造业		
(七)	航空制造	12. 干线、支线飞机设计、制造与维修,须由中方控股;6吨9座(含)以上通用飞机设计、制造与维修,限于合资、合作;地面、水面效应飞机制造及无人机、浮空器设计与制造,须由中方控股。
(八)	船舶制造	13. 船舶(含分段)修理、设计与制造须由中方控股。

续表

序号	领域	特别管理措施
三、制造业		
(九)	汽车制造	14. 汽车整车、专用汽车制造,中方股比不低于50%;同一家外商可在国内建立两家以下(含两家)生产同类(乘用车类、商用车类)整车产品的合资企业,如与中方合资伙伴联合兼并国内其他汽车生产企业可不受两家的限制。
(十)	通信设备制造	15. 卫星电视广播地面接收设施及关键件生产。
(十一)	有色金属冶炼和压延加工及放射性矿产冶炼、加工	16. 钨冶炼。 17. 稀土冶炼、分离限于合资、合作。 18. 禁止投资放射性矿产冶炼、加工。
(十二)	中药饮片加工及中成药生产	19. 禁止投资中药饮片的蒸、炒、炙、煅等炮制技术的应用及中成药保密处方产品的生产。
(十三)	核燃料及核辐射加工	20. 核燃料、核材料、铀产品以及相关核技术的生产经营和进出口由具有资质的中央企业实行专营。 21. 国有或国有控股企业才可从事放射性固体废物处置活动。
(十四)	其他制造业	22. 禁止投资象牙雕刻、虎骨加工、宣纸和墨锭生产等民族传统工艺。
四、电力、热力、燃气及水生产和供应业		
(十五)	核力发电	23. 核电站的建设、经营须由中方控股。
(十六)	管网设施	24. 城市人口50万以上的城市燃气、热力和供排水管网的建设、经营须由中方控股。 25. 电网的建设、经营须由中方控股。
五、批发和零售业		
(十七)	专营及特许经营	26. 禁止投资烟叶、卷烟、复烤烟叶及其他烟草制品的生产、批发、零售、进出口。 27. 对中央储备粮(油)实行专营制度。中国储备粮管理总公司具体负责中央储备粮(油)的收购、储存、经营和管理。 28. 对免税商品销售业务实行特许经营和集中统一管理。 29. 对彩票发行、销售实行特许经营,禁止在中华人民共和国境内发行、销售境外彩票。

续表

序号	领域	特别管理措施
六、交通运输、仓储和邮政业		
(十八)	铁路运输	30. 铁路干线路网的建设、经营须由中方控股。 31. 铁路旅客运输公司须由中方控股。
(十九)	水上运输	32. 水上运输公司(上海自贸试验区内设立的国际船舶运输企业除外)须由中方控股,且不得经营或以租用中国籍船舶或者舱位等方式变相经营国内水路运输业务及其辅助业务(包括国内船舶管理、国内船舶代理、国内水路旅客运输代理和国内水路货物运输代理业务等)。 33. 水路运输经营者不得使用外国籍船舶经营国内水路运输业务,但经中国政府批准,在国内没有能够满足所申请运输要求的中国籍船舶,并且船舶停靠的港口或者水域为对外开放的港口或者水域的情况下,水路运输经营者可以在中国政府规定的期限或者航次内,临时使用外国籍船舶经营中国港口之间的海上运输和拖航。 34. 国际、国内船舶代理企业外资股比不超过51%。
(二十)	航空客货运输	35. 公共航空运输企业须由中方控股,单一外国投资者(包括其关联企业)投资比例不超过25%。企业法定代表人须由中国籍公民担任。只有中国公共航空运输企业才能经营国内航空服务(国内载运权),并作为中国指定承运人提供定期和不定期国际航空服务。
(二十一)	通用航空服务	36. 通用航空企业限于合资,除专门从事农、林、渔作业的通用航空企业以外,其他通用航空企业须由中方控股。企业法定代表人须由中国籍公民担任。外籍航空器或者外籍人员使用中国航空器在中国境内进行通用航空飞行活动须取得批准。
(二十二)	机场与空中交通管理	37. 禁止投资和经营空中交通管制系统。 38. 民用机场的建设、经营须由中方相对控股。
(二十三)	邮政业	39. 禁止投资邮政企业和经营邮政服务。 40. 禁止投资经营信件的国内快递业务。

续表

序号	领域	特别管理措施
七、信息传输、软件和信息技术服务业		
（二十四）	电信	41. 电信公司限于从事中国入世承诺开放的电信业务，其中：增值电信业务（电子商务除外）外资比例不超过50%，基础电信业务经营者须为依法设立的专门从事基础电信业务的公司，且公司国有股权或股份不少于51%（上海自贸试验区原有区域〔28.8平方千米〕按既有政策执行）。
（二十五）	互联网和相关服务	42. 禁止投资互联网新闻信息服务、网络出版服务、网络视听节目服务、网络文化经营（音乐除外）、互联网公众发布信息服务（上述服务中，中国入世承诺中已开放的内容除外）。 43. 禁止从事互联网地图编制和出版活动（上述服务中，中国入世承诺中已开放的内容除外）。 44. 互联网新闻信息服务单位与外国投资者进行涉及互联网新闻信息服务业务的合作，应报经中国政府进行安全评估。
八、金融业		
（二十六）	银行服务	45. 境外投资者投资银行业金融机构，应为金融机构或特定类型机构。具体要求： （1）外商独资银行股东、中外合资银行外方股东应为金融机构，且外方唯一或者控股/主要股东应为商业银行； （2）投资中资商业银行、信托公司的应为金融机构； （3）投资农村商业银行、农村合作银行、农村信用（合作）联社、村镇银行的应为境外银行； （4）投资金融租赁公司的应为金融机构或融资租赁公司； （5）消费金融公司的主要出资人应为金融机构； （6）投资货币经纪公司的应为货币经纪公司； （7）投资金融资产管理公司的应为金融机构，且不得参与发起设立金融资产管理公司； （8）法律法规未明确的应为金融机构。 46. 境外投资者投资银行业金融机构须符合一定数额的总资产要求，具体要求如下： （1）取得银行控股权益的外国投资者，以及投资中资商业银行、农村商业银行、农村合作银行、村镇银行、贷款公司和其他银行的外国投资者，提出申请前1年年末总资产应不少于100亿美元；

续表

序号	领域	特别管理措施
八、金融业		
(二十六)	银行服务	(2)投资农村信用(合作)联社、信托公司的外国投资者,提出申请前1年年末总资产应不少于10亿美元; (3)拟设分行的外国银行,提出申请前1年年末总资产应不少于200亿美元; (4)在中国境外注册的具有独立法人资格的融资租赁公司作为金融租赁公司发起人,最近1年年末总资产应不低于100亿元人民币或等值的可自由兑换货币; (5)法律法规未明确不适用的其他银行业金融机构的境外投资者,提出申请前1年年末总资产应不少于10亿美元。 47. 境外投资者投资货币经纪公司须从事货币经纪业务20年以上,并具有从事货币经纪业务所必需的全球机构网络和资讯通信网络等特定条件。 48. 单个境外金融机构及被其控制或共同控制的关联方作为发起人或战略投资者向单个中资商业银行、农村商业银行、农村合作银行、农村信用(合作)联社、金融资产管理公司等银行业金融机构投资入股比例不得超过20%,多个境外金融机构及被其控制或共同控制的关联方作为发起人或战略投资者向单个中资商业银行、农村商业银行、农村合作银行、农村信用(合作)联社、金融资产管理公司等银行业金融机构投资入股比例合计不得超过25%。 49. 除符合股东机构类型要求和资质要求外,外资银行还受限于以下条件: (1)外国银行分行不可从事《中华人民共和国商业银行法》允许经营的"代理收付款项""从事银行卡业务",除可以吸收中国境内公民每笔不少于100万元人民币的定期存款外,外国银行分行不得经营对中国境内公民的人民币业务; (2)外国银行分行应当由总行无偿拨付不少于2亿元人民币或等值的自由兑换货币,营运资金的30%应以指定的生息资产形式存在,以定期存款形式存在的生息资产应当存放在中国境内3家或3家以下的中资银行; (3)外国银行分行营运资金加准备金等项之和中的人民币份额与其人民币风险资产的比例不可低于8%。

续表

序号	领域	特别管理措施
八、金融业		
(二十七)	资本市场服务	50. 期货公司外资比例不超过49%。 51. 证券公司外资比例不超过49%。 52. 单个境外投资者持有(包括直接持有和间接控制)上市内资证券公司股份的比例不超过20%;全部境外投资者持有(包括直接持有和间接控制)上市内资证券公司股份的比例不超过25%。 53. 证券投资基金管理公司外资比例不超过49%。 54. 不得成为证券交易所的普通会员和期货交易所的会员。 55. 除中国政府另有规定的情况外,不得申请开立A股证券账户以及期货账户。
(二十八)	保险业	56. 寿险公司外资比例不超过50%;境内保险公司合计持有保险资产管理公司的股份不低于75%。 57. 向保险公司投资入股,全部外资股东出资或者持股比例占公司注册资本不足25%的,全部外资股东应为境外金融机构(通过证券交易所购买保险公司股票的除外),提出申请前1年年末总资产不少于20亿美元。 申请设立外资保险公司的外国保险公司,应当具备下列条件: (1)经营保险业务30年以上; (2)在中国境内已经设立代表机构2年以上; (3)提出设立申请前1年年末总资产不少于50亿美元。
九、租赁和商务服务业		
(二十九)	法律服务	58. 外国律师事务所只能以代表机构的方式进入中国,在华设立代表机构、派驻代表,须经中国司法行政部门许可。 59. 禁止从事中国法律事务,不得成为国内律师事务所合伙人。 60. 外国律师事务所驻华代表机构不得聘用中国执业律师,聘用的辅助人员不得为当事人提供法律服务。

续表

序号	领域	特别管理措施
九、租赁和商务服务业		
(三十)	咨询与调查	61. 禁止投资社会调查。 62. 市场调查限于合资、合作,其中广播电视收听、收视调查须由中方控股。
十、科学研究和专业技术服务		
(三十一)	专业技术服务	63. 禁止投资大地测量、海洋测绘、测绘航空摄影、行政区域界线测绘,地形图、世界政区地图、全国政区地图、省级及以下政区地图、全国性教学地图、地方性教学地图和真三维地图编制,导航电子地图编制,区域性的地质填图、矿产地质、地球物理、地球化学、水文地质、环境地质、地质灾害、遥感地质等调查。 64. 测绘公司须由中方控股。 65. 禁止投资人体干细胞、基因诊断与治疗技术的开发和应用。 66. 禁止设立和运营人文社会科学研究机构。
十一、水利、环境和公共设施管理业		
(三十二)	野生动植物资源保护	67. 禁止投资国家保护的原产于中国的野生动植物资源开发。 68. 禁止采集或收购国家重点保护野生动植物和微生物资源。
十二、教育		
(三十三)	教育	69. 外国教育机构、其他组织或者个人不得单独设立以中国公民为主要招生对象的学校及其他教育机构(不包括非学制类职业技能培训)。 70. 外国教育机构可以同中国教育机构合作举办以中国公民为主要招生对象的教育机构,中外合作办学者可以合作举办各级各类教育机构,但是: (1)不得举办实施义务教育机构; (2)外国宗教组织、宗教机构、宗教院校和宗教教职人员不得在中国境内从事合作办学活动,中外合作办学机构不得进行宗教教育和开展宗教活动;不得在中国境内投资宗教教育机构; (3)普通高中教育机构、高等教育机构和学前教育须由中方主导(校长或者主要行政负责人应当具有中国国籍,在中国境内定居;理事会、董事会或者联合管理委员会的中方组成人员不得少于1/2;教育教学活动和课程教材须遵守我国相关法律法规及有关规定)。

续表

序号	领域	特别管理措施
十三、卫生和社会工作		
(三十四)	卫生	71. 医疗机构限于合资、合作。
十四、文化、体育和娱乐业		
(三十五)	广播电视播出、传输、制作、经营	72. 禁止投资设立和经营各级广播电台(站)、电视台(站)、广播电视频率频道和时段栏目、广播电视传输覆盖网(广播电视发射台、转播台〔包括差转台、收转台〕、广播电视卫星、卫星上行站、卫星收转站、微波站、监测台〔站〕及有线广播电视传输覆盖网等),禁止从事广播电视视频点播业务和卫星电视广播地面接收设施安装服务。 73. 禁止投资广播电视节目制作经营公司。 74. 对境外卫星频道落地实行审批制度。禁止投资电影及广播电视节目的引进业务,引进境外影视剧和以卫星传送方式引进其他境外电视节目由新闻出版广电总局指定的单位申报。 75. 对中外合作制作电视剧(含电视动画片)实行许可制度。
(三十六)	新闻出版、广播影视、金融信息	76. 禁止投资设立通讯社、报刊社、出版社以及新闻机构。 77. 外国新闻机构在中国境内设立常驻新闻机构、向中国派遣常驻记者,须经中国政府批准。 78. 外国通讯社在中国境内提供新闻的服务业务须由中国政府审批。 79. 禁止投资经营图书、报纸、期刊、音像制品和电子出版物的编辑、出版、制作业务;禁止经营报刊版面。但经中国政府批准,在确保合作中方的经营主导权和内容终审权并遵守中国政府批复的其他条件下,中外出版单位可进行新闻出版中外合作项目。 80. 中外新闻机构业务合作须中方主导,须经中国政府批准。 81. 出版物印刷须由中方控股。 82. 未经中国政府批准,禁止在中国境内提供金融信息服务。 83. 境外传媒(包括外国和港澳台地区报社、期刊社、图书出版社、音像出版社、电子出版物出版公司以及广播、电影、电视等大众传播机构)不得在中国境内设立代理机构或编辑部。未经中国政府批准,不得设立办事机构,办事机构仅可从事联络、沟通、咨询、接待服务。

续表

序号	领域	特别管理措施
十四、文化、体育和娱乐业		
(三十七)	电影制作、发行、放映	84. 禁止投资电影制作公司、发行公司、院线公司,但经批准,允许中外企业合作摄制电影。 85. 电影院的建设、经营须由中方控股。放映电影片,应当符合中国政府规定的国产电影片与进口电影片放映的时间比例。放映单位年放映国产电影片的时间不得低于年放映电影片时间总和的2/3。
(三十八)	文物及非物质文化遗产保护	86. 禁止投资和经营文物拍卖的拍卖企业、文物购销企业。 87. 禁止投资和运营国有文物博物馆。 88. 禁止不可移动文物及国家禁止出境的文物转让、抵押、出租给外国人。 89. 禁止设立与经营非物质文化遗产调查机构。 90. 境外组织或个人在中国境内进行非物质文化遗产调查和考古调查、勘探、发掘,应采取与中国合作的形式并经专门审批许可。
(三十九)	文化娱乐	91. 禁止设立文艺表演团体。 92. 演出经纪机构须由中方控股(为设有自贸试验区的省市提供服务的除外)。
十五、所有行业		
(四十)	所有行业	93. 不得作为个体工商户、个人独资企业投资人、农民专业合作社成员,从事经营活动。 94.《外商投资产业指导目录》中的禁止类以及标注有"限于合资""限于合作""限于合资、合作""中方控股""中方相对控股"和有外资比例要求的项目,不得设立外商投资合伙企业。 95. 境内公司、企业或自然人以其在境外合法设立或控制的公司并购与其有关联关系的境内公司,涉及外商投资项目和企业设立及变更事项的,按现行规定办理。

特别管理措施(负面清单)(2017年版)

比上一版减少的措施

大类	领域	比上一版减少的特别管理措施
采矿业	金属矿及非金属矿采选	1. 贵金属(金、银、铂族)勘查、开采,属于限制类。 2. 锂矿开采、选矿,属于限制类。
制造业	航空制造	3. 3吨级及以上民用直升机设计与制造需中方控股。 4. 6吨9座以下通用飞机设计、制造与维修限于合资、合作。
	船舶制造	5. 船用低、中速柴油机及曲轴制造,须由中方控股。 6. 海洋工程装备(含模块)制造与修理,须由中方控股。
	汽车制造	7. 新建纯电动乘用车生产企业生产的产品须使用自有品牌,拥有自主知识产权和已授权的相关发明专利。
	轨道交通设备制造	8. 轨道交通运输设备制造限于合资、合作(与高速铁路、铁路客运专线、城际铁路配套的乘客服务设施和设备的研发、设计与制造,与高速铁路、铁路客运专线、城际铁路相关的轨道和桥梁设备研发、设计与制造,电气化铁路设备和器材制造,铁路客车排污设备制造等除外)。 9. 城市轨道交通项目设备国产化比例须达到70%及以上。
	通信设备制造	10. 民用卫星设计与制造、民用卫星有效载荷制造须由中方控股。
	矿产冶炼和压延加工	11. 钼、锡(锡化合物除外)、锑(含氧化锑和硫化锑)等稀有金属冶炼属于限制类。
	医药制造	12. 禁止投资列入《野生药材资源保护管理条例》和《中国稀有濒危保护植物名录》的中药材加工。
交通运输业	道路运输	13. 公路旅客运输公司属于限制类。
	水上运输	14. 外轮理货属于限制类,限于合资、合作。
信息技术服务业	互联网和相关服务	15. 禁止投资互联网上网服务营业场所。

续表

大类	领域	比上一版减少的特别管理措施
金融业	银行服务	16. 外国银行分行不可从事《中华人民共和国商业银行法》允许经营的“代理发行、代理兑付、承销政府债券”。 17. 外资银行获准经营人民币业务须满足最低开业时间要求。 18. 境外投资者投资金融资产管理公司须符合一定数额的总资产要求。
	保险业务	19. 非经中国保险监管部门批准,外资保险公司不得与其关联企业从事再保险的分出或者分入业务。
租赁和商务服务业	会计审计	20. 担任特殊普通合伙会计师事务所首席合伙人(或履行最高管理职责的其他职务),须具有中国国籍。
	统计调查	21. 实行涉外调查机构资格认定制度和涉外社会调查项目审批制度。 22. 评级服务属于限制类。
	其他商务服务	23. 因私出入境中介机构法定代表人须为具有境内常住户口、具有完全民事行为能力的中国公民。
教育	教育	24. 不得举办实施军事、警察、政治和党校等特殊领域教育机构。
文化、体育和娱乐业	新闻出版、广播影视、金融信息	25. 禁止从事美术品和数字文献数据库及其出版物等文化产品进口业务(上述服务中,中国入世承诺中已开放的内容除外)。
	文化娱乐	26. 演出经纪机构属于限制类,须由中方控股(由“为本省市提供服务的除外”调整为“为设有自贸试验区的省份提供服务的除外”)。 27. 大型主题公园的建设、经营属于限制类。

*注:《自由贸易试验区外商投资准入特别管理措施(负面清单)(2017 年版)》与上一版相比,共减少了 10 个条目、27 项措施。其中,减少的条目包括轨道交通设备制造、医药制造、道路运输、保险业务、会计审计、其他商务服务 6 条,同时整合减少了 4 条。

国务院关于印发中国（陕西）自由贸易试验区总体方案的通知

国办发〔2017〕21号

各省、自治区、直辖市人民政府，国务院各部委、各直属机构：

现将《中国（陕西）自由贸易试验区总体方案》印发给你们，请认真贯彻执行。

国务院

2017年3月15日

中国（陕西）自由贸易试验区总体方案

建立中国（陕西）自由贸易试验区（以下简称自贸试验区）是党中央、国务院作出的重大决策，是新形势下全面深化改革、扩大开放和加快推进"一带一路"建设、深入推进西部大开发的重大举措。为全面有效推进自贸试验区建设，制定本方案。

一、总体要求

（一）指导思想

全面贯彻党的十八大和十八届三中、四中、五中、六中全会精神，深入贯彻习近平总书记系列重要讲话精神和治国理政新理念新思想新战略，认真落实党中央、国务院决策部署，统筹推进"五位一体"总体布局和协调推进"四个全面"战略布局，坚持稳中求进工作总基调，牢固树立和贯彻落实创新、协调、绿色、开放、共享的发展理念，进一步解放思想、先行先试，以开放促改革、促发展，立足于推进"一带一路"建设和西部大开发，为全面深化改革和扩大开放探索新途径、积累新经验，发挥示范带动、服务全国的积极作用。

（二）战略定位

以制度创新为核心，以可复制可推广为基本要求，全面落实党中央、国务院关于更好发挥"一带一路"建设对西部大开发带动作用、加大西部地区门户城市开放力度的要求，努力将自贸试验区建设成为全面改革开放试验田、内陆型改革开放新高地、"一带一路"经济合作和人文交流重要支点。

(三)发展目标

经过三至五年改革探索,形成与国际投资贸易通行规则相衔接的制度创新体系,营造法治化、国际化、便利化的营商环境,努力建成投资贸易便利、高端产业聚集、金融服务完善、人文交流深入、监管高效便捷、法治环境规范的高水平高标准自由贸易园区,推动"一带一路"建设和西部大开发战略的深入实施。

二、区位布局

(一)实施范围

自贸试验区的实施范围 119.95 平方千米,涵盖三个片区:中心片区 87.76 平方千米(含陕西西安出口加工区 A 区 0.75 平方千米、B 区 0.79 平方千米,西安高新综合保税区 3.64 平方千米和陕西西咸保税物流中心〔B 型〕0.36 平方千米),西安国际港务区片区 26.43 平方千米(含西安综合保税区 6.17 平方千米),杨凌示范区片区 5.76 平方千米。

自贸试验区土地开发利用须遵守土地利用、环境保护、城乡规划法律法规,符合土地利用总体规划,并符合节约集约用地的有关要求。

(二)功能划分

按区域布局划分,自贸试验区中心片区重点发展战略性新兴产业和高新技术产业,着力发展高端制造、航空物流、贸易金融等产业,推进服务贸易促进体系建设,拓展科技、教育、文化、旅游、健康医疗等人文交流的深度和广度,打造面向"一带一路"的高端产业高地和人文交流高地;西安国际港务区片区重点发展国际贸易、现代物流、金融服务、旅游会展、电子商务等产业,建设"一带一路"国际中转内陆枢纽港、开放型金融产业创新高地及欧亚贸易和人文交流合作新平台;杨凌示范区片区以农业科技创新、示范推广为重点,通过全面扩大农业领域国际合作交流,打造"一带一路"现代农业国际合作中心。

按海关监管方式划分,自贸试验区内的海关特殊监管区域重点探索以贸易便利化为主要内容的制度创新,开展保税加工、保税物流、保税服务等业务;非海关特殊监管区域重点探索投资体制改革,创新内陆地区开放发展机制,完善事中事后监管,推动金融制度创新,积极发展现代服务业和先进制造业。

三、主要任务和措施

（一）切实转变政府职能

1. 改革创新政府管理方式。按照法治化、国际化、便利化的要求，积极探索建立与国际高标准投资和贸易规则体系相适应的行政管理体系，推动政府管理由注重事前审批转为注重事中事后监管。深化商事制度改革。实施“多证合一”综合审批服务运行模式，建立“一口受理、并联审批”工作机制。推动税收服务创新，包括一窗国地办税、一厅自助办理、培训辅导点单、缴纳方式多元、业务自主预约、税银信息互动、税收遵从合作、创新网上服务等举措。打造事前诚信承诺、事中评估分类、事后联动奖惩的全链条信用监管体系。完善社会信用体系，推动各部门间依法履职信息的联通和共享。健全守信激励和失信惩戒机制。配合商务部开展经营者集中反垄断审查。建立优质、高效、便捷的法律服务体系，建设网上法律服务平台，为自贸试验区内企业提供律师、公证、司法鉴定等综合性法律服务。推动与“一带一路”沿线国家执法联络网络建设。

2. 开展知识产权综合管理改革试点。紧扣创新发展需求，发挥专利、商标、版权等知识产权的引领作用，打通知识产权创造、运用、保护、管理、服务全链条，建立高效的知识产权综合管理体制，构建便民利民的知识产权公共服务体系，探索支撑创新发展的知识产权运行机制，推动形成权界清晰、分工合理、责权一致、运转高效、法治保障的体制机制。探索建立自贸试验区跨部门知识产权执法协作机制，完善纠纷调解、援助、仲裁工作机制。探索建立重点产业快速协同保护机制。

（二）深化投资领域改革

3. 提升利用外资水平。对外商投资实行准入前国民待遇加负面清单管理制度，着力构建与负面清单管理方式相适应的事中事后监管制度。外商投资准入特别管理措施（负面清单）之外领域的外商投资项目（国务院规定对国内投资项目保留核准的除外）和外商投资企业设立及变更实行备案制，由自贸试验区负责办理。进一步减少或取消外商投资准入限制，提高开放度和透明度，做好对外开放的压力测试和风险测试。鼓励外资更多投向高端装备制造、新一代信息技术、新材料、生物医药等先进制造业领域。鼓励跨国公司在自贸试验区设立地区总部、研发中心、销售中心、物流中心和结算中心。积极有效引进境外资金、先进技术和高端人才，提升利用外资综合质量。外商在自贸试验区内投资适用《自由贸易试验区外商投资准入特别管理措施(负面清单)》和《自由贸易试验区外商投资国家安全审查试行办法》。探索强化外商投资实际控制人管理,建立外商投资信息报告制度和外商投资信息公示平台,充分发挥国家企业信用信息公示系统作用,提升外商投资全周期监管的科学性、规范性和透明度。完善投资者权益保障机制,允许符合条件的境外投资者自由转移其投资收益。

4. 构建对外投资促进体系。将自贸试验区建设成为企业"走出去"的窗口和综合服务平台。对一般境外投资项目和设立企业实行备案制,属省级管理权限的,由自贸试验区负责备案管理。确立企业对外投资主体地位,支持企业开展多种形式的对外直接投资。建立对外投资合作"一站式"服务平台。加强境外投资事中事后监管和服务,完善境外资产和人员安全风险防范和应急保障体系。

(三)推动贸易转型升级

5. 拓展新型贸易方式。积极培育贸易新型业态和功能,形成以技术、品牌、质量、服务为核心的外贸竞争新优势。鼓励企业统筹开展国际国内贸易,实现内外贸一体化发展。支持进口先进技术和资源类商品。扶持和培育外贸综合服务企业,为中小企业提供通关、融资、退税、保险等服务。

探索创新服务贸易发展模式,扩大服务贸易双向开放。建立以政府部门"服务清单"制度为核心的服务贸易服务体系,建立一批具有项目对接、海外市场拓展、技术共享等功能的服务贸易公共服务平台。大力发展生产性服务贸易,引导出口企业从生产型企业向生产服务型企业转变,推动金融、保险、物流、信息、研发设计等资本和技术密集型服务出口。推进企业依托海关特殊监管区域开展面向国内外市场的高技术、高附加值的检测维修等保税服务业务。巩固提高旅游、航空运输等传统服务业竞争力,大力促进文化艺术、数字出版、动漫游戏开发、软件开发测试、中医药、技术等服务贸易发展。打造服务外包产业集聚区,培育一批领头企业和国际品牌,提高服务外包产业国际竞争力。支持知识产权服务业集聚发展,完善挂牌竞价、交易、信息检索、政策咨询、价值评估等功能,推动知识产权跨境交易便利化。

6. 创新通关监管服务模式。不断探索海关监管和检验检疫制度创新,鼓励企业参与"自主报税、自助通关、自动审放、重点稽核"等监管制度创新试点。依托电子口岸公共平台,开展国际贸易"单一窗口"建设,完善货物进出口和运输工具进出境的应用功能，进一步优化口岸监管执法流程和通关流程，实现贸易许可、资质登记平台功能。将出口退税申报功能纳入“单一窗口”建设项目，将涉及贸易监管的部门逐步纳入“单一窗口”管理平台。

完善海关特殊监管区域功能。自贸试验区海关特殊监管区域内实施“一线放开”“二线安全高效管住”的通关监管服务模式。在确保有效监管前提下，在海关特殊监管区域探索建立货物状态分类监管模式。对注册在自贸试验区海关特殊监管区域内的融资租赁企业进出口飞机、船舶等大型设备涉及跨关区的，在确保有效监管和执行现行相关税收政策的前提下，按物流实际需要，实行海关异地委托监管。在执行现行税收政策的前提下，提升超大超限货物的通关、运输、口岸服务等综合能力。在严格执行货物进出口税收政策的前提下，允许在自贸试验区内的海关特殊监管区域设立保税展示交易平台。加快形成贸易便利化创新举措的标准化制度规范，覆盖到所有符合条件的企业。

完善通关合作机制。开展货物通关、贸易统计、原产地证书核查、“经认证的经营者”互认、检验检测认证等方面合作，逐步实现信息互换、监管互认、执法互助。支持自贸试验区与“一带一路”沿线国家开展海关、检验检疫、认证认可、标准计量等方面的合作与交流，探索与“一带一路”沿线国家开展贸易供应链安全与便利合作。推进自贸试验区内各区域之间通关一体化。

（四）深化金融领域开放创新

7. 推动金融制度创新。探索建立与自贸试验区相适应的本外币账户管理体系，促进跨境贸易、投融资便利化。推动人民币作为自贸试验区与“一带一路”沿线国家跨境贸易和投资计价、结算的主要货币。拓展跨境电子商务人民币结算。推行自贸试验区内跨国企业集团跨境双向人民币资金池业务。支持自贸试验区内符合互认条件的基金产品参与内地与香港基金产品互认。自贸试验区内银行可按有关规定发放境外项目人民币贷款。

支持自贸试验区内符合条件的企业按规定开展境外证券投资。支持开展人民币跨境再保险业务，培育发展再保险市场。大力发展自贸试验区国际航运、国际贸易等重点产业责任保险、信用保险、融资租赁保险。取消对自贸试验区内保险支公司高管人员任职资格的事前审批，由省级保监机构实施备案管理。支持商业保理业务发展，探索适合商业保理发展的外汇管理模式。

8. 增强金融服务功能。支持符合条件的“一带一路”沿线国家的金融机构在自贸试验区内以人民币直接投资设立或参股金融机构。支持符合条件的法人在自贸试验区内依法设立金融租赁公司、财务公司、汽车金融公司、消费金融公司等金融机构。支持符合条件的境内纯中资民营企业发起设立民营银行。支持全国性中资商业银行、陕西本地银行、符合条件的外资银行在自贸试验区内新设分行或营业机构。允许外商投资在自贸试验区内新设一家合资证券公司。进一步推进内资融资租赁企业试点,注册在自贸试验区内的内资融资租赁试点企业由自贸试验区所在省级商务主管部门和同级国家税务局审核;加强事中事后监管,探索建立融资租赁企业设立和变更的备案制度、违反行业管理规定的处罚制度、失信和经营异常企业公示制度、属地监管部门对企业定期抽查检查制度。

鼓励自贸试验区内银行业金融机构为能源、科技、文化、绿色环保等领域企业提供高效优质金融服务。放宽跨国公司外汇资金集中运营管理准入条件。进一步简化资金池管理,允许经银行审核真实、合法的电子单证办理经常项目集中收付汇、轧差净额结算业务。进一步简化经常项目外汇收支手续,在真实、合法交易基础上,自贸试验区内货物贸易外汇管理分类等级为A类企业的外汇收入无须开立待核查账户。银行按照“了解客户、了解业务、尽职审查”的展业三原则办理经常项目收结汇、购付汇手续。允许自贸试验区内符合条件的融资租赁业务收取外币租金。

允许外资股权投资管理机构、外资创业投资管理机构在自贸试验区内发起管理人民币股权投资和创业投资基金。地方可结合实际,引入社会资本在自贸试验区内设立多币种的产业股权投资基金、产业结构调整基金、创业投资基金和服务贸易创新发展引导基金,为符合产业导向的企业提供融资支持服务。鼓励金融机构创新金融产品和服务,为“轻资产”服务贸易企业提供融资便利。鼓励各类金融机构创新供应链融资、贸易融资等业务。

9. 建立健全金融风险防范体系。落实风险为本的原则,探索建立跨境资金流动风险监管机制,强化开展反洗钱、反恐怖融资、反逃税工作,防止非法资金跨境、跨区流动,切实防范开放环境下的金融风险。

(五)扩大与“一带一路”沿线国家经济合作

10. 创新互联互通合作机制。健全政府对话、企业合作、民间互动的多层次、多领域合作机制。按照共商、共建、共享的原则，构筑全方位立体化开放大通道，建设“一带一路”交通、商贸、快递物流中心。创新航空港、陆港联动发展机制。完善集疏运体系，加密航线航班，增加国际货运航线航班。在自贸试验区内组建符合条件的本地货运航空公司，大力发展空港货运物流，打造国家航空运输枢纽。拓展西安陆路口岸铁路监管功能，推动国际中转集拼业务发展。提升中欧班列（西安）辐射能力，推动将中欧班列（西安）纳入中欧“安智贸”试点计划。深入发展多式联运，引进航运及国际船舶运输服务等经纪公司。引导多式联运企业联盟合作，在设施共享、单证统一、规则衔接、信息互联等方面先行先试。建设国际邮件互换局（交换站）。加快西安领事馆区建设。

11. 创新国际产能合作模式。系统推进与“一带一路”沿线国家产能合作机制建设。发挥金融对“一带一路”经济合作的推动作用，地方可根据实际需要，引入社会资本推动设立“走出去”发展引导基金。

推动合作园区建设。按照开放、共享的原则，加强境外经贸合作区、产业集聚区、农业合作区等建设，开启“两国双园”国际产能合作新模式。

打造绿色丝绸之路。制定鼓励绿色消费的经济政策，落实绿色产品认证制度，建立政府监督、企业自律、公众参与的环保监督机制。支持自贸试验区内的企业按照绿色低碳要求和循环经济理念设计发展战略、生产流程、营销模式、企业文化，打造绿色低碳企业集群和国家级绿色品牌企业。鼓励自贸试验区内绿色低碳龙头企业“走出去”，建设国际产能合作绿色产业园区。加强自贸试验区内重点产业知识产权海外布局和风险防控。

12. 创新现代农业交流合作机制。打造农业领域国际合作交流创新平台，积极推进国际旱作农业交流与合作，组建面向“一带一路”沿线国家的现代农业合作联盟和全球农业智库联盟，拓展在农业新技术、新品种、新业态以及节水农业、设施农业、农业装备制造等领域的国际合作。创立国家（杨凌）农业技术标准创新基地，承担农业技术标准的制定工作，提升“杨凌农科”品牌标准的国际化水平。创新中外农业高等教育和职业教育联合办学模式，开展面向“一带一路”沿线国家的援外农业技术培训。支持杨凌示范区片区加快建设国家现代农业国际创新园和“星创天地”。深化农业金融改革创新，允许引进符合条件的国外专业保险公司，开展涉农保险业务。支持建设“一带一路”现代农业国际合作中心。

(六)创建与"一带一路"沿线国家人文交流新模式

13. 创新科技合作机制。建立健全政府间科技创新合作及对话机制。发挥企业创新主体作用,引导企业成为"一带一路"科技创新合作的投入、执行和收益主体,形成骨干企业先导带动、中小企业大规模参与的合作局面,并吸引社会力量参与。积极发现与"一带一路"沿线国家产业发展的契合点和共振点,引导各类创新主体在沿线国家共建创新平台,深化产学研合作,鼓励企业设立海外研发中心。发挥民间组织作用,鼓励通过青年交往、志愿者互派、学术往来与交流等方式,丰富民间科技交往内容,鼓励民间科技组织广泛开展各类科技公益活动。探索建设信息丝绸之路。以信息基础设施为载体,开辟以通信和互联网产业为抓手的新型国际贸易之路,推动"一带一路"信息文明的创新与传播。

14. 创新教育合作机制。拓展与"一带一路"沿线国家跨境教育合作空间,推动教育资源共享,建设智力丝绸之路。围绕"一带一路"建设需求,调整优化相关院校的学科及专业设置,推进面向"一带一路"沿线国家的教育培训基地建设。在自贸试验区设立国际汉唐学院和中国书法学院。允许获得硕士及以上学位的优秀外国留学生毕业后直接在自贸试验区工作,完善留学生实习居留、工作居留和创新创业奖励制度。

15. 创新文化交流合作机制。加强与"一带一路"沿线国家合作,构建全方位、多层次、宽领域的对外文化交流新格局。保护和传承中华老字号,大力推动中医药、中华传统餐饮、工艺美术等企业"走出去"。与"一带一路"沿线国家共同开展文物保护与考古研究工作,开展博物馆国际交流与合作,建设以丝绸之路文化为主题的智慧博物馆国际合作交流平台和历史文化研究交流平台。依托自贸试验区开展陕西文物国际展示、国际交流试点。鼓励社会资本以多种形式参与文化产业和文化园区建设。鼓励民营文化企业健康快速发展。加强对非物质文化遗产、民间文艺、传统知识的普查、保护和合理利用,振兴传统工艺,推进文化创意、设计服务与相关产业融合发展,打造"国风秦韵"等具有国际影响力的文化品牌。建设中影丝路国际电影城等一批文化产业项目,推出一批具有国际影响力的文化艺术精品。依托现有交易场所,在国家政策法规允许范围内开展文化艺术品交易业务。

发展对外文化贸易。积极推动文化产品和服务出口,减少对文化出口的行政审批事项。拓展艺术品交易市场功能。对完全针对国外外语市场开展出版业务的非公有制企业、中外合资企业给予特殊政策扶持。依托海关特殊监管区域政策功能,促进文化产业发展。加快西安国家数字出版基地、西安印刷包装产业基地建设,创建国家级出版物物流基地。开展文化产品跨境电子商务试点,依托现有交易场所开展文化产品跨境电子交易,鼓励文化企业借助电子商务等新型交易模式拓展国际业务。试点以政府和社会资本合作(PPP)等模式推动对外文化投资。加强文化知识产权保护。积极推进文化金融改革创新。

16. 创新旅游合作机制。深化旅游业资源开放、信息共享、行业监管、公共服务、旅游安全、标准化服务等方面的国际合作,提升旅游服务水平。允许在自贸试验区内注册的符合条件的中外合资旅行社,从事除台湾地区以外的出境旅游服务。吸引外商投资旅行社在自贸试验区内设立公司运营总部。积极与"一带一路"沿线国家签订旅游合作框架协议、旅游合作备忘录等整体性协议,合作举办国际旅游展会。推动中医药健康旅游发展。

17. 创新医疗卫生合作机制。发挥陕西医疗资源、医学教育、医学科研及区位优势,在卫生合作机制、重点传染病防控、重大慢性非传染性疾病防治、突发急性传染病防控与紧急医学救援、能力建设与人才培养、传统医药、卫生体制和政策、卫生发展援助、健康产业发展等重点领域,与"一带一路"沿线国家进行广泛合作。允许"一带一路"沿线国家与国内中医药服务机构在自贸试验区内投资中医理疗、康复、培训、宣传、国际推广等机构,搭建中医药健康养生国际综合服务平台。

(七)推动西部大开发战略深入实施

18. 带动区域开放型经济发展。充分利用自贸试验区的载体和平台作用,在积极承接外向型产业转移的同时,将陕西的科技、产业优势向西部其他地区辐射。培育建设产业集群发展带,推动关中—天水、新疆天山北坡、呼包银榆等重点经济区域协同开放、一体发展,形成西部地区新增长极。联合西部地区相关省份开展多式联运,畅通沟通境内外、连接东中西的新亚欧大陆桥国际经济走廊。建立西部地区联合对外合作交流平台,以资源优势为重点,以资源加工工业为主体,强化国际国内交流,带动西部贫困地区、民族地区开放战略实施。加强区域口岸合作,推动陆港联动,实现口岸功能延伸,提升对外开放、公共卫生安全保障能力。推动检验检疫部门与地方卫生部门等加强联防联控合作,防止传染病跨境传播。

19. 推动区域创新发展。积极鼓励自贸试验区各科研院所与西部地区各类企业合作,推进协同创新。及时总结推广“双创”示范、系统推进全面创新改革及知识产权保护的经验,推动有条件的地区建设具有强大带动力的创新型城市和区域创新中心,培育一批知识产权试点示范城市和知识产权强市、强县。创新军民融合发展机制,建立军民成果双向转化“人才池”和“专利池”。建立重点产业专利导航工作机制,建设国家知识产权服务业聚集区。积极推动国家军民融合知识产权运营工作,依托国家知识产权运营军民融合特色试点平台,探索国防专利横向流通转化、国防专利解密与普通专利跟进保护有机衔接、普通专利参与军品研发生产等机制,促进军民科技成果共享共用。推动西部地区军民技术相互有效利用,开展军民两用技术联合攻关,推动产业化发展。

20. 促进区域产业转型升级。通过自贸试验区高端产业集聚,促进西部地区优化现代服务业、先进制造业和战略性新兴产业布局,创新区域经济合作模式。以产业链为纽带,促进西部地区在研发设计、生产销售和物流配送等环节的协同配合,支持西部地区企业通过跨区域兼并重组实现产业转型升级。

21. 构建服务区域发展的人才高地。率先在自贸试验区建立健全高层次人才评价机制、简化高层次人才评价认定程序、完善符合条件的外国籍高层次人才签证及居留政策等,推动境内外专业人才双向流动,为外国籍高层次人才来陕工作开辟绿色通道,简化手续,在出入境、工作、停居留等方面提供便利,积累经验并向西部地区推广。联合打造西部优质人才载体,提升西部地区高层次人才发展及创业创新平台建设水平。建设面向西部地区的高层次人才综合服务体系,大力发展人力资源服务业。

四、保障机制

(一)强化法制保障

自贸试验区需要暂时调整实施有关行政法规、国务院文件和经国务院批准的部门规章的部分规定的,按规定程序办理。各有关部门要支持自贸试验区在各领域深化改革开放试点、加大压力测试、加强监管、防控风险,做好与相关法律立改废释的衔接,及时解决试点过程中的制度保障问题。陕西省要通过地方立法,建立与试点要求相适应的自贸试验区管理制度。

（二）完善配套税收政策

落实现有相关税收政策，充分发挥现有政策的支撑促进作用。中国（上海）自由贸易试验区、中国（广东）自由贸易试验区、中国（天津）自由贸易试验区和中国（福建）自由贸易试验区已经试点的税收政策原则上可在自贸试验区进行试点，其中促进贸易的选择性征收关税、其他相关进出口税收等政策在自贸试验区内的海关特殊监管区域进行试点。自贸试验区内的海关特殊监管区域范围和税收政策适用范围维持不变。此外，在符合税制改革方向和国际惯例，以及不导致利润转移和税基侵蚀的前提下，积极研究完善境外所得税收抵免的税收政策。

（三）加强组织实施

按照党中央、国务院统一部署，在国务院自由贸易试验区工作部际联席会议统筹协调下，由陕西省完善试点任务组织实施保障机制，按照总体筹划、分步实施、率先突破、逐步完善的原则加快实施；按照既有利于合力推进自贸试验区建设，又有利于各片区独立自主运作的原则，建立精简高效、统一管理、分级负责的自贸试验区管理体系。各有关部门要大力支持，及时制定实施细则或办法，加强指导和服务，共同推进相关体制机制创新，把自贸试验区建设好、管理好。在实施过程中，要创新思路、寻找规律、解决问题、积累经验；要充分发挥地方和部门的积极性，因地制宜、突出特色，做好对比试验和互补试验；要抓好改革措施的落实，重大事项要及时向国务院请示报告。

（四）总结推广可复制的试点经验

自贸试验区要及时总结改革创新经验和成果。国务院自由贸易试验区工作部际联席会议办公室要会同陕西省人民政府及有关部门，及时总结评估自贸试验区改革开放创新试点任务实施效果，加强各领域试点经验系统集成，并委托第三方机构进行独立评估。对试点效果好、风险可控且可复制可推广的成果，实施分类审查程序后复制推广至全国其他地区。

陕西省人民政府关于中国（陕西）自由贸易试验区实施部分省级管理事项的决定

（陕西省人民政府令第 199 号）

经研究，决定由省级相关部门下放、委托中国（陕西）自由贸易试验区范围内的各管委会实施下列217项省级管理事项。下放项目自规章发布之日起生效,由各管委会实施;委托项目由各管委会和省级相关部门签订委托书后实施。

序号	项目	子项	设定依据	实施部门	放权方式
1	依法必须招标的投资项目招标实施方案核准		《陕西省实施〈中华人民共和国招标投标法〉办法》	省发展改革委	委托
2	固定资产投资项目节能评估和审查		《中华人民共和国节约能源法》《陕西省节约能源条例》	省发展改革委	委托
3	高等学校组织高校教师资格培训和考试		《中华人民共和国教师法》《教师资格条例》(国务院令第188号)《教师资格条例实施办法》(教育部令第10号)	省教育厅	委托
4	自学考试助学、文化补习、学前教育等的中外合作办学机构的设立、分立、合并、变更、终止审批		《中华人民共和国中外合作办学条例》(国务院令第372号)《中华人民共和国中外合作办学条例实施办法》(教育部令第20号)	省教育厅	委托
5	民办高等教育助学机构的分立、合并、变更、终止审批		《中华人民共和国民办教育促进法》《中华人民共和国民办教育促进法实施条例》(国务院令第399号)	省教育厅	委托
6	开办外籍人员子女学校审批		《国务院对确需保留的行政审批项目设定行政许可的决定》(国务院令第412号)《国务院关于第六批取消和调整行政审批项目的决定》(国发〔2012〕52号)	省教育厅	委托

续表

序号	项目	子项	设定依据	实施部门	放权方式
7	工业和信息化行业投资项目、技改项目和国债项目的招标组织形式、招标范围和招标方式核准		《中华人民共和国招标投标法》《中华人民共和国招标投标法实施条例》（国务院令第613号）《陕西省实施〈中华人民共和国招标投标法〉办法》	省工业和信息化厅	下放
8	工业和信息化行业招标代理机构资格认定		《中华人民共和国招标投标法》《中华人民共和国招标投标法实施条例》（国务院令第613号）《国务院办公厅印发国务院有关部门实施招标投标活动行政监督的职责分工意见的通知》（国办发〔2000〕第34号）《陕西省实施〈中华人民共和国招标投标法〉办法》	省工业和信息化厅	下放
9	铬化合物生产建设项目审批		《国务院对确需保留的行政审批项目设定行政许可的决定》（国务院令第412号）《铬化合物生产建设许可管理办法》（工业和信息化部令第15号）《国务院关于取消和调整一批行政审批项目等事项的决定》（国发〔2015〕11号）	省工业和信息化厅	委托
10	设立宗教活动场所审批		《宗教事务条例》（国务院令第426号）	省民委（省宗教事务局）	委托
11	举行大型宗教活动审批		《宗教事务条例》（国务院令第426号）	省民委（省宗教事务局）	委托

续表

序号	项目	子项	设定依据	实施部门	放权方式
12	外国人携带用于宗教文化学术交流物品入境审批		《国务院对确需保留的行政审批项目设定行政许可的决定》(国务院令第412号)	省民委(省宗教事务局)	委托
13	宗教团体筹备、成立、变更、注销前审核		《社会团体登记管理条例》(国务院令第250号)	省民委(省宗教事务局)	委托
14	金融机构营业场所、金库安全防范设施建设方案审批及工程验收		《国务院对确需保留的行政审批项目设定行政许可的决定》(国务院令第412号) 《金融机构营业场所和金库安全防范设施建设许可实施办法》(公安部令第86号)	省公安厅	下放
15	营业性射击场设立许可		《中华人民共和国枪支管理法》	省公安厅	委托
16	民用枪支、弹药配售许可		《中华人民共和国枪支管理法》	省公安厅	委托
17	枪支、弹药跨省运输许可(含射击运动枪支跨省训练比赛携运)		《中华人民共和国枪支管理法》《射击竞技体育运动枪支管理办法》(国家体育总局、公安部令第12号)	省公安厅	委托
18	弩制造、销售、进口、运输、使用许可		《国务院对确需保留的行政审批项目设定行政许可的决定》(国务院令第412号)	省公安厅	委托

续表

序号	项目	子项	设定依据	实施部门	放权方式
19	集会游行示威许可(跨市、跨省审批除外)		《中华人民共和国集会游行示威法》《中华人民共和国集会游行示威法实施条例》(1992年5月12日国务院批准,1992年6月16日公安部令第8号发布施行)	省公安厅	下放
20	设立保安服务公司和保安培训许可证核发		《保安服务管理条例》(国务院令第564号)	省公安厅	委托
21	普通护照的核发及加注		《中华人民共和国护照法》	省公安厅	下放
22	出入境通行证核发		《中华人民共和国护照法》	省公安厅	下放
23	往来港澳通行证核发及签注		《中华人民共和国出境入境管理法》《中国公民因私事往来香港地区或者澳门地区的暂行管理办法》(1986年12月3日国务院批准,1986年12月25日公安部公布)	省公安厅	下放
24	大陆居民往来台湾通行证核发及签注		《中华人民共和国出境入境管理法》《中国公民往来台湾地区管理办法》(国务院令第93号发布、第661号修订)	省公安厅	下放
25	台湾居民往来大陆通行证核发		《中华人民共和国出境入境管理法》《中国公民往来台湾地区管理办法》(国务院令第93号发布、第661号修订)	省公安厅	下放

续表

序号	项目	子项	设定依据	实施部门	放权方式
26	外国人居留许可		《中华人民共和国出境入境管理法》《中华人民共和国外国人入境出境管理条例》(国务院令第575号)	省公安厅	下放
27	民用枪支持枪证核发(限射击运动枪)		《中华人民共和国枪支管理法》	省公安厅	委托
28	大型焰火燃放作业单位资质及人员资格认定		《烟花爆竹安全管理条例》(国务院令第455号)《大型焰火燃放作业单位资质条件及管理》(GA899—2010)《大型焰火燃放作业人员资格条件及管理》(GA898—2010)	省公安厅	下放
29	营业性爆破作业单位许可证及初级爆破工程技术人员安全作业证核发		《民用爆炸物品安全管理条例》(国务院令第466号)《爆破作业单位资质条件和管理要求》(GA990—2012)《公安部关于进一步加强和改进爆破工程技术人员培训考核工作的通知》(公治〔2011〕28号)	省公安厅	下放
30	因私出入境中介机构资格认定(境外就业、留学除外)		《国务院对确需保留的行政审批项目设定行政许可的决定》(国务院令第412号)《国务院关于第六批取消和调整行政审批项目的决定》(国发〔2012〕52号)《国务院关于加强出入境中介活动管理的通知》(国发〔2000〕25号)《因私出入境中介活动管理办法》(公安部、国家工商行政管理总局令第59号发布,公安部令第136号修订)	省公安厅	委托

续表

序号	项目	子项	设定依据	实施部门	放权方式
31	省级社会团体的成立、变更、注销登记及章程核准		《社会团体登记管理条例》(国务院令第250号)	省民政厅	委托
32	省级基金会设立、变更、注销登记及章程核准		《基金会管理条例》(国务院令第400号)	省民政厅	委托
33	省级民办非企业单位成立、变更、注销登记及章程核准		《民办非企业单位登记管理暂行条例》(国务院令第251号)	省民政厅	委托
34	省级和涉外养老机构设立、变更、注销许可		《中华人民共和国老年人权益保障法》《养老机构设立许可办法》(民政部令第48号)	省民政厅	委托
35	假肢和矫形器(辅助器具)生产装配企业资格认定		《国务院对确需保留的行政审批项目设定行政许可的决定》(国务院令第412号)《民政部国家工商总局〈关于对假肢和矫形器生产装配企业实行资格审查和登记管理有关问题〉的通知》(民福函〔1995〕248号)	省民政厅	委托
36	律师执业许可		《中华人民共和国律师法》	省司法厅	委托
37	设立律师事务所及分所许可		《中华人民共和国律师法》	省司法厅	委托

续表

序号	项目	子项	设定依据	实施部门	放权方式
38	香港、澳门永久性居民中的中国居民申请在内地从事律师职业核准		《国务院对确需保留的行政审批项目设定行政许可的决定》(国务院令第412号)《取得内地法律职业资格的香港特别行政区和澳门特别行政区居民在内地从事律师职业管理办法》(司法部令第99号修正)	省司法厅	委托
39	香港、澳门律师事务所与内地律师事务所联营核准		《国务院对确需保留的行政审批项目设定行政许可的决定》(国务院令第412号)《香港特别行政区和澳门特别行政区律师事务所与内地律师事务所联营管理办法》(司法部令第83号发布,第126号修订)	省司法厅	委托
40	港澳台律师事务所驻内地或大陆代表机构设立和代表执业许可		《外国律师事务所驻华代表机构管理条例》(国务院令第338号)《香港、澳门特别行政区驻内地代表机构管理办法》(司法部令第70号)《国务院关于取消和调整一批行政审批项目等事项的决定》(国发〔2014〕27号)	省司法厅	委托
41	司法鉴定机构及司法鉴定人执业登记		《全国人民代表大会常务委员会关于司法鉴定管理问题的决定》(2005年2月28日第十届全国人民代表大会常务委员会第十四次会议通过)《陕西省司法鉴定管理条例》《司法鉴定机构登记管理办法》(司法部令第95号)《司法鉴定人登记管理办法》(司法部令第96号)	省司法厅	委托

续表

序号	项目	子项	设定依据	实施部门	放权方式
42	仲裁委员会设立登记（须报省司法厅）		《中华人民共和国仲裁法》	省司法厅	委托
43	会计师事务所（分所）设立审批		《中华人民共和国注册会计师法》《国务院关于取消和下放一批行政审批项目的决定》（国发〔2013〕44号）《会计师事务所审批和监督暂行办法》（财政部令第24号）	省财政厅	委托
44	境外会计师事务所在中国境内临时执行审计业务审批		《中华人民共和国注册会计师法》《财政部关于印发〈境外会计师事务所在中国内地临时执行审计业务暂行规定〉的通知》（财会〔2011〕4号）	省财政厅	委托
45	会计从业资格认定		《中华人民共和国会计法》《会计从业资格管理办法》（财政部令第73号）	省财政厅	下放
46	外国人在陕就业许可		《中华人民共和国出境入境管理法》《外国人在中国就业管理规定》（1996年1月22日劳动部、公安部、外交部、外经贸部发布，人力资源和社会保障部令第7号修订）	省人力资源社会保障厅	委托
47	设立中外合资（合作）职业介绍机构审批		《中华人民共和国就业促进法》《国务院对确需保留的行政审批项目设定行政许可的决定》（国务院令第412号）《中外合资中外合作职业介绍机构设立管理暂行规定》（劳动和社会保障部、国家工商行政管理总局令第14号发布，人力资源和社会保障部令第24号修订）	省人力资源社会保障厅	委托

续表

序号	项目	子项	设定依据	实施部门	放权方式
48	中外合作职业技能培训机构设立审批		《中华人民共和国中外合作办学条例》(国务院令第372号)《中外合作职业技能培训办学管理办法》(劳动和社会保障部令第27号)	省人力资源社会保障厅	委托
49	职业技能考核鉴定机构设立许可		《中华人民共和国劳动法》《劳动部关于颁发〈职业技能鉴定规定〉的通知》(劳部发〔1993〕134号)	省人力资源社会保障厅	下放
50	设立技工学校审批		《国务院对确需保留的行政审批项目设定行政许可的决定》(国务院令第412号)	省人力资源社会保障厅	委托
51	外国专家来华工作许可		《国务院对确需保留的行政审批项目设定行政许可的决定》(国务院令第412号)《国家外专局关于印发〈外国专家来华工作许可办理规定〉的通知》(外专发〔2004〕139号)	省人力资源社会保障厅	委托
52	地质勘查单位资质认定		《地质勘查资质管理条例》(国务院令第520号)	省国土资源厅	委托
53	探矿权、采矿权转让许可		《探矿权采矿权转让管理办法》(国务院令第242号)	省国土资源厅	委托
54	地质灾害危险性评估和治理工程(含勘探、设计、施工和监理)单位乙丙级资质证书核发		《地质灾害防治条例》(国务院令第394号)《地质灾害危险性评估单位资质管理办法》(国土资源部令第29号)《地质灾害治理工程勘查设计施工单位资质管理办法》(国土资源部令第30号)《地质灾害治理工程监理单位资质管理办法》(国土资源部令第31号)	省国土资源厅	委托

续表

序号	项目	子项	设定依据	实施部门	放权方式
55	在土地利用总体规划确定的开垦区内，一次性开发200公顷以上未确定土地使用权的国有荒山、荒地、荒滩从事种植业、林业、畜牧业和渔业生产许可（须报省国土资源厅）		《中华人民共和国土地管理法》《中华人民共和国土地管理法实施条例》（国务院令第256号）《陕西省实施〈中华人民共和国土地管理法〉办法》《国务院关于取消和下放一批行政审批项目的决定》（国发〔2014〕5号）	省国土资源厅	下放
56	建设项目压覆矿产资源审批		《中华人民共和国矿产资源法》《陕西省矿产资源管理条例》《国土资源部关于进一步做好建设项目压覆重要矿产资源审批管理工作的通知》（国土资发〔2010〕137号）	省国土资源厅	委托
57	建设项目用地预审		《中华人民共和国土地管理法》《中华人民共和国土地管理法实施条例》（国务院令第256号） 《陕西省实施〈中华人民共和国土地管理法〉办法》	省国土资源厅	下放
58	由省级环境保护行政主管部门审批的建设项目环境影响评价文件审批		《中华人民共和国环境影响评价法》	省环境保护厅	委托

续表

序号	项目	子项	设定依据	实施部门	放权方式
59	由省级环境保护行政主管部门审批的建设项目竣工环境保护验收审批		《建设项目环境保护管理条例》(国务院令第 253 号)	省环境保护厅	委托
60	污染物排放许可证审批		《中华人民共和国环境保护法》《中华人民共和国水污染防治法》《中华人民共和国大气污染防治法》	省环境保护厅	下放
61	固体废物跨省转移和危险废物经营许可		《中华人民共和国固体废物污染环境防治法》《危险废物经营许可证管理办法》(国务院令第 408 号)《国务院关于取消和下放一批行政审批项目的决定》(国发〔2013〕44 号)	省环境保护厅	下放
62	放射性同位素和射线装置生产、销售、使用安全许可证及放射性同位素转让、转移和野外示踪试验审批		《中华人民共和国放射性污染防治法》《放射性同位素与射线装置安全和防护条例》(国务院令第 449 号)《国务院关于取消和下放一批行政审批项目的决定》(国发〔2014〕5 号)	省环境保护厅	委托
63	销售使用Ⅳ、Ⅴ类放射源单位和生产、销售、使用Ⅲ类射线装置单位辐射安全许可证核发		《中华人民共和国放射性污染防治法》《放射性同位素与射线装置安全和防护条例》(国务院令第 449 号)《陕西省人民政府关于取消和下放 41 项行政审批项目的决定》(陕政发〔2014〕13 号)《陕西省人民政府关于取消和调整一批行政审批项目的决定》(陕政发〔2015〕6 号)	省环境保护厅	委托

续表

序号	项目	子项	设定依据	实施部门	放权方式
64	建筑业企业、工程监理企业、勘察企业、设计企业资质认定	1. 建筑业企业部分总承包二级、三级资质认定,建筑业企业部分专业承包一级、二级、三级资质认定 2. 工程监理企业乙、丙级资质认定 3. 工程勘察乙级及以下资质、劳务资质认定 4. 工程设计乙级(涉及铁路、交通、水利、信息产业、民航等方面工程设计乙级资质除外)及以下资质认定	《中华人民共和国建筑法》《建设工程勘察设计管理条例》(国务院令第293号)《工程监理企业资质管理规定》(建设部令第158号)《建筑业企业资质管理规定》(建设部令第159号)《建设工程勘察设计资质管理规定》(建设部令第160号)	省住房城乡建设厅	委托
65	乙级、暂定级工程建设项目招标代理机构资格认定		《中华人民共和国招标投标法》《工程建设项目招标代理机构资格认定办法》(建设部令第154号)	省住房城乡建设厅	委托
66	二级建造师注册执业资格认定		《中华人民共和国建筑法》《注册建造师管理规定》(建设部令第153号)	省住房城乡建设厅	委托
67	工程造价咨询单位乙级、暂定级资质认定		《国务院对确需保留的行政审批项目设定行政许可的决定》(国务院令第412号)《工程造价咨询企业管理办法》(建设部令第149号)	省住房城乡建设厅	委托

续表

序号	项目	子项	设定依据	实施部门	放权方式
68	房地产开发企业二、三级资质核定		《城市房地产开发经营条例》(国务院令第248号)《房地产开发企业资质管理规定》(建设部令第77号)	省住房城乡建设厅	下放
69	房地产估价机构一、二、三级资质核准		《国务院对确需保留的行政审批项目设定行政许可的决定》(国务院令第412号)《房地产估价机构管理办法》(建设部令第142号发布,住房和城乡建设部令第14号修订)	省住房城乡建设厅	委托
70	城乡规划编制单位乙、丙级资质认定		《国务院对确需保留的行政审批项目设定行政许可的决定》(国务院令第412号)《城乡规划编制单位资质管理规定》(住房和城乡建设部令第12号)	省住房城乡建设厅	下放
71	建设项目选址意见书核发		《中华人民共和国城乡规划法》《陕西省城乡规划条例》	省住房城乡建设厅	委托
72	城市园林绿化二、三级资质核准		《城市绿化条例》(国务院令第100号)《陕西省城镇绿化条例》《建设部关于印发〈园林绿化企业资质申报和审批工作规程〉的通知》(建城〔2006〕182号)	省住房城乡建设厅	下放

续表

序号	项目	子项	设定依据	实施部门	放权方式
73	国家级风景名胜区建设项目选址方案审批和省级风景名胜区内修建公路、缆车、索道、风景名胜区徽志等重大建设工程项目选址方案审批		《风景名胜区条例》(国务院令第474号)《陕西省风景名胜区管理条例》《国务院关于取消和调整一批行政审批项目等事项的决定》(国发〔2014〕50号)	省住房城乡建设厅	委托
74	建筑施工企业安全生产许可证(含中央管理建筑施工企业安全生产许可证)核发		《安全生产许可证条例》(国务院令第397号)《建筑施工企业安全生产许可证管理规定》(建设部令第128号)	省住房城乡建设厅	委托
75	建设工程质量检测机构资质认定		《建设工程质量管理条例》(国务院令第279号)《建设工程质量检测管理办法》(建设部令第141号)	省住房城乡建设厅	委托
76	省级管辖权内水路运输、运输服务业务许可		《国内水路运输管理条例》(国务院令第625号)	省交通运输厅	下放
77	省管港口经营许可		《中华人民共和国港口法》	省交通运输厅	下放
78	跨省、跨设区市道路客运经营许可		《中华人民共和国道路运输条例》(国务院令第406号)	省交通运输厅	委托

续表

序号	项目	子项	设定依据	实施部门	放权方式
79	国省干线公路、港口、航道建设项目施工许可		《中华人民共和国公路法》《中华人民共和国港口法》《中华人民共和国航道管理条例》(国务院令第545号)《国务院关于取消和调整一批行政审批项目等事项的决定》(国发〔2014〕50号)《公路建设市场管理办法》(交通运输部令2011年第11号)	省交通运输厅	委托
80	外商投资道路运输业准入许可		《中华人民共和国中外合作经营企业法》《中华人民共和国外资企业法》《外商投资道路运输业管理规定》(交通部、对外经济贸易合作部令2001年第9号)《关于修改〈外商投资道路运输业管理规定〉的决定》(交通运输部令2014年第4号)	省交通运输厅	委托
81	取水许可与建设项目水资源论证报告书审批		《中华人民共和国水法》《国务院对确需保留的行政审批项目设定行政许可的决定》(国务院令第412号)《取水许可和水资源费征收管理条例》(国务院令第460号)	省水利厅	委托

续表

序号	项目	子项	设定依据	实施部门	放权方式
82	水利工程建设项目审批	1. 水工程建设规划同意书审查 2. 水工程建设项目防洪规划同意书审查 3. 围垦河道审核同意 4. 不同行政区域边界水工程批准 5. 水利基建项目初步设计文件审批	《中华人民共和国水法》《中华人民共和国防洪法》《国务院对确需保留的行政审批项目设定行政许可的决定》(国务院令第412号)	省水利厅	下放
83	水产苗种进出口审批		《中华人民共和国渔业法》《水产苗种管理办法》(农业部令第46号)《陕西省水产种苗管理办法》	省水利厅	委托
84	省级立项的建设项目水土保持方案审批及设施验收		《中华人民共和国水土保持法》《陕西省水土保持条例》	省水利厅	委托
85	省级种畜禽生产经营许可		《中华人民共和国畜牧法》《种畜禽管理条例》(国务院令第153号)《种畜禽管理条例实施细则》(农业部令第38号)	省农业厅	下放

续表

序号	项目	子项	设定依据	实施部门	放权方式
86	主要农作物杂交种子及其亲本种子，以及进行选育生产经营相结合的种子企业的种子生产经营许可证核发(含外商投资企业农作物种子生产许可)		《中华人民共和国种子法》《农业部、国家计划委员会、对外贸易经济合作部、国家工商总局印发〈关于设立外商投资农作物种子企业审批和登记管理的规定〉的通知》(农发〔1997〕9号)	省农业厅	委托
87	果树种子苗木生产、经营许可		《中华人民共和国种子法》《陕西省果业条例》	省农业厅	委托
88	饲料添加剂、添加剂预混合饲料产品批准文号核发		《饲料和饲料添加剂管理条例》(国务院令第609号)《饲料添加剂和添加剂预混合词料产品批准文号管理办法》(农业部令2012年第5号)	省农业厅	委托
89	兽用生物制品经营许可		《兽药管理条例》(国务院令第404号)	省农业厅	委托
90	主要农作物品种推广前省级审定		《中华人民共和国种子法》	省农业厅	委托
91	肥料登记		《中华人民共和国农业法》《肥料登记管理办法》(农业部令第38号)	省农业厅	下放

续表

序号	项目	子项	设定依据	实施部门	放权方式
92	农业转基因生物生产加工许可（不含农民养殖种植转基因动植物）		《农业转基因生物安全管理条例》（国务院令第 304 号）《国务院关于第四批取消和调整行政审批项目的决定》（国发〔2007〕33 号）	省农业厅	委托
93	蚕种生产经营许可		《中华人民共和国畜牧法》《蚕种管理办法》（农业部令第 68 号）	省农业厅	委托
94	母种和原种食用菌菌种生产经营许可		《中华人民共和国种子法》《食用菌菌种管理办法》（农业部令第 62 号）	省农业厅	委托
95	农作物种子质量检验机构资格认定		《中华人民共和国种子法》《国务院关于取消和下放一批行政审批项目的决定》（国发〔2013〕44 号）《国务院关于取消和调整一批行政审批项目等事项的决定》（国发〔2014〕50 号）	省农业厅	委托
96	省级农产品安全检测机构资格认定		《中华人民共和国农产品质量安全法》《农产品质量安全检测机构考核办法》（农业部令第 7 号）	省农业厅	委托
97	设立饲料、饲料添加剂生产企业审批		《饲料和饲料添加剂管理条例》（国务院令第 609 号）《国务院关于取消和下放一批行政审批项目的决定》（国发〔2013〕44 号）	省农业厅	委托

续表

序号	项目	子项	设定依据	实施部门	放权方式
98	采集农业主管部门管理的国家一级保护野生植物审批		《中华人民共和国野生植物保护条例》(国务院令第204号)《农业野生植物保护办法》(农业部令第21号公布,第38号、2013年第5号修订) 《国务院关于取消和下放一批行政审批项目的决定》(国发〔2013〕44号)	省农业厅	委托
99	在草原上修建直接为草原保护和畜牧业生产服务的工程设施使用70公顷以上草原审批		《中华人民共和国草原法》《草原征占用审核审批管理办法》(农业部令第58号公布,2014年第3号修订)《国务院关于取消和下放一批行政审批项目的决定》(国发〔2014〕5号)	省农业厅	委托
100	草种进出口审批		《中华人民共和国种子法》《草种管理办法》(农业部令第56号)《国务院关于取消和下放一批行政审批项目的决定》(国发〔2014〕5号)	省农业厅	委托
101	草种质量检验机构资格认定		《中华人民共和国种子法》《草种管理办法》(农业部令第56号)《国务院关于取消和下放一批行政审批项目的决定》(国发〔2013〕44号)《国务院关于取消和下放一批行政审批项目的决定》(国发〔2014〕5号)	省农业厅	委托

续表

序号	项目	子项	设定依据	实施部门	放权方式
102	食用菌菌种进出口审批		《中华人民共和国种子法》《食用菌菌种管理办法》(农业部令第62号)《国务院关于取消和下放一批行政审批项目的决定》(国发〔2014〕5号)	省农业厅	委托
103	食用菌菌种质量检验机构资格认定		《中华人民共和国种子法》《食用菌菌种管理办法》(农业部令第62号)《国务院关于取消和下放一批行政审批项目的决定》(国发〔2014〕5号)	省农业厅	委托
104	兽药生产许可证核发		《兽药管理条例》(国务院令第404号)《国务院关于取消和调整一批行政审批项目等事项的决定》(国发〔2015〕11号)	省农业厅	委托
105	林木良种种子的生产经营以及实行选育生产经营相结合的种子企业的种子生产经营许可证的核发及变更登记		《中华人民共和国种子法》《陕西省实施〈中华人民共和国种子法〉办法》《林木种子生产、经营许可证管理办法》(国家林业局令第5号)	省林业厅	委托

续表

序号	项目	子项	设定依据	实施部门	放权方式
106	主要林木品种推广前审定		《中华人民共和国种子法》《陕西省实施〈中华人民共和国种子法〉办法》《主要林木品种审定办法》(国家林业局令第8号)	省林业厅	委托
107	收购珍贵树木种子和省政府规定限制收购林木种子审批		《中华人民共和国种子法》	省林业厅	委托
108	林木种子质量检验机构资格认定		《中华人民共和国种子法》《国务院关于取消和下放一批行政审批项目的决定》(国发〔2013〕44号)《国务院关于取消和调整一批行政审批项目等事项的决定》(国发〔2014〕50号)《林木种子质量管理办法》(国家林业局令第21号)	省林业厅	委托
109	占用林地审批		《中华人民共和国森林法实施条例》(国务院令第278号)《占用征收征用林地审核审批管理办法》(国家林业局令第278号)《建设项目使用林地审核审批管理办法》(国家林业局令第2号)《建设项目使用林地审核审批管理办法》(国家林业局令第35号)	省林业厅	委托

续表

序号	项目	子项	设定依据	实施部门	放权方式
110	重点国有林区和出省木材运输证核发		《中华人民共和国森林法》《中华人民共和国森林法实施条例》(国务院令第278号)《国务院关于取消和调整一批行政审批项目等事项的决定》(国发〔2014〕50号)《陕西省森林管理条例》	省林业厅	委托
111	猎捕、驯养繁殖、出售、收购、利用、运输国家二级保护野生动物及其产品以及运输、携带省重点保护野生动物及其产品审批		《中华人民共和国野生动物保护法》《中华人民共和国陆生野生动物保护实施条例》(1992年2月12日国务院批准,1992年3月1日林业部发布)《陕西省实施〈中华人民共和国野生动物保护法〉办法》	省林业厅	委托
112	采集、出售、收购、出口省重点保护野生植物审批		《陕西省野生植物保护条例》	省林业厅	委托
113	采伐采集珍贵树木和特殊价值植物,以及采集、出售、收购国家二级保护野生植物审批		《中华人民共和国森林法》《中华人民共和国野生植物保护条例》(国务院令第204号)《陕西省野生植物保护条例》	省林业厅	委托

续表

序号	项目	子项	设定依据	实施部门	放权方式
114	移植特、一、二级保护古树名木审批		《陕西省古树名木保护条例》	省林业厅	委托
115	省级森林公园设立、分立合并、更名、改变隶属关系、调整经营面积审批		《陕西省森林公园条例》	省林业厅	委托
116	使用低于国家或者地方规定标准的林木种子审批(须报省林业厅)		《中华人民共和国种子法》	省林业厅	委托
117	外商投资企业设立及变更(含非法人分支机构设立)审批		《中华人民共和国中外合资经营企业法》《中华人民共和国外资企业法》《中华人民共和国中外合作企业法》《中华人民共和国中外合资经营企业法实施细则》(国务院令第311号)	省商务厅	委托
118	石油成品油批发、仓储、零售经营资格审批		《国务院对确需保留的行政审批项目设定行政许可的决定》(国务院令第412号)《成品油市场管理办法》(商务部令第23号)	省商务厅	委托
119	报废汽车回收(拆解)企业资格认定		《报废汽车回收管理办法》(国务院令第307号)	省商务厅	委托

续表

序号	项目	子项	设定依据	实施部门	放权方式
120	设立典当行及分支机构审批		《国务院对确需保留的行政审批项目设定行政许可的决定》(国务院令第412号)《国务院关于第六批取消和调整行政审批项目的决定》(国发〔2012〕52号)	省商务厅	委托
121	企业申请取得从事拍卖业务的许可		《中华人民共和国拍卖法》	省商务厅	委托
122	外国非企业经济组织在华设立常驻代表机构审批		《国务院对确需保留的行政审批项目设定行政许可的决定》(国务院令第412号)《国务院关于第五批取消和下放管理层级行政审批项目的决定》(国发〔2010〕21号)	省商务厅	委托
123	对外承包工程经营资格许可		《中华人民共和国对外贸易法》《对外承包工程管理条例》(国务院令第527号)《对外承包工程资格管理办法》(商务部、住房和城乡建设部令2009年第9号)	省商务厅	委托
124	企业境外投资(涉及非敏感国家和地区、非敏感行业)备案		《境外投资管理办法》(商务部令2014年第3号)	省商务厅	委托
125	对外贸易经营者备案登记		《中华人民共和国对外贸易法》《对外贸易经营者备案登记办法》(商务部令2004年第14号)	省商务厅	委托

续表

序号	项目	子项	设定依据	实施部门	放权方式
126	设立内资演出经纪机构审批		《营业性演出管理条例》(国务院令第528号)	省文化厅	委托
127	设立中外合资、中外合作经营的娱乐场所审批		《娱乐场所管理条例》(国务院令第458号)	省文化厅	委托
128	设立经营性互联网文化单位审批		《国务院对确需保留的行政审批项目设定行政许可的决定》(国务院令第412号)《国务院关于第五批取消和下放管理层级行政审批项目的决定》(国发〔2010〕21号)《互联网文化管理暂行规定》(文化部令第51号)	省文化厅	委托
129	涉外及涉港澳台营业性演出审批		《营业性演出管理条例》(国务院令第528号)《营业性演出管理条例实施细则》(文化部令第47号)《文化部关于做好取消和下放营业性演出审批项目工作的通知》(文市发〔2013〕27号)	省文化厅	委托
130	设置社会艺术水平考级机构审批		《国务院对确需保留的行政审批项目设定行政许可的决定》(国务院令第412号)《社会艺术水平考级管理办法》(文化部令第31号)《国务院关于第五批取消和下放管理层级行政审批项目的决定》(国发〔2010〕21号)	省文化厅	委托

续表

序号	项目	子项	设定依据	实施部门	放权方式
131	艺术品进出口经营活动审批		《国务院对确需保留的行政审批项目设定行政许可的决定》(国务院令第412号)《国务院关于取消和下放一批行政审批项目的决定》(国发〔2013〕44号)《艺术品经营管理办法》(文化部令第56号)	省文化厅	委托
132	港、澳投资者在内地投资设立合作委会、独资经营的演出经纪机构和演出场所经营单位审批		《营业性演出管理条例》(国务院令第528号)《国务院关于取消和下放一批行政审批项目的决定》(国发〔2013〕44号)	省文化厅	委托
133	台湾地区投资者在内地投资设立合资、合作、独资经营的演出经纪机构和演出场所经营单位审批		《营业性演出管理条例》(国务院令第528号)《国务院关于取消和下放一批行政审批项目的决定》(国发〔2013〕44号)	省文化厅	委托
134	港、澳服务提供者在内地设立内地方控投合资演出团体审批		《营业性演出管理条例》(国务院令第528号)《〈内地与香港关于建立更紧密经贸关系的安排〉补充协议九》《〈内地与澳门关于建立更紧密经贸关系的安排〉补充协议九》《国务院关于取消和调整一批行政审批项目等事项的决定》(国发〔2014〕50号)	省文化厅	委托

续表

序号	项目	子项	设定依据	实施部门	放权方式
135	消毒产品生产企业(一次性使用医疗用品的生产企业除外)卫生许可		《中华人民共和国传染病防治法》《国务院对确需保留的行政审批项目设定行政许可的决定》(国务院令第412号)《消毒管理办法》(卫生部令第27号发布,国家卫生和计划生育委员会令第8号修订)	省卫生计生委	委托
136	涉及饮用水卫生安全产品的审批		《中华人民共和国传染病防治法》《国务院对确需保留的行政审批项目设定行政许可的决定》(国务院令第412号)《生活饮用水卫生监督管理办法》(建设部、卫生部令第53号发布,住房城乡建设部、国家卫生和计划生育委员会令第31号修订)《国务院关于取消和下放50项行政审批项目等事项的决定》(国发〔2013〕27号)	省卫生计生委	委托
137	医疗卫生机构承担职业健康检查和职业病诊断的审批		《中华人民共和国职业病防治法》《职业健康检查管理办法》(国家卫生和计划生育委员会令第5号)《职业病诊断与鉴定管理办法》(卫生部令第91号)	省卫生计生委	委托
138	放射卫生技术服务机构资质认定		《中华人民共和国职业病防治法》《卫生部关于印发〈放射卫生技术服务机构管理办法〉等文件的通知》(卫监督发〔2012〕25号)	省卫生计生委	委托

续表

序号	项目	子项	设定依据	实施部门	放权方式
139	放射治疗、核医学建设项目的职业病危害放射防护预评价、控制效果评价、防护设施竣工验收评价审核		《中华人民共和国职业病防治法》《卫生部关于印发〈放射卫生技术服务机构管理办法〉等文件的通知》(卫监督发〔2012〕25号)	省卫生计生委	委托
140	放射诊疗许可		《放射线同位素与射线装置安全和防护条例》(国务院令第449号)《放射诊疗管理规定》(卫生部令第46号发布,国家卫生和计划生育委员会令第8号修订)	省卫生计生委	下放
141	护士执业注册		《护士条例》(国务院令第517号)	省卫生计生委	委托
142	医疗机构设置审批及执业许可(含中医医疗机构)[省级权限医疗机构设置审批及执业许可(含中医医疗机构)除外]	1. 香港特别行政区、澳门特别行政区、台湾地区投资者在内地设置独资医院审核和执业许可 2. 中外合资、合作医疗机构设置审批(含中医医疗机构)	《医疗机构管理条例》(国务院令第149号)《国务院关于取消和下放50项行政审批项目等事项的决定》(国发〔2013〕27号) 《医疗机构管理条例实施细则》(卫生部令第35号)《卫生部、商务部关于印发〈香港和澳门服务提供者在内地设立独资医院管理暂行方法〉的通知》(卫医政发〔2010〕109号)《卫生部、商务部关于印发〈台湾服务提供者在大陆设立独资医院管理暂行办法〉的通知》(卫医政发〔2010〕110号)《中外合资、合作医疗机构暂行办法》(卫生部对外贸易经济合作部令第11号) 《卫生部关于调整中外合资合作医疗机构审批权限的通知》(卫医政发〔2011〕7号)	省卫生计生委	委托

续表

序号	项目	子项	设定依据	实施部门	放权方式
143	医师执业注册和资格认定(含中医)[人体器官移植医师执业资格认定除外]	1. 医师执业注册(含中医) 2. 香港特别行政区、澳门特别行政区、台湾地区医师申请内地医师资格认定 3. 对军队转业、复员或退休移交地方人民政府安置的医师核发《医师资格证书》	《中华人民共和国执业医师法》《国务院关于取消和调整一批行政审批项目等事项的决定》(国发〔2014〕27号)《医师执业注册暂行办法》(卫生部令第5号)《卫生部、国家中医药管理局关于印发〈台湾地区医师获得大陆医师资格认定管理办法〉的通知》(卫医政改〔2009〕32号)《卫生部、国家中医药管理局关于印发〈香港和澳门特别行政区医师获得内地医师资格认定管理办法〉的通知》(卫医政发〔2009〕33号)《卫生部、国家中医药管理局、总政治部干部部、总后勤部卫生部关于做好军队转业、复员或退休移交地方人民政府安置的医师换领地方〈医师资格证书〉工作有关问题的通知》(卫医发〔2003〕130号)	省卫生计生委	委托
144	从事高致病性病原微生物菌(毒)种运输和高致病性病原微生物实验活动批准		《中华人民共和国传染病防治法》《病原微生物实验室生物安全管理条例》(国务院令第424号)《人间传染的高致病性病原微生物实验室和实验活动生物安全审批管理办法》(卫生部令第50号发布,国家卫生和计划生育委员会令第8号修订)《可感染人类的高致病性病原微生物菌(毒)种或样本运输管理规定》(卫生部令第45号)	省卫生计生委	委托

续表

序号	项目	子项	设定依据	实施部门	放权方式
145	职业病诊断医师资格认定		《中华人民共和国职业病防治法》《职业病诊断与鉴定管理办法》(卫生部令第91号)	省卫生计生委	委托
146	医用特殊物品准出入境证明审批		《中华人民共和国国境卫生检疫法》《中华人民共和国国境卫生检疫法实施细则》(国务院令第574号)《出入境特殊物品卫生检疫管理规定》(国家质量监督检验检疫总局令第160号)	省卫生计生委	委托
147	医疗机构制剂品种审批		《中华人民共和国药品管理法》	省食品药品监管局	委托
148	第二类医疗器械产品注册		《医疗器械监督管理条例》(国务院令第650号)	省食品药品监管局	委托
149	第二、三类医疗器械生产企业许可		《医疗器械监管管理条例》(国务院令第650号)	省食品药品监管局	委托
150	药品广告、医疗器械广告、保健食品广告审批		《中华人民共和国药品管理法》《医疗器械监督管理条例》(国务院令第650号)《国务院对确需保留的行政审批项目设定行政许可的决定》(国务院令第412号)	省食品药品监管局	下放
151	药品批发企业GSP认证、药品生产企业GMP认证		《中华人民共和国药品管理法》	省食品药品监管局	委托

续表

序号	项目	子项	设定依据	实施部门	放权方式
152	药品和医疗器械互联网信息服务审批		《互联网信息服务管理办法》(国务院令第292号)	省食品药品监管局	委托
153	药品经营许可证核发(批发)、药品生产许可证核发	1. 药品经营许可证核发(批发)(含麻醉药品和第一类精神药品区域性批发企业经营资格、第一类中药品类易制毒化学品经营、蛋白同化制剂肽类激素批发经营资质的审批) 2. 药品生产许可证核发(含生产第一类中的药品类易制毒化学品审批)	《中华人民共和国药品管理法》《麻醉药品和精神药品管理条例》(国务院令第442号)《易制毒化学品管理条例》(国务院令第445号)《反兴奋剂条例》(国务院令第398号)《国务院关于取消和下放一批行政审批项目的决定》(国发〔2014〕5号)《国务院关于取消和调整一批行政审批项目等事项的决定》(国发〔2014〕50号)	省食品药品监管局	委托
154	部分食品(保健食品、特殊医学用途配方食品、特殊膳食食品,其他食品、食品添加剂)生产许可(婴幼儿配方食品除外)		《中华人民共和国食品安全法》	省食品药品监管局	下放

续表

序号	项目	子项	设定依据	实施部门	放权方式
155	药品委托生产、医疗机构制剂委托配制批准		《中华人民共和国药品管理法》《国务院关于取消和调整一批行政审批项目等事项的决定》(国发〔2014〕27号)《医疗机构制剂配制监督管理办法》(试行)(国家食品药品监督管理局令第18号)	省食品药品监管局	委托
156	麻醉药品、第一类精神药品和第二类精神药品原料药定点生产审批以及第二类精神药品制剂定点生产的核准		《麻醉药品和精神药品管理条例》(国务院令第442号)《国务院关于取消和调整一批行政审批事项的决定》(国发〔2015〕11号)	省食品药品监管局	委托
157	医疗单位放射性药品使用许可证核发		《放射性药品管理办法》(国务院令第25号)	省食品药品监管局	委托
158	申请购买第一类中的药品类易制毒化学品审批		《易制毒化学品管理条例》(国务院令第445号)	省食品药品监管局	委托
159	化妆品生产许可		《化妆品卫生监督条例》(1989年9月26日国务院批准,1989年11月13日卫生部令第3号发布)《国家食品药品监督管理总局关于化妆品生产许可有关事项的公告》(2015年第265号)	省食品药品监管局	委托

续表

序号	项目	子项	设定依据	实施部门	放权方式
160	医疗机构制剂许可证核发		《中华人民共和国药品管理法》	省食品药品监管局	委托
161	企业、企业集团核准登记		《中华人民共和国民法通则》《中华人民共和国公司法》《中华人民共和国公司登记管理条例》(国务院令第156号发布,第451号、第648号修订)《企业法人登记管理条例》(国务院令第1号发布,第588号、第648号修订)	省工商局	下放
162	企业、企业集团核准登记		《中华人民共和国公司登记管理条例》(国务院令第156号发布,第451号、第648号修订)	省工商局	下放
163	外国(地区)企业常驻代表机构核准登记		《外国企业常驻代表机构登记管理条例》(国务院令第584号)	省工商局	委托
164	事业单位广告经营资格审批		《中华人民共和国广告法》	省工商局	下放
165	外国(地区)企业在中国境内从事生产经营活动核准		《国务院对确需保留的行政审批项目设定行政许可的决定》(国务院令第412号)	省工商局	委托

续表

序号	项目	子项	设定依据	实施部门	放权方式
166	计量标准器具核准		《中华人民共和国计量法》	省质监局	下放
167	制造计量器具许可证核发		《中华人民共和国计量法》	省质监局	下放
168	计量器具型式批准		《中华人民共和国计量法》	省质监局	委托
169	承担国家法定计量检定机构任务的授权		《中华人民共和国计量法》	省质监局	下放
170	特种设备维修单位资格认定		《特种设备安全监察条例》(国务院令第549号)	省质监局	下放
171	特种设备使用登记		《特种设备安全监察条例》(国务院令第549号)	省质监局	委托
172	气瓶、罐车充装单位资格认定		《特种设备安全监察条例》(国务院令第549号)	省质监局	委托
173	场(厂)内机动车辆的制造、安装、改造、维修、使用检验许可		《国务院对确需保留的行政审批项目设定行政许可的决定》(国务院令第412号)《特种设备安全监察条例》(国务院令第549号)	省质监局	委托

续表

序号	项目	子项	设定依据	实施部门	放权方式
174	向社会提供公证数据或具有证明作用数据、结果的检验机构资质认定、计量认证		《中华人民共和国计量法》《检验检测机构资质认定管理办法》(国家质量监督检验检疫总局令第163号)	省质监局	委托
175	产品质量检验机构资格认定		《中华人民共和国计量法》	省质监局	委托
176	工业产品生产许可证核发		《中华人民共和国工业产品生产许可证管理条例》(国务院令第440号)《关于公布实行生产许可证制度管理的产品目录的公告》(国家制度监督检验检疫总局2012年第181号公告)	省质监局	委托
177	特种设备设计、制造、安装、改造、检验检测单位资格认定		《中华人民共和国特种设备安全法》《特种设备安全监察条例》(国务院令第549号)《国务院关于取消和下放一批行政审批项目的决定》(国发〔2014〕5号)	省质监局	委托
178	特种设备作业、检验检测人员资格认定		《中华人民共和国特种设备安全法》《特种设备安全监察条例》(国务院令第549号)《国务院关于取消和下放一批行政审批项目的决定》(国发〔2014〕5号)	省质监局	委托

续表

序号	项目	子项	设定依据	实施部门	放权方式
179	制造、销售和进口国务院规定废除的非法定计量单位的计量器具和国务院禁止使用的其他计量器具审批		《中华人民共和国计量法》《国务院关于取消和调整一批行政审批项目等事项的决定》(国发〔2014〕27号)	省质监局	委托
180	音像、电子出版物制作、复制单位设立、变更名称、业务范围,或者兼并、合并、分立审批(须报省新闻出版广电局)		《音像制品管理条例》(国务院令第341号公布,第595号,第645号、第666号修订)《国务院对确需保留的行政审批项目设定行政许可的决定》(国务院令第412号)《国务院关于取消和下放50项行政审批项目等事项的决定》(国发〔2013〕27号)	省新闻出版广电局	委托
181	加工贸易项目下光盘进出口审批(须报省新闻出版广电局)		《国务院关于第三批取消和调整行政审批项目的决定》(国发〔2004〕16号)《音像制品复制管理办法》(新闻出版署令第4号)	省新闻出版广电局	委托
182	数字印刷(含连锁经营)企业设立、变更审批		《印刷业管理条例》(国务院令第315号公布,第666号修订)《新闻出版总署关于印发〈数字印刷管理办法〉的通知》(新出政发〔2011〕2号)	省新闻出版广电局	委托

续表

序号	项目	子项	设定依据	实施部门	放权方式
183	设立出版物批发企业及变更《出版物经营许可证》登记事项,或者兼并、合并、分立审批		《出版管理条例》(国务院令第 343 号公布,第 594 号、第 638 号、第 653 号、第 666 号修订)	省新闻出版广电局	委托
184	广播电视站(乡镇、机关、部队、团体、企事业单位)设立许可(须报省新闻出版广电局)		《广播电视管理条例》(国务院令第 228 号公布,第 645 号修订)《广播电视站审批管理暂行规定》(国家广播电影电视总局令第 32 号)	省新闻出版广电局	委托
185	电影发行单位设立、变更业务范围或者兼并、合并、分立审批		《电影管理条例》(国务院令第 342 号)《电影企业经营资格准入暂行规定》(国家广播电影电视总局、商务部令第 43 号)	省新闻出版广电局	委托
186	外商投资电影院电影放映经营许可(须报省新闻出版广电局)		《电影管理条例》(国务院令第 342 号)《外商投资电影院暂行规定》(国家广播电影电视总局、商务部、文化部令第 21 号发布,国家新闻出版广电总局令第 3 号修订)	省新闻出版广电局	委托

续表

序号	项目	子项	设定依据	实施部门	放权方式
187	地方对等交流互办单一国家电影展映活动审批（须报省新闻出版广电局）		《电影管理条例》（国务院令第342号）《国务院关于取消和下放50项行政审批项目等事项的决定》（国发〔2013〕27号）	省新闻出版广电局	委托
188	电影制片单位设立、变更、终止审批		《电影管理条例》（国务院令第342号）《国务院关于取消和调整一批行政审批项目等事项的决定》（国发〔2014〕27号）	省新闻出版广电局	委托
189	安全生产许可证核发	1. 非煤矿山企业安全生产许可证核发 2. 危险化学品企业安全生产许可证核发 3. 烟花爆竹生产企业安全生产许可证核发	《安全生产许可证条例》（国务院令第397号）	省安全监管局	委托
190	生产、经营第一类中的非药品类易制毒化学品审批		《易制毒化学品安全管理条例》（国务院令第445号）	省安全监管局	委托
191	生产、储存危险化学品建设项目安全条件审查		《危险化学品安全管理条例》（国务院令第591号）	省安全监管局	下放

续表

序号	项目	子项	设定依据	实施部门	放权方式
192	乙级安全评价、安全生产检测检验机构资质认定(煤矿除外)		《中华人民共和国安全生产法》《安全生产检测检验机构管理规定》(国家安全生产监督管理总局令第12号)《安全评价机构管理规定》(国家安全生产监督管理总局令第22号)	省安全监管局	委托
193	非煤矿山、金属冶炼建设项目和用于生产、储存、装卸危险物品建设项目安全设施设计审查		《中华人民共和国安全生产法》《陕西省安全生产条例》	省安全监管局	下放
194	职业卫生技术服务机构乙级资质认定		《中华人民共和国职业病防治法》《职业卫生技术服务机构监督管理暂行办法》(国家安全生产监督管理总局令第50号)	省安全监管局	委托
195	特种作业人员(除煤矿外)操作资格认定		《中华人民共和国安全生产法》《特种作业人员安全技术培训考核管理规定》(国家安全生产监督管理总局令第30号)	省安全监管局	委托
196	国有、非国有收藏单位和其他单位借用国有馆藏文物审批		《中华人民共和国文物保护法》	省文物局	委托

续表

序号	项目	子项	设定依据	实施部门	放权方式
197	省级文物保护单位修缮计划许可		《中华人民共和国文物保护法》《陕西省文物保护条例》	省文物局	委托
198	境外机构和团体拍摄考古发掘现场审批		《国务院对确需保留的行政审批项目设定行政许可的决定》(国务院令第412号)《国务院关于取消和调整一批行政审批项目等事项的决定》(国发〔2014〕27号)	省文物局	委托
199	国外公民、组织和国际组织参观未开放的文物点和考古发掘现场的审批		《中华人民共和国考古涉外工作管理办法》(1990年12月31日国务院批准，1991年2月22日国家文物局令第1号发布施行)《国务院关于取消和调整一批行政审批项目等事项的决定》(国发〔2014〕27号)	省文物局	委托
200	外商投资旅行社业务许可		《旅行社条例》(国务院令第550号)《国务院关于取消和调整一批行政审批项目等事项的决定》(国发〔2014〕27号)	省旅游局	委托
201	旅行社业务经营许可		《中华人民共和国旅游法》《旅行社条例》(国务院令第550号)《陕西省人民政府关于取消和调整一批行政审批项目的决定》(陕政发〔2015〕6号)	省旅游局	委托

续表

序号	项目	子项	设定依据	实施部门	放权方式
202	因地质、地形、施工条件等原因不能修建防空地下室申请易地建设审批		《中华人民共和国人民防空法》《陕西省实施〈中华人民共和国人民防空法〉办法》	省人防办	下放
203	人防工程(含结合地面建筑修建的防空地下室)项目的立项、拆除审批及设计文件审核		《中华人民共和国人民防空法》《陕西省实施〈中华人民共和国人民防空法〉办法》	省人防办	下放
204	人民防空工程设计、监理乙级及以下资质认定		《国务院对确需保留的行政审批项目设定行政许可的决定》(国务院令第412号)《国务院关于第六批取消和调整行政审批项目的决定》(国发〔2012〕52号)《国家人民防空办公室关于印发〈人防工程设计行政许可资质管理办法〉的通知》(省人防〔2013〕417号)《国家人民防空办公室关于印发〈人防工程监理行政许可资质管理办法〉的通知》(国人防〔2013〕227号)	省人防办	委托
205	民用爆炸物品安全生产许可		《安全生产许可证条例》(国务院令第397号)《民用爆炸物品安全管理条例》(国务院令第466号)《民用爆炸物品安全生产许可实施办法》(国防科工委令第17号)《国务院关于取消和下放一批行政审批项目的决定》(国发〔2014〕5号)	省国防科工办	委托

续表

序号	项目	子项	设定依据	实施部门	放权方式
206	民用爆炸物品销售许可		《民用爆炸物品安全管理条例》(国务院令第466号)《民用爆炸物品销售许可实施办法》(国防科学技术工业委员会令第18号)	省国防科工办	委托
207	粮食收购资格认定		《粮食流通管理条例》(国务院令第407号)《国务院关于进一步深化粮食流通体制改革的意见》(国发〔2014〕17号)	省粮食局	委托
208	食盐批发许可证核发		《食盐专营办法》(国务院令第197号发布,第645号修订)《陕西省盐业条例》	省盐务管理局	委托
209	从事测绘活动的单位(乙级以下)资质认定		《中华人民共和国测绘法》《国家测绘地理信息局关于印发测绘资质管理规定和测绘资质分级标准的通知》(国测管发〔2014〕31号)	省测绘地理信息局	委托
210	建立相对独立的平面坐标系统审批		《中华人民共和国测绘法》	省测绘地理信息局	委托
211	国家永久性测量标志拆迁审批		《中华人民共和国测绘法》	省测绘地理信息局	委托
212	地图审核		《中华人民共和国地图编制出版管理条例》(国务院令第180号)《国务院对确需保留的行政审批项目设定行政许可的决定》(国务院令第412号)	省测绘地理信息局	委托

续表

序号	项目	子项	设定依据	实施部门	放权方式
213	融资性担保机构的设立与变更审批		《国务院关于修改〈国务院对确需保留的行政审批项目设定行政许可的决定〉的决定》(国务院令第548号)《融资性担保公司管理暂行办法》(中国银监会、国家发展改革委、工业和信息化部、财政部、商务部、中国人民银行、国家工商行政管理总局令2010年第3号)	省金融办	委托
214	小额贷款公司的设立与变更审批		《中国银监会关于小额贷款公司试点的指导意见》(银监发〔2008〕23号)《陕西省人民政府办公厅关于扩大我省小额贷款公司试点的指导意见》(陕政办发〔2008〕23号)《陕西省人民政府办公厅关于扩大我省小额贷款公司试点的指导意见》(陕政办发〔2008〕108号)	省金融办	委托
215	除国务院或国务院金融管理部门批准以外及名称中含交易所字样的各类交易场所的批准设立		《国务院办公厅关于清理整顿各类交易场所的实施意见》(国办发〔2012〕37号)《陕西省人民政府关于取消和下放41项行政审批项目的决定》(陕政发〔2014〕13号)	省金融办	委托
216	事业单位登记管理		《事业单位登记管理暂行条例》(国务院令第411号)	省编办	委托

续表

序号	项目	子项	设定依据	实施部门	放权方式
217	对纳税人延期缴纳税款的核准		《中华人民共和国税收征收管理法》	省地税局	下放

陕西省人民政府关于印发“十三五”建设内陆改革开放新高地规划的通知

陕政发〔2017〕21 号

各设区市人民政府，省人民政府各工作部门、各直属机构：

现将《陕西省“十三五”建设内陆改革开放新高地规划》印发给你们，请认真贯彻执行。（此件公开发布）

陕西省人民政府

2017 年 6 月 20 日

陕西省“十三五”建设内陆改革开放新高地规划

“十三五”时期是全面建成小康社会的决胜阶段，也是陕西建设内陆改革开放新高地实现追赶超越的关键时期。根据《陕西省国民经济和社会发展第十三个五年规划纲要》，特制定本规划。

第一章　发展环境

当前，全球经济在深度调整中逐渐复苏，发达国家再工业化战略的实施，倒逼我们要加快推进改革开放。新一轮科技革命和产业变革加速推进，国家“一带一路”战略深入实施，创新型省份和自贸试验区建设加快推进，我省诸多领域发展纳入国家战略，具有多项政策叠加利好。经过多年发展，陕西已站上了新的起点，区位、科教、能源、文化、军工等比较优势日益显现，全省经济增长保持强劲势头，经济结构调整步伐加快,内生活力不断释放,全面深化改革为经济社会发展汇聚新动能,制约经济社会发展的深层次体制机制问题正在逐步破解,这些都为"十三五"建设内陆改革开放新高地提供了有力支撑。但陕西建设内陆改革开放新高地仍面临更加激烈的市场竞争和前甩后追的严峻形势。主要是开放型经济产业基础不强,要素配置效率不高,市场主体活力不足,金融服务实体经济能力不强,资源环境约束加剧,国际化发展水平仍然偏低,脱贫攻坚任务艰巨。为此,建设内陆改革开放新高地,既是弥补发展短板最紧迫的任务,也是实施追赶超越的战略选择;既是服务国家战略的使命担当,也是落实"五个扎实"的重要路径,应该作为"十三五"和今后一个时期陕西经济社会发展的主战略。

第二章　总体思路和目标

第一节　总体思路

全面贯彻党的十八大和十八届三中、四中、五中、六中全会精神,深入学习贯彻习近平总书记系列重要讲话精神和治国理政新理念新思想新战略,统筹推进"五位一体"总体布局和协调推进"四个全面"战略布局,认真贯彻省第十三次党代会精神,紧扣追赶超越定位和"五个扎实"要求,围绕培育新动能、构筑新高地、激发新活力、共建新生活、彰显新形象的"五新"战略任务,坚持市场化导向完善体制、国际化视野引领开放、系统化思维统筹谋划,深度融入"一带一路"大格局,以自贸试验区建设为核心,深化重点领域改革,构建开放型经济体制,强化产业创新发展路径,推进生态文明建设,以改革创新促进全面开放,以全面开放助推追赶超越,把陕西建成资源配置能力强、体制机制活、服务效能高的内陆改革开放新高地。

第二节　战略定位

打造"一带一路"核心区。推进与丝路沿线国家和地区全方位、多领域的互利合作和共赢发展,建设深化欧亚开放合作的重要战略合作区。建设融汇多元文化的重要平台,构筑代表中国特色的文化高地,传统文化与现代文明交相辉映。深化金融改革和开放合作,建设"一带一路"区域性金融中心,着力打造能源金融、科技金融、文化金融和离岸金融新高地。深化国际旅游合作,打造特色旅游品牌,建设国际一流文化旅游中心。

打造高水平自贸试验区。将自由贸易试验区建设作为对外开放的重要引擎,以制度创新为核心,加大西部地区门户城市开放力度,开创内陆省份与“一带一路”沿线国家经济合作和人文交流新模式,建成投资贸易便利、高端产业聚集、金融服务完善、人文交流深入、监管高效便捷、法治环境规范的自由贸易试验区,打造引领内陆地区开发开放高水平、高层次的新平台。

打造军民融合深度发展示范区。以建设军民融合创新示范区为契机,加快布局一批军民融合重点项目,搭建“军工+”平台,形成全要素、多领域高效益的军民融合新格局,着力突破制约军民融合的体制性障碍、结构性矛盾、政策性问题,增强军民一体化的基础保障和协同应急能力。

打造全面深化改革先行区。以推进供给侧结构性改革为主线,以经济体制改革为牵引全面深化各领域改革,部分领域改革走在全国前列。以建设创新型省份、西安全面创新改革试验区、西安高新区国家自主创新示范区等国家战略为引领,推动要素驱动发展为主向创新驱动为主转变,打造具有陕西特色的改革创新品牌。

打造区域特色发展引领区。以产业为支撑,坚持“强关中、稳陕北、兴陕南”,通过区域间基础设施互联互通、产业分工协作、城镇化综合体系建设,推动三大区域协调发展,区域开放格局不断优化。国际产能合作中心地位凸显,建成全国领先的高端能源化工产业基地、先进制造业基地、高新技术产业基地、国际航空枢纽和国内一流的航空服务基地,培育新一代信息技术产业高地,建设现代农业高技术产业基地,着力打造国家生态安全新屏障,做到生态环境保护、产业发展和新型城镇化同步推进。

第三节 主要目标

到2020年,陕西在区域发展中的辐射和带动作用进一步增强,促进内陆地区融合发展和服务全国改革开放的作用更加明显。市场配置资源的决定性作用充分发挥,供给侧结构性改革取得明显突破,行政审批事项大幅缩减,基本形成与开放型市场经济相适应的政府管理制度。市场主体活力不断增强,国企改革走在西部地区前列,非公经济增加值占GDP比重达到58%,形成服务实体经济发展的金融开放创新制度。高效的开放型体制机制基本构建,外商直接投资和对外投资年均增长10%和15%,进出口总额突破600亿美元,经济外向度达到15%以上,外贸依存度提高约3个百分点左右。将中国(陕西)自贸试验区建成全面改革开放试验田、内陆型改革开放新高地、“一带一路”经济合作和人文交流重要支点,形成宽领域、多层次、高水平的全面开放新格局。产业转型升级迈上新台阶,创新驱动发展走在全国前列,战略性新兴产业占比达到15%,服务业增加值占比达到45%,科技成果转化能力进一步提升,研发经费投入强度达到2.6%,科技进步贡献率达到60%以上。人民生活水平和质量进一步提升,城乡居民人均可支配收入力争赶上全国平均水平,县域经济活力持续增强,新型城市群竞争力显著提高,脱贫攻坚任务全面完成。生态环境质量总体改善,宜居环境更加美好,民主法治建设持续加强,陕西经济社会发展的质量和效益内陆领先,走在内陆改革开放前沿,成为引领和带动内陆地区发展的新高地。

表1 陕西建设内陆改革开放新高地主要指标体系

<table>
<tr><th>类别</th><th colspan="2">指标名称</th><th>2015年</th><th>2020年</th><th>年均增长(%)</th></tr>
<tr><td rowspan="6"></td><td colspan="2">全省市场主体数量(万家)</td><td>196</td><td>280</td><td>-</td></tr>
<tr><td colspan="2">非公经济增加值占GDP比重(%)</td><td>53.4</td><td>58</td><td>-</td></tr>
<tr><td colspan="2">混合所有制经济占比(%)</td><td></td><td>>50</td><td>-</td></tr>
<tr><td colspan="2">上市公司数量(家)</td><td>43</td><td>53</td><td>-</td></tr>
<tr><td rowspan="2">城镇化</td><td>常住人口城镇化率(%)</td><td>53.9</td><td>60</td><td>-</td></tr>
<tr><td>户籍人口城镇化率(%)</td><td>44</td><td>50</td><td>-</td></tr>
<tr><td rowspan="5"></td><td colspan="2">科技进步贡献率(%)</td><td>55</td><td>>60</td><td>-</td></tr>
<tr><td colspan="2">研发经费占GDP比重(%)</td><td>2.1</td><td>2.6</td><td>-</td></tr>
<tr><td colspan="2">大中型工业企业研发经费支出占主营业务收入比重(%)</td><td>1.0</td><td>1.5</td><td>-</td></tr>
<tr><td colspan="2">战略性新兴产业增加值占GDP比重</td><td>10.1</td><td>15</td><td>-</td></tr>
<tr><td colspan="2">万人发明专利拥有量(件)</td><td>5.42</td><td>10</td><td>10以上</td></tr>
<tr><td rowspan="3"></td><td colspan="2">城镇居民人均可支配收入(元)</td><td>26420</td><td>45000</td><td>9</td></tr>
<tr><td colspan="2">农村居民人均可支配收入(元)</td><td>8689</td><td>15000</td><td>10以上</td></tr>
<tr><td colspan="2">农业转移人口落户城镇数(万人)</td><td>[600]</td><td>[1000]</td><td>-</td></tr>
</table>

续表

类别	指标名称	2015 年	2020 年	年均增长(%)
	进出口总额(亿美元)	304.4	600	15
	旅游外汇收入(亿美元)	16	28	11.84
	实际利用外资(亿美元)	46	70	10
	外贸依存度(%)	10.4	13	-
	入驻世界 500 强企业数(个)	112	>150	-
	实际对外投资(亿美元)	6.66	10	15

注:[ ]表示累计数,指标均为预期性。

第三章　深化重点领域改革

将全面深化改革贯穿于内陆改革开放新高地建设全局,围绕使市场在资源配置中起决定性作用和更好发挥政府作用,以经济体制改革为牵引深化重点领域和关键环节改革,以体制机制改革激发新活力。

第一节　推进供给侧结构性改革

以供给侧结构性改革为主线推进经济转型升级,重点围绕提高供给体系质量和效率优化要素配置、调整生产结构,完成好"三去一降一补"重点任务,综合运用多种方式,引导社会资本参与传统行业技术改造和企业重组,推进僵尸企业有序退出。着力化解房地产库存,建立购租并举、市场配置与政府提供基本保障相结合的住房制度。提高金融服务实体经济质量效率,支持金融机构通过债转股、不良资产证券化等方式依法持有企业股权,扩大企业直接融资规模,积极稳妥降低企业杠杆率。培育和发展信用服务市场。实施降本增效行动,降低企业在行政审批、税费、用工、融资、要素、物流等方面的成本。围绕补齐制约发展的关键短板,实施创新驱动、改革开放、民营促进、服务升级、生态文明、收入倍增、脱贫攻坚、新型城镇化、区域协同、金融创新十大战略。

第二节　加快行政体制改革

优化政府机构职能,创新政府管理方式,建立与国际高标准投资和贸易规则体系相适应的行政管理体系。深化"放管服"改革,健全各级政府权力清单、责任清单,不断精简行政审批事项,强化事中事后监管,不断提高政府服务效能。加快行政垄断行业改革,进一步放宽行业准入,落实企业投资项目核准和备案管理办法,全面实行投资项目审批监管线上运行,推进行政许可目录管理制度。加快建设智慧政务云平台,健全、完善、规范市县镇特别是县镇服务大厅。深化商事制度改革,推进企业登记“五证合一、一照一码”、个体工商户登记“两证整合”,实施各类经营许可证负面清单管理。积极推进“证照分离”改革试点,营造宽松便捷的市场准入环境。加快推进政事政社分开,完善政府购买服务制度体系。开展行政区划及开发区体制机制创新,优化开发区与行政区的管理范围和事权关系,促进开发区整合优化发展,提高开发区行政管理效能。理顺“大西安”管理体制机制,加快推进西咸一体化。推动彬县、南郑等具备条件的县改市设区,实施经济发达镇行政管理体制改革和特大镇设市模式创新改革试点,深化韩城省内计划单列市等改革试点,加快神府板块建设,打造陕北地区新的增长极。

第三节　深化国资国企改革

以做强做优做大国有企业为目标,优化布局结构,加快推动产业和产品结构调整,大力推动重组整合,聚集主业发展。以管资本为主加强国有资产监管,提升国有资本运营效率。积极稳妥引导国企从竞争性低端传统产业退出,推动僵尸企业、经营困难国企通过合理途径退出。改革国有资本授权经营体制,组建一批资本实力足、产业布局优、运营效率高、竞争能力强的国有资本投资、运营公司,探索开展政府直接授权的国有资本投资运营公司试点,搭建国有资本市场化运作和国有资产流动专业平台。稳步将省级党政机关、事业单位所属企业和转企改制国有资本纳入经营性国有资产集中统一监管,建立健全国有资本形态转换机制。积极稳妥发展混合所有制经济,选择一批国有企业开展混合所有制改革试点和混合所有制企业员工持股试点。推进国有企业分类管理,建立健全公司法人治理结构,重点规范企业董事会建设,推行企业领导人任期制和契约化管理,探索建立职业经理人制度,深化企业内部三项制度改革,合理确定和规范企业负责人薪酬水平和履职待遇。剥离企业办社会职能,加快推动“三供一业”分离移交。推进国有企业改制上市,不断提高直接融资比重。“十三五”末全省混合所有制经济占比超过50%。划转部分国有资本充实社会保障基金,提高国有资本收益上缴公共财政比例,2020年达到30%。

第四节 加快农村综合改革

推进农业供给侧结构性改革,稳妥推进土地所有权、承包权、经营权“三权分置”和土地经营权流转改革,统筹推进农村集体资产确权到户和股份合作制改革,推进资源变股权、资金变股金、农民变股东。完成农村土地承包经营权确权登记颁证工作,构建以县级农村产权交易中心为重点的产权流转交易市场。开展城乡统一建设用地市场改革试点,稳步推进农村承包土地经营权和农民住房财产权抵押贷款,鼓励农民宅基地有偿使用和退出。2019 年建立健全农村集体资产管理制度和监管机制。加快培育家庭农场、专业大户、农民合作社、农业产业化龙头企业等新型农业经营主体,逐步扩大土地经营权入股农业产业化经营试点,推进农村一二三产业融合发展。深化种业体制改革,推动粮食、肉羊、果业等品种培育取得新突破,着力打造现代“种业硅谷”。推进供销合作社综合改革,加快全省农村信用社改革改制重组步伐,支持秦农银行等金融机构通过控股、参股等方式整合省内外农村金融资源,打造跨区域、现代化商业银行集团,支持陕西省农业信贷融资担保公司建立省市县农业信贷担保体系,2020 年实现村镇银行县域全覆盖。加大城乡社区投入力度,加强和创新农村社会治理,健全农村基层民主制度。

第五节 推动要素市场化改革

创新政府配置资源方式,大幅度减少政府对资源的直接配置,建立自然资源、经济资源、社会事业资源科学、合理、规范配置的长效机制。放宽市场准入,实行全国统一的市场准入负面清单管理制度。积极推进土地、电力、天然气、水等要素市场建设,深化公共资源交易体制改革,建立全省统一的公共资源交易平台。深化重点领域价格改革,将政府定价范围主要限定在重要公用事业、公益性服务和网络型自然垄断环节。加快自然资源及其产品价格改革,建立主要由市场决定自然资源及其产品价格的机制。推进电力体制改革,完善股份制的陕西省电力交易中心,建立售电侧有效竞争机制,推进售电公司参与电力市场交易。稳步推进油气体制改革,推动食盐生产批发管理体制、政府定价机制、储备体系等改革。加快推进交通运输、环境、医疗、公用事业和公共服务等领域价格改革。

第六节 推进财税投融资体制改革

实施全面规范、公开透明的预算制度,继续推进零基预算,完善项目库管理和绩效管理,推进财政专项资金管理改革,合理划分市与区县的事权和支出责任,建立事权与支出责任相适应的财政体制。加快推进资源税、环境保护税改革,深化国税地税征管体制改革,完善地方税收制度。构建边界清晰、决策科学、监管有力的政府投资体制和便利化、多样化、市场化的融资机制,建立完善企业自主决策、融资渠道畅通、职能转变到位、政府行为规范、宏观调控有效、法治保障健全的新型投融资体制。创新对外合作的投融资机制,为省内企业走出去和重点项目合作提供更多投融资支持。在国家级新区、开发区推行企业备案类投资项目承诺制试点。整合政府引导性资金,提高财政资金以股权投资、投资基金等方式安排比例,发展众创众筹、创投基金、天使基金等,放大政府投资效应。以市场化方式加快设立丝路能源、成长性企业引导、贫困地区产业发展等一批基金。重点在环境治理、基础设施、公共服务等领域,推广政府和社会资本合作(PPP)模式,创新政府和社会资本合作项目收益和分配机制。

第七节　创新城镇化发展体制机制

以西安为核心,将关中城市群打造为具有国际竞争力的新型城市群,增强宝鸡、渭南、榆林、汉中聚集辐射功能,提升延安、安康、商洛等城市吸纳农业转移人口能力,培育沿黄生态城镇带和沿汉江城镇带。统筹开展新型城镇化综合试点、产城融合示范区及国家中小城市综合改革试点,深化榆林市、富平县“多规合一”试点,编制省域空间规划。大力发展县域经济,出台支持县域经济发展和城镇建设意见,加大扩权赋能力度,构建以县城为龙头、以中心城镇为支撑、以特色镇为节点、以农村新型社区为基础的县域新型城镇化发展格局,重点培育15个县城发展为市域副中心城市,形成一批特色农业大县、新型工业强县、魅力旅游名县。加快培育蔡家坡等一批镇级小城市,在公共服务均等化、城市管理方式、投融资体制创新、产城融合、土地制度改革等方面探索路径。将35个省级重点示范镇打造成县域副中心,到2020年打造100个运用市场化手段吸引社会资本参与建设的特色小镇。持续推进美丽乡村建设和农村人居环境改善,完善城乡一体化发展体制机制,全面放开建制镇和小城市落户限制,允许非户籍人口在就业地落户,全面实行居住证制度,改革完善西安市市辖区落户政策,有序推进农村转移人口就近市民化,2020年农业转移人口落户城镇数累计达到1000万人。

第八节　深化社会民生领域改革

深化收入分配制度改革,落实城乡居民收入倍增计划,加强区域、行业收入分配调节,发挥税收、社保、转移支付等调节分配的作用。增加城乡居民财产性收入,全面推进机关事业单位养老保险制度改革,发展职业年金、企业年金、商业养老保险。逐步扩大服务业开放领域,有序推动金融、教育、文化、医疗等服务业向民企和外资开放。加快推进普惠性幼儿园和义务教育,促进优质教育资源配置均衡化,提高国际教育合作层次和水平,推进新丝绸之路大学联盟,有效提升合作机构和智库联盟的国际影响力。以健康陕西建设为统领,加大健康城市创建工程。加快推进公立医院改革,完善分级诊疗制度,推广医疗联合体、医疗集团,推行医疗服务县镇一体化,鼓励社会资本举办医疗机构。改革社会组织管理制度,开展行业协会商会与行政机关脱钩改革。加强社会治理基础制度建设,建立统一社会信用代码制度,全面推进政务诚信、商务诚信、社会诚信和司法公信建设。建立统一开放的人力资源市场体系,实施项目带动就业战略,健全就业扶助机制,加快就业信息化建设,改革公共就业服务手段,加强就业援助与公共就业服务,做好"去产能"分流人员、农村转移劳动力、高校毕业生、退役军人等重点群体就业工作,完善劳动者终身职业培训体系。完善临时救助、医疗救助和城乡特困人员供养制度。积极支持农民工返乡就业,加快推进韩城、子长、平利、紫阳等 9 个国家级农民工返乡创业试点建设。

全力脱贫攻坚。按照精准扶贫、精准脱贫要求,将扶贫攻坚与新型城镇化、新农村建设、特色产业发展结合起来,因地制宜推广"企业 + 合作社 + 贫困户"等模式,实施生态扶贫,推进产业发展与扶贫开发深度融合,加快在贫困地区建设一批特色产业基地。完善就业扶贫、教育扶贫、健康扶贫、兜底扶贫等措施,促进农村最低生活保障制度与扶贫开发政策有效衔接。加快推进易地扶贫搬迁,以增加贫困人口收入和改善基本生活条件为目标,统筹工农业园区、重点镇建设、保障性住房、农村危房改造等工作。推动基础设施和公共服务配套工程,加快实施秦巴山、六盘山、吕梁山三个国家级特困连片地区和黄河沿岸土石山区、白于山区两个省级片区区域发展和扶贫攻坚规划,深入实施陕甘宁、川陕革命老区振兴计划,加快革命老区脱贫致富步伐。积极引导贫困地区"能人"致富带富,形成全社会共同推进脱贫攻坚的强大合力,全力完成脱贫攻坚任务。

专栏1:重大改革工程

行政体制改革	建立各级政府权力清单和责任清单,2018年开展市场准入负面清单管理制度改革。建好用好投资项目在线审批监管平台、信用信息共享平台、公共资源交易平台和价格举报信息平台。推进省属事业单位机构精简整合,进一步清理规范涉企事业单位行政性收费。建立完善政府购买服务体系。推进企业登记"五证合一、一照一码"、个体工商户登记"两证合一",探索"证照分离"改革试点。
新型城镇化改革	打造黄河沿岸区域、渭北台塬区域、渭河北岸区域、陕晋蒙毗邻区域和汉江上游区域五大重点板块,争取彬县、子长、黄陵、南郑、凤翔等撤县设区(市)。抓好全省新型城镇化综合试点,渭南国家级中小城市综合改革试点。加快蔡家坡、庄里、大柳塔、恒口等镇级小城市培育试点工作。建设100个空间布局合理、产业特色鲜明、体制机制灵活、生态环境优美、公共服务完善的特色小镇。
国资国企	开展省能源集团、有色集团、金控集团等改组或组建国有资本投资、运营公司试点,推进经营性国有资产统一监管;打造3–5户具有国内、国际影响力的千亿级企业集团;4–5户五百亿级国内龙头企业集团;7–8户具有国内竞争优势的百亿级企业集团,力争10户企业进入全国500强行列,3–4户企业进入世界500强。"十三五"新增上市公司10户,每个国有集团公司至少有1户上市公司。力争到2020年,国有资本收益上缴公共财政比例达到30%。
发展混合所有制经济	开展混合所有制改革试点,力争到2020年全省混合所有制经济占比达到50%。鼓励若干有条件的私营企业建立现代企业制度,在有条件的科技类企业探索员工持股。在石油、电力、资源开发等领域推出一批吸引非国有资本参与的项目,积极推广政府和社会资本合作PPP模式。
农村综合改革	2017年全面完成宅基地和集体建设用地使用权确权登记颁证工作,全面建立县级农村土地流转服务中心和全省统一的农村产权交易信息平台。开展农民土地经营权和宅基地有偿退出试点及农民住房财产权抵押贷款试点。在西安市高陵区开展"发展农民股份合作赋予农民集体资产股份权能改革"试点。2020年前完成全省农村信用社改制为农村商业银行。
能源价格改革	加快推进能源领域价格市场化,推进输配电价改革试点,在韩城、富平等地的经济开发园区、产业园区开展售电侧改革试点,推动竞争性业务和竞争环节向社会资本放开。加快天然气价格改革,建立天然气交易市场,推动完善油气价格机制,推进食盐定价机制改革。

续表

生态文明体制改革	全面实施大气污染、水污染和土壤污染防治行动计划,推行排污许可制度,积极探索区域生态补偿办法。加快实施能效领跑者制度,在延安开展自然资源资产负债表编制试点工作,在榆林、富平推进国家级"多规合一"试点,开展领导干部环境保护责任离任审计试点和环境污染第三方治理试点。建设大熊猫、秦岭、黄河、桥山国家公园。

第四章 构建开放型经济新体制

抓住全球产业布局新机遇,坚持东西并重、内外并举,以建设高水平自贸试验区为抓手全面拓展开放的广度和深度,加快"引进来"与"走出去"步伐,建立开放型经济新体制,培育全面开放竞争新优势。

第一节 优化全面开放新格局

抓住开放型内陆省份建设的契机,以能源开采加工业、高端制造业、商贸旅游和现代农业等优势产业为依托,加强与"一带一路"沿线国家互补发展和相互合作。对接海上丝绸之路,融入中国－中南半岛、中巴、孟中印缅等经济走廊,深化与港澳台、东盟地区合作。依托比较优势,加快向北开放,扩大与蒙古、俄罗斯等国家经贸合作。深化省际交流合作,积极参与全国区域合作大格局,建立政府部门间的定期协商机制,完善区域间交通、能源、产业、信息、科技等重点专题合作机制。推动呼包银榆能源经济区、汉江生态经济带,共建晋陕豫黄河金三角,打造内陆新型增长极。加强与京津冀、长江经济带、泛珠三角、成渝等经济区的经济技术交流,拓展合作领域和层次,承接产业转移,实现合作共赢。打造区域特色发展引领区。以大西安为核心引领开放,加快西安国家中心城市建设,多轴线、多中心、多组团完善大西安规划,优化产业布局,拉大城市骨架,拓展发展空间,创建开放型城市。进一步提高西安区域板块和产业布局的国际化水平,推进城市功能和发展环境的国际化,建立与国际市场对接的外事、金融、咨询、公共设施等服务体系,推进在丝绸之路沿线重要节点城市设立办事机构。引导西咸新区、西安高新区、西安经开区、国际港务区等板块错位发展、集成优势,积极承接国际高端产业转移。利用西安综合保税区、西安高新综合保税区等政策优势,引进加工贸易龙头企业。增强宝鸡、渭南开放辐射带动作用,推动关中地区产业布局、城乡规划、基础设施、公共服务一体化。陕北加快高端能源化工产业基地建设,促进第三产业高速增长,全面提升产业竞争力和区域辐射力,打造"一带一路"能源开发合作高地,统筹资源开发、环境保护和水源建设,支持榆林打造陕甘宁蒙晋接壤区四化同步、开放创新、充满活力的区域中心城市。陕南突出绿色循环发展,呼应长江经济带战略,探索生态环境保护与经济社会融合发展模式,建设"秦巴明珠"生态旅游城市。

进一步发挥好开发区开放的重要载体和改革创新试验基地的作用。统筹规划各类开发区产业布局、交流合作、机制创新等,引导各级各类开发区推进科技创新、模式创新、制度创新,加快开发区产业结构优化,促进开发区开放型经济发展。以西安高新区、西安经开区、阎良航空产业基地和宝鸡高新区等省内开发区为依托,承接技术密集型产业,提升省级以上开发区国际化合作水平。引导宝鸡、咸阳、渭南、榆林、汉中、安康等国家级开发区打造现代产业基地,加速培育产业、区位、营商环境和规则标准等综合竞争优势,形成一批开放型经济新体制的先行区。科学有效促进县域工业园区稳步、健康、持续发展。

第二节　加强国际产能合作

重点围绕"一带一路"国家战略,推进能源化工、装备制造、有色冶金、基础设施、现代农业等优势领域国际产能合作,建设融入全球产业链、供应链、价值链的国际产能合作中心。发挥我省勘探开发和加工转化优势,进一步提高海外能源权益储量,积极参与欧美、新兴市场国家和地区水电、风电、光伏等新能源项目的投资建设。支持陕汽、法士特、陕鼓等优势装备制造企业在"一带一路"沿线国家布局设点,促进省内优势技术和产能输出。鼓励更多有实力的企业开展境外基础设施投资和能源资源等合作,在中亚、非洲、拉美等基础设施建设滞后的国家和地区,采取绿地投资、并购投资、证券投资、联合投资等多种方式与输变电工程、火电等基础设施项目建设。支持省内建材、水泥、钢铁等行业到沿线国家开展投资合作,带动省内设备、材料和服务"走出去"。支持西安高新区与美国硅谷、德国海德堡、中国台湾新竹等地建立稳定合作关系。加强境外经贸合作区、产业集聚区、农业合作区、跨境经济合作区等园区建设,开启"两国双园"国际产能合作新模式,推动与周边国家共建能源化工、电子信息、先进制造、航空航天、有色冶金等一批特色产业园区,争取将中韩产业合作园区、中俄丝绸之路创新园、中意航空谷、中吉空港经济产业园等建成具有重大示范意义的国际合作产业园区。打造国际产能合作绿色产业园区,鼓励龙头绿色低碳企业“走出去”。

紧扣国家产业发展方向和陕西结构调整需求,积极引进处于全球价值链高端的龙头企业,吸引一批世界500强企业、行业领军企业入陕投资。引进西欧、中欧为主的丝路沿线掌握核心技术和人才、掌控较大市场空间的企业来陕参与企业合作经营、投资入股。加强新一代通信网络技术研发合作,提升企业技术水平和创新能力,大力发展软件及服务外包、服务企业境外投资与合作、会展、物流、旅游、文化、中医药服务等重点领域的服务贸易,不断提高服务贸易比重。依托杨凌现代农业国际合作中心建设,深化与丝路沿线国家的农业合作交流,积极争取在哈萨克斯坦、吉尔吉斯斯坦等国建设现代农业合作园区和基地,加强干旱半干旱地区农业国际合作,积极参与国际农业规则和标准制定,在深化与“一带一路”沿线国家农业合作方面走在前列。

第三节 扩大金融开放合作

建设“一带一路”区域性金融中心,大力发展现代金融,积极优化金融环境,加强多层次金融体系建设,推进能源、科技、文化产业与金融的融合,鼓励金融机构创新产品和服务。积极向国家申请设立丝绸之路经济带能源交易所,争取上合组织能源俱乐部、上海合作组织融资机构、丝绸之路经济带离岸金融结算中心落户西安。加大自贸试验区金融创新,支持符合条件的法人依法设立金融租赁公司、财务公司、汽车金融公司、消费金融公司和民营银行等金融机构,拓展跨境金融合作领域,加大外资金融机构引进力度,支持设立外资银行和中外合资银行。推进融资租赁业聚集发展,到2020年力争形成千亿级的融资租赁产业板块,融资租赁市场渗透率达到5%以上。优化金融业发展布局,推进西安高新金融聚集区、西安金融商务区、西咸新区能源金融贸易区、曲江新区文化产业金融功能区等板块错位发展。支持杨凌农村金融改革试验示范区和神木、韩城等金融改革试点。加快金融资源整合,支持陕西金融控股集团打造综合性投融资平台,加快把陕西金融资产管理公司建成不良资产处置综合金融服务平台。做大做强陕西股权交易中心和西部产权交易所,发挥股权融资和产权交易功能,有效服务非公有制中小企业发展。积极探索本地法人金融机构跨区域经营,推动长安银行、西安银行、陕国投、西部证券、永安保险等机构“走出去”。

第四节　培育文化旅游开放新优势

发展壮大文化旅游产业。深入挖掘历史文化、红色旅游、人文生态旅游等自然资源潜力,以体制机制创新激发市场主体投资、创新和外向发展的活力。加快经营性文化事业单位转企改制,通过股份制改造、引进战略投资、跨地区跨行业跨所有制兼并重组等,打造一批陕西文化的“航空母舰”企业,到2020年文化产业增加值占GDP比重达到6%。创新文化产业投融资体制机制,运用PPP模式、产业引导基金、创业投资、众筹等新工具,多渠道多层次引进社会资本参与文化项目建设,支持大唐西市、关中民俗博物院、陕西广播电视民族乐团等文化主体做大做强。大力培育文化经纪、评估鉴定、推介咨询、担保拍卖等文化中介服务机构,为各类文化企业提供全方位服务。依托西安高新区动漫产业基地、曲江文化产业示范基地等,建设数字出版、动漫创意等十大文化产业聚集区。以“全域旅游”和“旅游+”为切入点,促进多层次、多领域、多样化的旅游新业态发展。打造丝绸之路起点风情体验旅游走廊、大秦岭人文生态旅游度假圈、黄河旅游带“三大旅游高地”。旅游市场向社会资本全面开放,国际旅游中心地位基本确立。

塑造知名文化旅游品牌。推动文化、观光、休闲、度假与人文旅游产品协同发展,按照历史文化脉络和自然山水布局,丰富国际旅游合作层次,打造世界一流特色旅游目的地。加快碑林文化街区和黄帝陵文化园区建设,推进黄帝陵和公祭活动申报世界遗产工作,提升法门寺佛教文化影响力,充分发掘宗教文化品牌,挖掘展示道教圣地楼观台和佛教六大祖庭的文化底蕴。做强红色文化品牌,运用现代化手段,增强红色文化的震撼力。提升丝路文化品牌,建设中亚教育培训基地。切实保护好文物和文化遗产,增强国风·秦韵地方文化品牌影响力,打造以“汉风古韵”为主题的历史文化旅游区,到2020年全省5A级景区达到10个以上,旅游业增加值占比达到8.8%,旅游业对全省GDP综合贡献达到15.8%。建设一批体现时代精神、具有陕西特色、在全国有影响的标志性文化工程,重点建好陕西大剧院、陕西新图书馆、陕西广电传媒中心等省级重大文化工程。

加快推进现代公共文化服务体系建设。继续推进基层公共数字文化建设,深入实施文化惠民工程,丰富公共文化产品供给。加强公共文化服务效能建设,继续推进公共图书馆、文化馆总分馆制,强化科技馆、图书馆、博物馆等基础文化设施的国际化服务能力。加大政府购买公共文化服务力度,推动公共文化服务更好向基层延伸。加大文化科技创新力度,支持科研机构和科技企业的文化科技成果应用于公共文化服务领域。

加强文化国际交流与合作。推进文化保税园区、丝绸之路电影城建设,争取文化保税试点。积极与西亚、中亚、欧洲各国开展文学、艺术、影视、广播电视、出版印刷等现代文化领域的交流合作,组建陕西省丝绸之路国际文化贸易中心。依托丝路风情园、欧亚经济论坛综合园区、丝绸之路国际艺术节和国际电影节等平台,加强与世界各国文艺机构和团体文化交流,建设汇集民俗风情和优秀特色文化的国际文化交流活动基地。引进世界一流创意设计和运营管理团队,加快西安中央文化商务区、欧亚文化博物馆群等项目建设,推进秦兵马俑文化景区、欢乐东方文化城等建设。发挥高校独特资源优势,利用"汉语语言测试平台"和"丝路沿线国家侨团领袖研习班"等独特优势,助推陕西文化对外交流。

第五节 提高国际化互联互通水平

推进"陆、空、信息、管道"立体丝绸之路,加快多种方式无缝衔接的综合立体交通网络建设,形成承东启西、连接南北、高效便捷的立体大通道,建设辐射周边、服务全国、联通"一带一路"的交通商贸中心。优化提升陆上丝绸之路,加快西安咸阳国际机场、西安北客站、东客站、南客站和西安国际港务区等综合交通枢纽的互联互通建设,到2020年高速公路通车里程突破6000千米。全面提升铁路运输能力,推进"米"字形高铁建设,基本建成三纵五横八辐射一城际"骨架网,实现"关中通城际、市市通高铁、快速通全国"的目标,建成以西安为中心2-3小时到达周边省会城市,4-6小时到达京津冀环渤海、长三角和珠三角的快速交通圈。全面拓展空中丝绸之路,启动西安咸阳国际机场三期扩建,建成延安、安康新机场,启动宝鸡、府谷、定边支线机场建设,加快丹凤、横山、壶口、韩城等一批通用机场和低空飞行服务站等配套设施建设。拓展加密西安直达亚洲、欧洲及美国、澳大利亚等国际航线,加强与中亚国家的直联航空通道建设,构建高效的国际-国内中转航线网络,开通与发达经济体、国际枢纽机场全货运航线,到2020年西安咸阳国际机场旅客吞吐量超过5000万人,国际航线达到80条以上,争取每年开通10条。依托西咸新区空港新城,以航空制造、航空物流、航空维修、通用航空、航空租赁、航空培训为重点,打造国家临空经济示范区。加快建设信息丝绸之路,提高国际通信互联互通水平,扩大信息交流与合作,以沣西新城为依托,加快推动移动互联网、物联网、大数据等产业发展,构建以西安为中心的丝路经济带城市信息交换枢纽,提升关中信息化水平,努力打造"一带一路"数据中心,支持"一带一路"语言服务平台建设,推进"宽带陕西",打造"西部云谷",建设"泛在陕西"。

完善国际物流通道,着力优化运输组织及集疏运系统,提高中欧班列(西安—华沙)、中亚班列(西安—阿拉木图)运行效率和效益,建设西安新筑铁路综合物流中心,拓展提升国际港务区功能,强化航空物流建设,打造"中国孟菲斯",系统发展物联网和现代综合交通物流体系,建设"一带一路"核心物流枢纽。强化宝鸡、延安、榆林、安康等重要物流枢纽作用,推动供应链管理、物流金融、电商物流、高端物流贸易等新型物流业态发展,建设一批国家级、省级示范园区,到 2020 年物流业增加值占 GDP 比重超过 8%。

第六节　构建对外开放新平台

推进中国(陕西)自由贸易试验区建设。抓住中国(陕西)自由贸易试验区建设的机遇,以制度创新为核心,突出自由贸易试验区体制机制创新、服务全省发展、辐射带动周边建设开放高地的功能,加快构建开放型经济新体制。中心片区重点发展战略性新兴产业和高新技术产业,着力发展高端制造、航空物流、贸易金融等产业,推进服务贸易促进体系建设,拓展科技、教育、文化、旅游、健康医疗等人文交流的深度和广度,打造面向"一带一路"的高端产业高地和人文交流高地。西安国际港务区片区重点发展国际贸易、现代物流、金融服务、旅游会展、电子商务等产业,建设"一带一路"国际内陆中转枢纽港、开放型金融产业创新高地及欧亚贸易和人文交流合作新平台。杨凌示范区片区以农业科技创新、示范推广为重点,通过全面扩大国际农业领域合作交流,打造"一带一路"现代农业国际合作中心。加快上海等自由贸易区成熟经验在投资、贸易、金融、监管等重点领域的复制和推广,扩大金融、商贸、文化、物流、结算、社会服务、先进制造等领域的开放水平,创造法治化、国际化、便利化的营商环境。

做实产业合作平台。以开发区和产业聚集区为平台,积极探索承接产业转移新路径。建立丝绸之路商务理事会,推进国际经贸交流,服务我省企业国际项目合作。依托浐灞生态区建设欧亚经济论坛综合园区,打造上合金融、国际商贸、总部经济等高端产业集群。统筹抓好中俄、中哈、中韩等系列产业合作园区建设,加强与香港在产业、金融等领域合作。

完善国际交流平台。用好“一带一路”国际合作高峰论坛、欧亚经济论坛、丝博会暨西洽会、杨凌农高会等平台，办好省政府国际高级经济顾问会议、丝绸之路系列国际艺术节、电影节、旅游节等重大活动。做好陕粤港澳经济合作周、西部跨国采购洽谈会、陕西特色产品境外展览会。加快西安领事馆及配套设施建设，积极争取更多国家在陕设立领事机构及其他办事联络机构。利用侨务资源在重点国家和地区建立海外侨务机构联络点，争取海外侨团侨社在陕设立办事联络机构。借助友城、境外友好团体资源，拓展民间交流渠道。鼓励高校与上合组织国家和丝路沿线国家的合作办学，统筹推进人文交流和全方位合作。

第七节 完善体制促进开放

以自由贸易试验区制度创新为引领，放宽外商投资市场准入条件，以备案制为主进一步降低外商投资市场准入门槛和行政成本，全面实行准入前国民待遇加负面清单管理制度。扩大服务业、制造业和现代农业开放水平，大力培育开放主体，强化企业对外开放主体地位，鼓励外资积极参与国有企业改造、转型升级和创新发展，打造一批具有国际竞争力的外向型龙头企业。抓好西咸新区构建开放型经济新体制综合试点试验，加快推进服务贸易创新发展试点，在开放型经济运行管理新模式、国际合作竞争新优势等方面积极探索，打造服务贸易制度创新高地。加快对外贸易优化升级，延长加工贸易产业链，由一般贸易、加工贸易向总部贸易、服务贸易、转口贸易拓展。创新通关监管服务模式，建设国际贸易“单一窗口”，推动实现口岸部门之间的数据互联、信息互通、监管互认。强化跨部门、跨地区通关协作，探索适应跨境电子商务等新兴贸易方式的海关和检验检疫监管模式，完善检验检疫机构布局。积极推动实施海关特殊监管区域整合优化改革措施，扩大海关 AEO 认证工作影响力，帮助外贸企业开拓国际市场。鼓励跨国公司在自贸试验区设立地区性总部、研发中心、销售中心、物流中心和结算中心，积极培育外贸综合服务企业，开展保税加工和保税物流等业务，形成以技术、品牌、标准、质量、服务为核心的外贸竞争新优势。建立便利跨境电子商务等新型贸易方式的体制，支持西安国际港务区建设国家电子商务示范基地。建立对外贸易摩擦、海外投资合作风险预警和防范机制，提升企业风险防控能力。建立外经贸综合服务平台，支持和引导企业更好地“走出去”。

专栏 2:开放型经济体系构建工程

自贸试验区建设	板块建设。中心片区重点发展战略性新兴产业和高新技术产业,着力发展高端制造、航空物流、贸易金融等产业。西安国际港务区片区重点发展国际贸易、现代物流、金融服务、旅游会展、电子商务等产业。杨凌示范区片区以农业科技创新、示范推广为重点,通过全面扩大农业领域国际合作交流,打造“一带一路”现代农业国际合作中心。口岸基础设施建设。建设和完善陕西电子口岸、西安海关“区港联动”信息化项目、西安综合保税区多式联运监管中心、西安铁路一类对外开放口岸、国家进出口粮食检验检疫信息平台、西安咸阳机场国际快件监管中心等项目。大通关建设。推进“单一窗口”建设,推进口岸部门之间数据互联、信息互通、监管互认。建立健全信息共享共用机制,整合监管设施资源。推动一体化通关管理,打造更加高效的口岸通关模式。建立口岸安全联合防控机制。改革税收征管方式,试行企业“自主申报、自行缴税”,推广汇总征税模式。
开放主体塑造	打造外贸龙头企业。支持外贸企业提质增效、加工贸易领域延伸、服务贸易培育、技术服务外包。优化进口结构,鼓励发展进口融资租赁,扩大消费品进口,打造一批具有国际竞争力的外贸龙头企业。企业国际化培育。推动有实力的企业战略并购国外企业、专利、品牌、研发机构和营销网络。吸引跨国公司及全球行业领先企业战略投资,引导外资投向高端制造业、高新技术产业、战略性新兴产业和现代服务业。世界 500 强企业引进。策划推出一批针对世界 500 强企业发展需求的项目,促进其投资陕西主导产业和重点项目,积极推进总部经济。抓好西咸新区构建开放型经济新体制综合试点试验。在市场配置资源新机制、开放型经济运行管理新模式、全方位开放新格局、国际合作竞争新优势等方面积极探索。
国际合作 平台建设	建设一批重点平台。推动丝绸之路经济带能源金融贸易中心、西安跨境贸易电子商务服务试点平台、陕西文化综合保税区、浐灞领事馆区、欧亚产业园区等项目建设。建设丝绸之路能源装备产业园、陕韩中小企业园、杨凌现代农业国际合作中心、陕西出口哈萨克斯坦果品深加工基地等项目,大力推动国际合作产业园区建设。

续表

空港陆港联动发展	完善和提升“西安港”港口功能。继续实施“港口内移、就地办单、海铁联运、无缝对接”的内陆港发展战略,将“西安港”纳入国家一类口岸规划建设体系,完善保税加工、产品研发、交易展示、国际中转、国际分拨、国际转口贸易等服务功能,打造内陆国际中转枢纽港。以“长安号”国际货运班列、陆路开放口岸、跨境电商平台等为依托,完善提升西安港功能。发展临空经济。依托空港新城大力发展临空经济,重点发展航空物流、民航科技、综合保税等产业。加强陆空两港互动对接。在区域连接、通关机制、物流组织、多式联运等各方面实现有效互动和无缝对接,打造“一带一路”主要的综合交通枢纽和国际多式联运中心。

第五章 培育产业发展新动能

坚持以创新驱动引领改革开放新高地建设,提升产业支撑,最大限度用好各类创新资源,以科技创新和体制机制创新带动全面创新,加快构建富有竞争力的现代产业体系。

第一节 完善创新体制机制

落实《陕西省实施创新驱动发展战略纲要》,以突出企业创新主体、完善科技服务体系、优化创新创业环境为重点,统筹推进科技体制改革,建立健全政产学研用统筹协调机制,引导各类创新资源高效配置,促进创新成果产权化、知识产权产业化。推动政府职能从研发管理向创新服务转变,推动科技资金管理体制改革,整合各类技术创新基金,逐步形成由市场决定技术创新项目和经费分配、成果评价的机制。加大财政投入力度、土地供应、金融信贷、跟踪服务等支持力度,优先将国有科技风险投资用于中试,鼓励企业增加投入比重。以产业链协同、异地孵化、飞地经济、园区联盟等方式构建关中区域创新示范带。系统推进西安市全面创新改革试验区、西安高新区国家自主创新示范区建设,加快推进“双自联动”,发挥自贸区与自创区叠加效应,加快推动制度创新与科技创新联动。开展知识产权、人才流动、国际合作、金融创新等改革试点。推进知识产权综合管理改革,创新知识产权行政管理体制和执法体制,建立以知识产权为重要内容的创新驱动发展评价制度,实行严格的知识产权保护。完善创新人才培养、引进、流动和激励机制,构建体现智力劳动价值的薪酬体系和收入增长机制,完善股权激励、分红奖励、销售收入提成、成果处置收益等制度,最大限度激发创新创造创业活力。培育一批有国际竞争力的创新型领军企业,支持科技型中小企业健康发展。

第二节 加快科技创新

加强经济社会发展中战略性、基础性和前瞻性科学研究,结合国家重大技术创新工程,实施省级重大科技专项,推进重大科技基础设施、重点实验室、协同创新中心建设。加大微电子、通信、重大装备、航空航天、石油开采等领域科技攻关,瞄准新材料、新能源、量子技术、人工智能、第五代移动通信等产业发展前沿,前瞻部署、集中突破,形成更多面向市场的原创性成果。发挥科技门类齐全、技术领先优势,促进技术交叉,加强系统集成,突破重大颠覆性技术,努力形成新产业新业态。支持龙头企业以技术和资本为纽带,联合高校、科研院所组建产业技术创新战略联盟,支持两院院士与企业、高校共建实验室,促进科技与产业、技术与服务有机融合。建设工程(技术)研究中心、工程实验室和企业技术中心,完善工业技术研究院运行体制,创新性推广西安光机所、西北有色院等成功模式,促进各类创新主体协同创新、融合发展,探索科研院所、高校与企业结合新模式,推进各类创新平台开放共享。促进高校开放办校,重点抓好中国西部科技创新港建设。吸引世界知名跨国公司和创新型企业来陕设立研发机构,促进国际科技合作交流,搭建集科技与教育、成果转化、企业孵化为一体的世界一流开放性创新平台。

第三节 强化产业创新

培育发展壮大新动能,围绕产业链布局创新链,围绕创新链培育产业链,加快构建富有竞争力的现代产业体系。推动优势产业高端化,全面提升煤油气盐资源深度转化水平,大力实施煤炭清洁高效利用和绿色低碳能源替代工程。推进陕北神府、榆横、延安和关中彬长"西电东送"煤电基地建设,加快榆横—潍坊等三条电力外送通道建设。提高资源综合利用水平,提升煤制油气、煤制烯烃、煤制芳烃、煤油气综合利用、煤制醋酸等产业规模,加快煤油共炼、煤炭分质利用等关键技术创新示范和高端精细化工产品研发。推动陕北光伏和风电、关中分布式光伏、陕南水电三大新能源基地规模化、集约化、特色化发展。全面落实中国制造 2025 陕西行动计划,加快氢动力电池、无干扰地热供热、轨道交通和机器人等技术攻关和产业化进程,重点在新能源汽车、电力装备、智能制造、基础制造装备四大领域推动陕西由产业链中低端向中高端发展,由生产型制造向生产服务型制造转变,由陕西制造向陕西智造转变。探索地方与央企、跨国公司合作新模式。依托国家航空航天动力研究院发展航空航天产业，推进富平—阎良一体化，加快西安航空产业基地、西咸新区国家航空城实验区和汉中航空智慧城、卤阳湖通航基地、沣西翱翔小镇等建设，促进航空及航空服务业跨越发展。加速推进西安航天基地建设，打造国内最强的航天发动机和卫星地面应用产品研制生产基地。

壮大战略性新兴产业。打造新一代信息技术、新材料、生物技术、绿色环保等产业，发挥世界先进的三星闪存芯片项目达产和上百家配套企业落户的优势，打造集成电路、智能终端、软件与信息服务三个具有全球影响力的千亿级新一代信息技术产业集群。培育增材制造全产业链，以渭南高新区和西安高新区为核心，建设国家级增材制造示范基地。聚焦高端制造发展需求，建设全国重要的新材料产业基地。改造传统产业，加快运用新技术、新材料、新工艺、新装备，促进有色冶金、建筑建材、食品加工、纺织轻工等产业创新发展，全面提升产品附加值。

紧贴市场需求创新产业模式。深入推进“互联网＋”行动，实施新经济新业态壮大计划，发展数字经济、分享经济、平台经济、体验经济，推动模式创新、业态创新、服务创新和跨界融合。实施信息化助推计划，推动社会生活数字化、网络化、智能化。实施特色现代农业建设计划，发展绿色农业、智慧农业、订单农业等新型生产模式。实施现代服务业提升行动计划，做大做强电子商务、现代物流、文化旅游、健康养老等产业，促进生产性服务业向专业化和价值链高端延伸、生活性服务业向精细化和高品质转变。促进关中地区医疗健康产业高端化发展，重点研发生物监测、创新药物、现代中药技术，建设完善陕南原料药种植加工基地和西安、杨凌生物医药、生物育种研发生产基地。依托国家分子医学转化科学中心发展精准医疗产业，完善诊断试剂、诊查设备、数据分析等产业链，培育个体化药物体系，带动和提升生物医药产业发展。

第四节　推进大众创业万众创新

构建有利于大众创业、万众创新的政策、制度环境和公共服务体系，采取企业主导、院校协作、多元投资、成果分享新模式，形成若干产业协同创新中心。复制推广中关村国家自主创新示范区优惠政策，落实扶持小微企业发展的各项税收减免政策。抓好西咸新区国家“双创”示范基地建设，支持省内各级各类开发区（基地）、高校、科研院所和有条件的企业建立“双创”孵化平台，大力扶持一批瞪羚企业,依托众创空间营造创新创业良好环境,到2020年各类创新创业孵化平台达到500家。促进创新要素与市场对接,培育壮大咨询、中介、交易等服务机构。完善企业技术创新的财税金融政策,支持省市高新区、经开区设立专项基金,到2020年各类创业投资机构超过100家,全省创业投资基金规模超过1000亿元。探索科技贷款风险补偿和知识产权质押融资模式,加快陕西省科技成果转化引导基金子基金组建步伐,引导社会资本投入产业技术创新,推进金融与文化、科技深度融合创新。积极争取组建科技银行,建立知识产权质押融资市场化风险补偿机制。

第五节　打造军民深度融合发展示范区

以国家军民融合发展战略为统领,健全体制机制,完善政策法规,创新发展模式,提升融合水平。强化产业牵引,组建军民融合产业联盟,加快发展航空航天、电子信息、装备制造等产业。强化平台支撑,依托产业基地和园区,积极争取国家重大军民融合项目布局,建设国家军民深度融合创新示范区,重点抓好西安国家民用航天产业基地、西安阎良国家航空高技术产业基地、汉中航空智慧新城、西安兵器工业产业基地和西安高新区军民融合产业园等园区建设,发展一批“民参军”骨干企业。强化技术创新,围绕新技术、新工艺、新装备创建国家重点实验室,实施一批重大产业专项。完善军工科技成果转化体系,推进军民融合协同创新平台建设,发挥好国家知识产权运营军民融合特色试点平台的作用,2020年前建设100个军民兼容技术支撑平台。强化机制建设,深化军地企业和科研机构分类改革,开展军工企业引进社会资本进行股份制改造和混合所有制改革试点,有序推进军民融合标准化改革试点。加强共建共享,完善军民融合交通运输网络,强化信息基础设施合建共用,加强军民共用基础设施建设,构建基础领域资源共享体系,增强对经济建设和国防建设的整体支撑能力。强化人才引领,完善人才培养体系,打破军地人才流动、使用的机制障碍。加大项目审批、要素保障等方面的政策支持力度,鼓励军工项目优先在本地发展,吸引更多企业和重大项目聚集,形成具有国际影响力的军民融合产业集群。

第六节　加快非公经济发展

落实《关于促进民营经济加快发展的若干意见》,完善政府守信践诺机制,严格规范财产处置和产权处理案件,激发和保护企业家精神,营造“亲”“清”的新型政商关系和权利平等、机会平等、规则平等的投资营商环境。用好国家减税降费、住房、社保、引进人才等政策，打造协调服务、综合服务、金融服务、企业孵化、服务支撑五大平台。进一步放宽民间资本投资的行业和领域，鼓励非公有制企业进入特许经营领域，加大市政公用事业和公共服务领域民间资本参与力度，鼓励民间资本以出资入股、股权转化等多种方式参与国有企业改革。积极实施民营企业创新发展工程、民营经济转型示范工程，鼓励有条件的私营企业建立现代企业制度，培养造就一批具有国际视野、熟悉资本运作的企业领军人才。深化神木、府谷民营经济转型升级试验区建设，积极引导民营企业与丝路沿线国家开展合作和组团境外发展。

第六章　加快推进生态文明建设

坚持绿水青山就是金山银山的理念，以系统化思维统筹推进生态文明建设，推进山水林田湖一体化治理，强力推进治污降霾、水环境质量提升、土壤环境保护，确保全省生态环境质量总体改善，努力让城乡居民的生活环境更加美好。

第一节　创新生态文明制度体系

深化生态文明制度体系创新，为生态文明建设注入强大动力。健全自然资源资产产权制度，推进对土地、矿产、森林、山岭、草原、荒地、滩涂、湿地、水流等所有自然生态空间统一确权登记工作。推动自然资源所有权和使用权相分离，完善市场配置规则，构建归属清晰、权责明确、监管有效的自然资源资产产权和管理制度。完善土地、矿产资源有偿使用制度，减少非公益性用地划拨，完善渭河、汉江、丹江等省内主要河流水环境污染补偿机制，建立健全上下游横向生态补偿机制。完善主体功能区制度，加强生态空间用途管制，构建以空间规划为基础，以用途管制为主要手段的国土空间开发保护制度，支持安康开展国家主体功能区试点示范，支持延安、西咸新区、浐灞生态区和神木开展国家生态文明先行示范区建设，推进陕西再生资源产业园建设。积极稳妥推进国有林场改革，建立符合现代生态文明建设需要的国有林场管理体制和资源监管机制，建设大熊猫等珍稀濒危野生动植物类型和秦岭、黄河、桥山等国家公园。

第二节　加大生态环境治理力度

培育环境治理和生态保护市场主体，加大对环境污染第三方治理的支持力度，支持社会资本采用 PPP 模式参与环境治理和生态保护事务。发挥省环保产业集团带动引领作用，做大做强省内环保产业。以关中地区为重点完善区域联防联控机制,推进大气污染防治示范项目,共建西安高新区环保产业园。完善污染物排放许可和排污权交易制度,推行用能权、水权和碳排放权交易制度。以关中地区为重点,完善区域环境污染联防联控机制,健全环境信息公开制度和环境损害赔偿制度,实行领导干部自然资源资产离任审计和生态损害责任终身追究制。坚持"减煤、控车、抑尘、治源、禁燃、增绿"六策并举,深入推进雾霾治理"1+9"行动方案。全面推行河长制,以加强水管理、保护水资源、防治水污染、修复水生态为突破口,维护河湖健康生命、实现河湖功能永续利用。坚持预防为主、保护优先、风险管控,推进土壤污染防治。

第三节　构筑国家生态安全新屏障

坚持把绿色发展、循环发展、低碳发展作为基本途径,加快培育形成科技含量高、资源消耗低、环境污染少的产业结构,积极开展循环经济试点示范,系统化推进生态环境治理。按照山水林田湖一体化思路推进环境整治,统筹实施秦岭保护、渭河治理、汉丹江综合整治等生态建设和环境保护工程。遵循关中留水、陕南防水、陕北引水和"系统治水、柔性治水"的方针推进水治理和渭河生态区建设,加强关中水系构建和黄河西岸生态整治。全面推进陕北大绿化、关中园林化、陕南森林化战略,系统修复森林、湿地、荒漠生态系统,建设"百万亩森林"和"百万亩湿地",不断强化陕西在国家生态安全格局中的屏障地位。积极推动生活方式的绿色化,提高全民生态文明意识,推动向绿色低碳的方式转变。

第七章　保障措施

第一节　完善举省开放体制

建设内陆改革开放新高地是陕西发展的难得机遇和重要任务,各地各部门要把思想统一到实现追赶超越的目标上,以"三项机制"为保障,按照系统化思维做好改革开放各项工作。要营造开放的社会氛围,培育创新的思维模式,增强改革的忧患意识,服务于我省内陆改革开放新高地建设,不断完善政府投资、产业发展、社会事业、区域发展和改革创新等领域的政策措施。强化与国家部委对口汇报衔接机制,力争国家更多支持,用足用好用活国家赋予的系列开放政策。强化和完善省市县、部门间的联动协作推进机制,加强政策衔接、力量整合、信息沟通和资源共享。强化社会力量协同机制,充分调动协会、商会、企业和其他社会组织的积极性,形成自身开放、支持开放、协力开放的强大合力。

第二节 优化对外开放环境

构建多层次合作机制,更加注重“筑巢创优请进来”,积极塑造动态比较优势。提高政务服务水平,搞好政策配套,强化市场主体权益,加强各种所有制产权的保护。注重信誉,守信践诺,把落地项目服务好,把承诺事情兑现好,以实际行动树立亲商、安商、富商的良好形象。建立健全舆论引导机制,形成一批手段多样、技术先进和有影响力、传播力、竞争力的传播平台,为推进“一带一路”建设提供强大舆论支持与精神支撑。引导省内主要媒体“走出去”,加强与国外主流媒体和华文媒体的战略合作,夯实与各国合作的舆论基础。创新宣传方式,利用广播、电视、报刊和网络等媒体,围绕陕西“一带一路”建设的历史渊源、文化背景、现实基础、未来蓝图、重大项目和重要成效,开展全方位、多渠道的宣传,营造全社会关心、支持、参与“一带一路”建设的良好氛围。

第三节 强化要素支撑保障

充分发挥财政、金融对经济社会发展的引导支持作用,优先安排涉及民生、公共服务均等化等领域的财政支出。强化土地节约集约利用,统筹安排地上地下空间,做好各项基础设施建设用地与土地利用总体规划的衔接。强化项目支撑,以我为主策划包装项目,强化推进措施,力争上升为国家战略层面。对重大项目、优强项目、科技创新型项目,要优先配置土地、水、电、气等生产要素。鼓励和吸引在外陕商回乡投资创业,引导资本、资源、技术等要素的回流。

坚持党管人才,深入推进人才强省战略。深化人才管理体制改革,破除束缚陕西人才发展的思想观念和体制机制障碍,加快国际化人才培养和引进,建设中国西安丝绸之路经济带人力资源服务产业园,对高端人才在户籍管理、子女教育和社保医疗服务等方面给予政策倾斜,完善国际社区、国际学校、国际医院等涉外服务设施,营造吸引海外高层次人才的良好工作、生活环境。给予敢改革、善改革干部更多关心支持,造就一批通晓国际规则、熟悉国情省情、有理论功底、有实践经验、改革意识强的专业人才队伍。推动形成正确的人才导向,最大限度激发创新创造活力,搭建人尽其才的舞台,努力打造西部地区人才高地。

第四节 加强法治政府建设

以推进依法行政为重点,按照“法无授权不可为”“法无禁止即可为”的原则,进一步转变政府职能,完善依法决策机制,深化行政执法体制改革,推进严格规范公正文明执法,以深化司法体制改革为重点推进公正司法,支持审判机关、检察机关依法独立公正行使审判权、检察权。深化平安陕西建设,推进社会治理法治化,健全矛盾纠纷化解的多元机制,完善立体化社会治安防控体系,严厉打击各类违法犯罪和恐怖活动,确保群众生命财产安全,促进政府治理、社会调节、居民自治良性互动。加强各种所有制经济产权保护力度,保证各种所有制经济依法平等使用生产要素、公开公平公正参与市场竞争、同等受到法律保护、共同履行社会责任。

陕西省人民政府关于发布
政府核准的投资项目目录(2017 年本)的通知

陕政发〔2017〕23 号

各市、县、区人民政府,省人民政府各工作部门、各直属机构:

根据《国务院关于发布政府核准的投资项目目录(2016 年本)的通知》(国发〔2016〕72 号)精神,为进一步深化"放管服"改革,切实转变政府投资管理职能,结合我省实际,现发布《陕西省政府核准的投资项目目录(2017 年本)》,并就有关事项通知如下:

一、企业投资建设本目录内的固定资产投资项目,须按照规定报送有关项目核准机关核准。企业投资建设本目录外的项目,除国家法律法规、国务院和省政府明确禁止建设的项目外,实行备案管理。事业单位、社会团体等投资建设的项目,按照本目录执行。

原油、天然气(含煤层气)开发项目由具有开采权的企业自行决定,并报国务院行业管理部门备案。具有开采权的相关企业应依据相关法律法规,坚持统筹规划,合理开发利用资源,避免资源无序开采。

二、法律、行政法规和国家、省上制定的发展规划、产业政策、总量控制目标、技术政策、准入标准、用地政策、环保政策、信贷政策等是企业开展项目前期工作的重要依据,是项目核准机关和国土资源、环境保护、城乡规划、行业管理等部门以及金融机构对项目进行审查的依据。

发展改革部门要会同有关部门抓紧编制完善相关领域专项规划,为各市(县、区)做好项目核准工作提供依据。

环境保护部门应根据项目对环境的影响程度实行分级分类管理,对环境影响大、环境风险高的项目严格环评审批,并强化事中事后监管。

三、充分发挥发展规划、产业政策和准入标准对投资活动的规范引导作用。把发展规划作为引导投资方向,稳定投资运行,规范项目准入,优化项目布局,合理配置资金、土地、能源、人力等资源的重要手段。完善产业结构调整指导目录、外商投资产业指导目录等,为企业投资活动提供依据和指导。构建更加科学、更加完善、更具可操作性的行业准入标准体系,强化节地节能节水、环境、技术、安全等市场准入标准。完善行业宏观调控政策措施和部门间协调机制,形成工作合力,促进相关行业有序发展。

四、对于钢铁、电解铝、水泥、平板玻璃等产能严重过剩行业的项目,要严格执行《国务院关于化解产能严重过剩矛盾的指导意见》(国发〔2013〕41 号)和《陕西省人民政府关于化解产能严重过剩矛盾的实施意见》(陕政发〔2013〕9 号),各市(县、区)政府和省级有关部门不得以其他任何名义、任何方式备案新增产能项目,各相关部门和机构不得办理土地供应、能评、环评审批和新增授信支持等相关业务,并合力推进化解产能严重过剩矛盾各项工作。

对于煤矿项目,要严格执行《国务院关于煤炭行业化解过剩产能实现脱困发展的意见》(国发〔2016〕7 号),从 2016 年起 3 年内原则上停止审批新建煤矿项目、新增产能的技术改造项目和产能核增项目;确需新建煤矿的,一律实行减量置换。

国家严格控制新增传统燃油汽车产能,原则上不再核准新建传统燃油汽车生产企业。引导新能源汽车健康有序发展,新建新能源汽车生产企业须具有动力系统等关键技术和整车研发能力,符合《新建纯电动乘用车企业管理规定》等相关要求。

五、项目核准机关要改进完善管理办法,切实提高行政效能,认真履行核准职责,严格按照规定权限、程序和时限等要求进行审查。有关部门要密切配合,按照职责分工,相应改进管理办法,依法加强对投资活动的管理。

六、按照谁审批谁监管、谁主管谁监管的原则,落实监管责任,注重发挥市(县、区)政府就近就便监管作用,行业管理部门和环境保护、质量监督、安全监管等部门专业优势,以及投资主管部门综合监管职能,实现协同监管。投资项目核准、备案权限下放后,监管责任要同步下移。省级有关部门、各市(县、区)政府及其有关部门要积极探索创新监管方式方法,强化事中事后监管,切实承担起监管职责。

七、按照规定由国务院、国务院投资主管部门核准的项目,由省政府投资主管部门审核后上报国务院投资主管部门,其中由国务院核准的项目报省政府同意后上报;由国务院行业管理部门核准的项目,由省政府行业管理部门审核后上报。

八、由省政府投资主管部门核准的项目,事前须征求省政府行业管理部门意见,其中重大项目应报省政府同意后核准。由市级和县级政府投资主管部门核准的项目,核准权限不得下放。

韩城市、杨凌示范区、西咸新区、神木市、府谷县及其他扩权县(市)享有设区市的项目核准权限。

九、对取消核准改为备案管理的项目,项目备案机关要加强发展规划、产业政策和准入标准把关,行业管理部门与城乡规划、土地管理、环境保护、安全监管等部门要按职责分工加强对项目的指导和约束。

十、法律、行政法规和国家有专门规定的,按照有关规定执行。商务主管部门按国家有关规定对外商投资企业的设立和变更、国内企业在境外投资开办企业(金融企业除外)进行审核或备案管理。

十一、本目录自发布之日起执行,《陕西省政府核准的投资项目目录(2015 年本)》即行废止。

陕西省人民政府

2017 年 6 月 23 日

陕西省政府核准的投资项目目录

(2017 年本)

一、农业水利

农业:涉及开荒的项目由省政府投资主管部门核准。

水利工程:涉及跨界河流、跨省(区、市)水资源配置调整的重大水利项目由国务院投资主管部门核准,其中库容 10 亿立方米及以上或者涉及移民 1 万人及以上的水库项目由国务院核准;涉及跨市(区)水资源配置调整的水利项目由省政府投资主管部门核准;涉及跨县(市、区)水资源配置调整的水利项目由市级政府投资主管部门核准;其余项目由县级政府投资主管部门核准。

二、能源

水电站:在跨界河流、跨省(区、市)河流上建设的单站总装机容量50万千瓦及以上项目由国务院投资主管部门核准,其中单站总装机容量300万千瓦及以上或者涉及移民1万人及以上的项目由国务院核准;在非跨市(区)河流上建设的单站总装机容量2.5万千瓦及以下项目由市级政府投资主管部门核准;其余项目由省政府投资主管部门核准。

抽水蓄能电站:由省政府投资主管部门按照国家制定的相关规划核准。

火电站(含自备电站和生物质发电):由省政府投资主管部门核准,其中燃煤燃气火项目应在国家依据总量控制制定的建设规划内核准。

热电站(含自备电站和生物质热电联产):抽凝式燃煤热电项目由省政府投资主管部门在国家依据总量控制制定的建设规划内核准;其余热电项目由市级政府投资主管部门核准。

风电站:在国家依据总量控制制定的建设规划及年度开发指导规模内,分散式接入风电和总装机容量2万千瓦以下项目由市级政府投资主管部门核准;其余项目由省政府投资主管部门核准。

核电站:由国务院核准。

电网工程:涉及跨境、跨省(区、市)输电的±500千伏及以上直流项目,涉及跨境、跨省(区、市)输电的500千伏、750千伏、1000千伏交流项目,由国务院投资主管部门核准,其中±800千伏及以上直流项目和1000千伏交流项目报国务院备案;不涉及跨境、跨省(区、市)输电的±500千伏及以上直流项目和500千伏、750千伏、1000千伏交流、跨市(区)330千伏及以下交流项目由省政府投资主管部门按照国家相关规划核准;不涉及跨市(区)330千伏及以下交流项目,由市级政府投资主管部门按照国家和省级制定的相关规划核准。

煤矿:国家规划矿区内新增年生产能力120万吨及以上煤炭开发项目由国务院行业管理部门核准,其中新增年生产能力500万吨及以上的项目由国务院投资主管部门核准并报国务院备案;国家规划矿区内的其余煤炭开发项目和一般煤炭开发项目由省政府投资主管部门核准。国家规定禁止建设或列入淘汰退出范围的项目,不得核准。

煤制燃料:年产超过20亿立方米的煤制天然气项目、年产超过100万吨的煤制油项目,由国务院投资主管部门核准。

液化石油气接收、存储设施(不含油气田、炼油厂的配套项目):由市级政府投资主管部门核准并报省政府投资主管部门备案。

进口液化天然气接收、储运设施:新建(含异地扩建)项目由国务院行业管理部门核准,其中新建接收储运能力300万吨及以上的项目由国务院投资主管部门核准并报国务院备案;其余项目由省政府投资主管部门核准。

输油管网(不含油田集输管网):跨境、跨省(区、市)干线管网项目由国务院投资主管部门核准,其中跨境项目报国务院备案;跨市(区)项目由省政府投资主管部门核准;其余项目由市级政府投资主管部门核准。

输气管网(不含油气田集输管网):跨境、跨省(区、市)干线管网项目由国务院投资主管部门核准,其中跨境项目报国务院备案;跨市(区)项目由省政府投资主管部门核准;其余项目由市级政府投资主管部门核准。

炼油:新建炼油及扩建一次炼油项目由省政府投资主管部门按照国家批准的相关规划核准。未列入国家批准的相关规划的新建炼油及扩建一次炼油项目,禁止建设。

变性燃料乙醇:由省政府投资主管部门核准。

三、交通运输

新建(含增建)铁路:列入国家批准的相关规划中的项目,中国铁路总公司为主出资的由其自行决定并报国务院投资主管部门备案,其他企业投资的由省政府投资主管部门核准;地方城际铁路项目由省政府投资主管部门按照国家批准的相关规划核准,并报国务院投资主管部门备案;其余项目由省政府投资主管部门核准。

公路:国家高速公路网和普通国道网项目由省政府投资主管部门按照国家批准的相关规划核准,地方高速公路项目和普通省道项目由省政府投资主管部门核准,县道、专用公路项目由市级政府投资主管部门核准,其余项目由县级政府投资主管部门核准。

独立公(铁)路桥梁、隧道:跨境项目由国务院投资主管部门核准并报国务院备案;国家批准的相关规划中的项目,中国铁路总公司为主出资的由其自行决定并报国务院投资主管部门备案,其他企业投资的由省政府投资主管部门核准;其余独立铁路桥梁、隧道及跨10万吨级及以上航道海域、跨大江大河(现状或规划为一级及以上通航段)的独立公路桥梁、隧道项目,由省政府投资主管部门核准。其余项目由市级政府投资主管部门核准。

煤炭、矿石、油气专用泊位:由省政府投资主管部门按国家批准的相关规划核准。

集装箱专用码头:由省政府投资主管部门按国家批准的相关规划核准。

内河航运:跨省(区、市)高等级航道的千吨级及以上航电枢纽项目由省政府投资主管部门按国家批准的相关规划核准;其余项目由市级政府投资主管部门核准。

民航:新建运输机场项目由国务院、中央军委核准,新建通用机场项目、扩建军民合用机场(增建跑道除外)项目由省政府投资主管部门核准。

四、信息产业

电信:国际通信基础设施项目由国务院投资主管部门核准;国内干线传输网(含广播电视网)以及其他涉及信息安全的电信基础设施项目,由国务院行业管理部门核准。

五、原材料

稀土、铁矿、有色矿山开发:由省政府投资主管部门核准。

石化:新建乙烯、对二甲苯(PX)、二苯基甲烷二异氰酸酯(MDI)项目由省政府投资主管部门按照国家批准的石化产业规划布局方案核准。未列入国家批准的相关规划的新建乙烯、对二甲苯(PX)、二苯基甲烷二异氰酸酯(MDI)项目,禁止建设。

煤化工:新建煤制烯烃、新建煤制对二甲苯(PX)项目,由省政府投资主管部门按照国家批准的相关规划核准;新建年产超过100万吨的煤制甲醇项目,由省政府投资主管部门核准;其余项目禁止建设。

稀土:稀土冶炼分离项目、稀土深加工项目由省政府投资主管部门核准。

黄金:采选矿项目由省政府投资主管部门核准。

六、机械制造

汽车:按照国务院批准的《汽车产业发展政策》执行。其中,新建中外合资轿车生产企业项目,由国务院核准;新建纯电动乘用车生产企业(含现有汽车企业跨类生产纯电动乘用车)项目,由国务院投资主管部门核准;其余项目由省政府投资主管部门核准。

七、轻工

烟草:卷烟、烟用二醋酸纤维素及丝束项目由国务院行业管理部门核准。

八、高新技术

民用航空航天:干线支线飞机、6 吨/9 座及以上通用飞机和 3 吨及以上直升机制造、民用卫星制造、民用遥感卫星地面站建设项目,由国务院投资主管部门核准;6 吨/9 座以下通用飞机和 3 吨以下直升机制造项目由省政府投资主管部门核准。

九、城建

城市快速轨道交通项目:由省政府投资主管部门按照国家批准的相关规划核准。

城市道路桥梁、隧道:跨 10 万吨级及以上航道海域、跨大江大河(现状或规划为一级及以上通航段)的项目由省政府投资主管部门核准。

其他城建项目:按照我省备案制有关规定实行备案管理。

十、社会事业

主题公园:特大型项目由国务院核准;其余项目由省政府投资主管部门核准。

旅游:国家级风景名胜区、国家自然保护区、全国重点文物保护单位区域内总投资 5000 万元及以上旅游开发和资源保护项目,世界自然和文化遗产保护区内总投资 3000 万元及以上项目,由省政府投资主管部门核准。

其他社会事业项目:除国务院已明确改为备案管理和国务院行业管理部门规定外,隶属于省级及以下的项目,按照我省备案制有关规定实行备案管理。

十一、外商投资

《外商投资产业指导目录》中总投资(含增资)3 亿美元及以上限制类项目,由国务院投资主管部门核准,其中总投资(含增资)20 亿美元及以上项目报国务院备案;《外商投资产业指导目录》中总投资(含增资)3 亿美元以下限制类项目,由省政府投资主管部门核准。

前款规定之外的属于本目录第一至十条所列项目,按照本目录第一至十条的规定执行。

十二、境外投资

涉及敏感国家和地区、敏感行业的项目,由国务院投资主管部门核准。

前款规定之外的中央管理企业投资项目和地方企业投资3亿美元及以上项目报国务院投资主管部门备案;地方企业投资3亿美元以下项目报省政府投资主管部门备案。

陕西省人民政府办公厅

2017年6月30日印发

陕西省人民政府关于深化“放管服”改革全面优化提升营商环境的意见

陕政发〔2017〕26号

各设区市人民政府,省人民政府各工作部门、各直属机构:

根据全国深化简政放权放管结合优化服务改革电视电话会议精神,为进一步加快政府职能转变,着力打造稳定公平透明、可预期的法治化、国际化、便利化营商环境,助力全省追赶超越,现就深化“放管服”改革、全面优化提升营商环境提出如下意见:

一、总体要求

以陕西自贸试验区建设为契机,对标国际一流营商环境,着力打造廉洁高效的政务环境、诚信规范的市场环境、互利共赢的开放环境、完备优质的要素环境、功能完善的设施环境、温馨包容的社会环境、公平公正的法治环境,加快对外开发步伐、降低市场运行成本,建设内陆改革开放新高地,力争通过3年左右的努力,全省营商环境和竞争力指标达到或超过国内经济发达地区水平。

二、基本原则

1. 加快职能转变,激发市场活力。坚持营商环境就是生产力、竞争力,将政府职能转变与优化营商环境有机结合,深化“放管服”改革,有效激发市场活力,提高各类市场主体对我省营商环境的满意度,构建国际化的企业生态环境,增强区域发展竞争力。

2. 遵循市场规律,加强法制建设。充分发挥市场在资源配置中的决定性作用,积极对接先进理念和通行规则,建立与国际接轨的营商规则体系,创造适应市场经济要求的法治环境,保障公民和市场主体的合法权益,促进规则公平、机会公平、权利公平。

3. 围绕关键环节,解决突出问题。以营商环境排名前列的国家和地区为标杆,坚持全面推进与重点突破相结合,着力在企业开办设立、项目投资建设、企业融资信贷等重点领域和关键环节实现突破,形成示范效应。

三、主要任务

对标世界银行《全球营商环境报告》核心评价指标,以压缩办理时间、降低收费标准为硬性指标,帮助企业降低各类交易成本特别是制度性交易成本,破除制约企业和群众办事创业的体制机制障碍,为促进就业创业降门槛,为各类市场主体减负担,为激发有效投资拓空间,为公平营商创条件,为群众办事生活增便利。

(一)为促进就业创业降门槛

1. 放宽市场准入。试行市场准入负面清单制度,组织实施公平竞争审查,拓宽民间投资领域和范围。凡是法律法规和国家有关政策未明确禁止的,一律允许各类市场主体进入;凡是已向外资开放或承诺开放的领域,一律向民间资本开放;凡是影响民间资本公平进入和竞争的各种障碍,一律予以清除。制定社会资本进入垄断行业和特许经营领域管理办法,引导和鼓励民营资本、各类产业投资基金投资战略性新兴产业、基础设施、民生工程、新型城镇化等领域。全省各级政府要带头遵守市场规则,维护公平、诚信、有序的市场环境,按照“非禁即入”要求,确保各类营商主体公平竞争。(省发展改革委、省工商局、省住房城乡建设厅、省工业和信息化厅、省财政厅、省质监局等部门,各市、县、区政府按分工负责)

2. 简化企业开办和注销程序。深化商事制度改革,积极推进“多证合一、一照一码”改革,动态调整工商登记前置、后置审批事项目录。全面履行“双告知”职责,实施企业登记全程电子化,进一步放宽企业名称登记条件,全面开放省市县三级企业名称库。进一步完善市场主体退出机制,着力解决“入市容易退市难”问题。大力培育发展中小企业,建立健全服务机制,强化创业就业政策扶持,落实小微企业创业创新空间、科技成果转化等方面的财税政策，设立创业投资引导基金；以“双创”示范基地为平台，构建“互联网+”创业网络体系，建设一批小微企业创业基地，建立一批“创业大街”“创业园区”。（省工商局、省国资委、省工业和信息化厅、省发展改革委、省财政厅、省国税局、省地税局、省中小企业局等部门，各市、县、区政府按分工负责）

3. 优化投资建设管理流程。出台《陕西省企业投资项目核准和备案管理办法》，规范企业投资项目核准和备案行为。充分发挥投资项目在线审批监管平台作用，提升审批效率，强化协同监管。对所有行政审批和服务事项，按项目立项、规划许可、施工许可、竣工验收四个阶段，实行“一口受理、并联审批、限时办结”，大幅缩减审批时间。建立重大项目审批全程代办制度，各相关行政审批职能部门明确专职代办员，实行“一站受理、全程代办、服务到底”。（省发展改革委、省国土资源厅、省住房城乡建设厅、省环境保护厅、省安全监管局、省政府政务公开办等部门，各市、县、区政府按分工负责）

（二）为各类市场主体减负担

4. 规范建设项目收费。严格建设项目报建规费征收管理，实行“一费制”。建筑业企业除缴纳依法依规设立的投标保证金、履约保证金、工程质量保证金、农民工工资保证金（由建设单位交纳）外，其他保证金一律取消。（省财政厅、省物价局、省住房城乡建设厅、省国土资源厅、省环境保护厅等部门，各市、县、区政府按分工负责）

5. 加大金融支持实体经济力度。严格落实金融机构支持实体经济发展的各项政策措施，对产品有市场、有效益的企业积极给予信贷支持，对暂时经营困难但有市场竞争力的骨干企业不抽贷、不压贷、不断贷。继续加大对小微企业的支持力度，为经营稳定、前景良好的借款人发放小额信用贷款。建立激励与约束并重的考核评价机制，调动金融机构加快信贷投放的积极性。全面清理企业贷款审批过程中的各类附加收费和强制返存贷款、搭售理财产品、设置企业开户最低资本金、最低存款额等违规行为。充分发挥省金融资产管理公司功能，处置民营企业不良贷款，提高资金配置效率。建设、应用好知识产权运营平台，积极开展知识产权质押融资。（省金融办、陕西银监局、省知识产权局、人民银行西安分行等部门，各市、县、区政府按分工负责）

6. 改进和优化纳税服务。进一步简化税务登记程序,推进国税、地税信息共享和财税库银横向联网,升级改造电子税务局和12366纳税服务热线系统,大力推行POS机、网上银行、手机银行缴税,不断扩大网上办税服务覆盖面。及时落实各项税收优惠政策,对小微企业所得税优惠实行“以报代备”制度。整合国税、地税税务稽查资源,推行联合进户稽查,避免多头重复检查。(省国税局、省地税局等部门按分工负责)

7. 规范涉企收费管理。进一步完善涉企收费清单管理制度,没有法律法规依据的收费项目坚决清理取缔。省级以上重点经济园区实行省级行政事业“零收费”政策,其他收费不高于同类城市水平。凡收费标准有上下限设置的,原则上按下限标准收取。严禁供电、供热、供气、供水等垄断企业向市场主体收取接入费、碰口费等。强化举报、查处和问责机制,在推动“降成本”方面取得更多实效。(省财政厅、省物价局、省工业和信息化厅、省民政厅等部门,各市、县、区政府按分工负责)

8. 提高生产要素保障能力。重大项目用地实行“点供”政策,由各级政府统一调控、统筹解决。配套搞好经济园区基础设施、生活设施建设,加强项目建设和企业生产经营所需的供水、供电、供气等要素保障。将符合条件的企业员工纳入公租房保障范围应保尽保。严肃查处采取不正当手段阻碍企业注册地迁移、影响要素流动等破坏市场规则的行为。(省发展改革委、省国土资源厅、省住房城乡建设厅等部门,各市、县、区政府按分工负责)

9. 健全政策性融资担保体系。积极推进省市县政策性融资担保业务全覆盖,增加注资,扩大担保规模。支持陕西融资担保集团发展,积极争取国家专项建设基金注资,为专项建设基金项目和小微企业提供政策性融资担保。鼓励引导金融机构和担保机构提高信用良好企业的抵押物折扣率。规范融资担保收费标准,政府出资的政策性担保公司担保费率不得高于1.5%,各类政府性投融资平台“过桥费”不得高于1%。(省金融办、省财政厅、陕西银监局、省金控集团等,各市、县、区政府按分工负责)

10. 规范涉企中介服务。全面清理和公布行政审批过程中的中介行为,破除中介服务垄断,规范中介服务收费。依法依规对中介服务及收费清单实行动态管理,凡未纳入清单的中介服务事项,一律不得作为行政审批的受理条件。各行业主管部门要制定完善中介服务规范和标准，指导监督中介服务机构规范执业行为，提高服务质量。建立惩戒和淘汰机制，严肃查处违规收费、出具虚假证明或报告、谋取不正当利益、扰乱市场秩序等违法违规行为。完善中介服务机构信用体系和考核评价机制，相关信用状况和考评结果定期向社会公示。（省审改办、省财政厅、省物价局、省信用办等部门，各市、县、区政府按分工负责）

11. 提高口岸通关效率。加快推进海关、检验检疫等口岸管理部门监管数据联网，全面推行直通放行、集中审单、电子监管、绿色通道等通关模式。加快地方电子口岸和国际贸易“单一窗口”建设，推进口岸“三互”大通关建设，实现信息互换、监管互认、执法互助。（省口岸办、省质监局、西安海关、陕西出入境检验检疫局等部门按分工负责）

（三）为激发有效投资拓空间

12. 精简行政许可项目。继续推进行政许可目录化管理，编制省市县三级行政许可通用目录，做到目录之外无审批。加强对权责清单和公共服务事项清单的动态管理，切实做到“法无授权不可为、法定职责必须为”。按照能放则放原则，依法依规向市县级人民政府、自贸试验区、开发区等下放行政许可权限，减少行政审批层级，实现管理重心下移。（省审改办、省政府法制办、省商务厅等部门，各市、县、区政府，杨凌示范区、西咸新区管委会按分工负责）

13. 营造良好投资建设环境。按照属地管理原则，及时排查化解项目建设中的矛盾纠纷，依法严厉打击借征地、拆迁、补偿向投资者索要钱物、强揽工程、强行供料、强买强卖、阻挠项目进场建设等妨碍企业正常经营、侵害企业正当权益等违法犯罪行为，为项目建设营造良好环境。（省公安厅、省住房城乡建设厅、省国土资源厅等部门，各市、县、区政府按分工负责）

14. 加快推进陕西自贸试验区建设。充分发挥陕西自贸试验区“先行先试”优势，坚持“大胆闯、大胆试、自主改”，推动政府管理由注重事前审批转为注重事中事后监管，探索建立与国际高标准投资和贸易规则体系相适应的行政管理体系。积极推进省市管理事项下放承接工作，全面推行和完善自贸试验区权力清单、责任清单和负面清单，进一步划定政府与市场、企业、社会的权责边界，用更高水平的改革开放释放经济发展潜力。继续深化商事制度改革，全面推进“证照分离”改革。加快跨区域、跨部门自贸试验区政务服务平台建设，构建审批更简、监管更强、服务更优、线上线下、互动衔接的政务服务"一张网"。积极推动自贸试验区与"一带一路"沿线国家开展海关、检验检疫、认证认可、标准计量等方面的合作与交流,探索开展贸易供应链安全与便利合作。(省自贸办、省政府政务公开办、省发展改革委等部门,西安市政府、西咸新区管委会、杨凌示范区管委会等按分工负责)

15. 加快推进西咸一体化建设。充分发挥西咸新区作为国家级新区的创新引领作用,围绕"五新"战略任务和"大西安"发展目标,创新体制机制。全面推行"行政效能革命",围绕"最多跑一次"建设阳光服务型政府,当好服务企业和人民群众的"店小二"。探索建立综合行政执法体系,构建大市场监管格局,实现"一个平台管信用""一份表格管检查""一个部门管市场""一支队伍管执法"的事中事后监管方式,努力建立与市场经济规律和国际惯例相符合、与城市定位和"大西安"建设相适应的监管环境。(省发展改革委,西安市、咸阳市政府,西咸新区管委会等按分工负责)

(四)为公平营商创条件

16. 深化行政执法体制改革。清理整合行政执法队伍,规范市场监管执法主体、执法证件、执法程序等。推进跨部门、跨行业综合执法,从源头上解决多头执法、重复执法、执法缺位等问题。加强对市县两级行政执法的统一领导和协调,减少执法层次,下移执法重心。严格落实执法责任追究、行政执法评议考核和重大执法决定合法性审查、行政执法全过程记录等制度。加快形成完备的行政执法监督体系,坚决纠正执法违法行为,确保严格规范公正文明执法。(省编办、省政府法制办、省工商局、省质监局、省食品药品监管局等部门,各市、县、区政府按分工负责)

17. 规范涉企执法检查行为。全面推行"双随机一公开"监管工作,将随机抽查结果纳入市场主体信用信息体系,依法推进事中事后监管规范化。对行政执法机关依照法律法规和职责对企业开展的例行检查、日常巡查等日常检查活动,均须编制行政执法检查计划并建立登记制度。不同行政机关对企业实施的多项监督检查可一并完成的,由县级以上政府组织有关行政机关实施合并或联合检查;同一行政机关对同一企业实施多项监督检查的,应合并进行,减少检查次数。对法律法规规定的环境保护、食品药品安全、安全生产、公共安全等直接涉及人民生命财产安全等重点领域的监管执法检查活动，以及省市县政府临时部署的监管执法检查活动，行政执法机关要严格依照法定程序和权限进行。（省工商局、省审改办、省政府法制办、省质监局、省食品药品监管局、省信用办等部门，各市、县、区政府按分工负责）

18. 强化企业经营司法保障。严厉打击黑恶势力和欺行霸市、强买强卖等违法犯罪，深化商业贿赂专项整治，保障项目建设和企业经营。完善纠纷多元、快速化解机制，依法做到快立、快审、快执，降低诉讼成本。依法平等保护各方当事人的合法权益，维护企业的正常生产经营。健全商事纠纷非诉讼解决机制，支持企业通过仲裁、调解等便捷方式解决商事纠纷。（省公安厅、省司法厅、省政府法制办、省工商局等部门按分工负责）

19. 联合惩戒失信企业。加快推进《陕西省优化市场环境条例》立法进程，为优化提升营商环境提供法律遵循。坚持依法行政和政务公开，强化行政责任制和问责制，对已出台的政策加大落实力度，向群众和市场主体承诺的事项坚决兑现，进一步提升政府公信力。依托“信用陕西”网站和国家企业信用信息公示系统（陕西），加快推进部门间信息实时传递与对接。及时将对企业的行政处罚信息向社会公示，为社会各界广泛参与信用监督和失信惩戒提供服务支撑。建立健全失信企业联合惩戒机制，全面推行行业“黑名单”管理制度，让失信企业“一处失信，处处受制”。（省政府法制办、省发展改革委、省工商局、省政府政务公开办、省信用办等部门，各市、县、区政府按分工负责）

（五）为群众办事生活增便利

20. 持续开展“减证便民”专项行动。全面清理涉及企业和群众办事创业的各类“奇葩证明、循环证明、扯皮证明、无谓证明”，汇总形成全省保留和取消的证明事项和盖章环节清单并实行动态管理，凡未纳入清单范围的，一律不得要求申请人提供，从根本上解决困扰企业和群众“办证多、办事难”等问题。（省审改办、省政府法制办等部门，各市、县、区政府按分工负责）

21. 规范行政审批程序。按照“互联网+政务服务”要求，规范和统一行政许可审批流程、审批条件、申请材料、办理时限、裁量标准等，规范模糊条款和兜底申报材料。推进政务服务中心与网上服务平台深度融合、一体化管理，推动政务服务数据共享、受审分离，逐步实现政务服务事项统一申报、统一受理、统一反馈、一网通办和全流程监督。推行行政许可标准化,制定陕西省行政许可和政务服务地方标准。积极探索相对集中行政许可权改革试点,实现“一枚印章管审批”。(省政府政务公开办、省审改办、省政府法制办、省质监局、省发展改革委等部门,各市、县、区政府按分工负责)

四、保障措施

(一)强化主体责任。要充分认识深化“放管服”改革、全面优化提升营商环境的重要性,建立健全政府统一领导、各方齐抓共管的工作格局。要切实强化主体意识,各地、各单位主要负责同志要履行好本地、本行业改善营商环境工作“第一责任人”的职责,亲自研究部署,亲自组织推动,确保任务落实到位。省级相关部门、市县两级人民政府要按照任务分工,研究制订实施方案并在本《意见》发布1个月内印发实施。

(二)强化工作落实。省级相关部门要按照各自职责,从世界银行《全球营商环境报告》中开办企业、办理施工许可、获得电力、登记财产、获得信贷、纳税、跨境贸易7个核心评价指标入手,围绕减环节、优流程、压时限、提效率,牵头制订具体工作方案,于8月底前报省推进职能转变协调小组研究审定后组织实施。省统计局会同省行政学院尽快研究制订我省县域营商环境监测评价指标,强化综合衡量和定期排名,努力提升全省县域营商环境和市场竞争力。

(三)强化督导检查。全省各级政府要将改善营商环境工作纳入重点督查范围,制订专项督查方案,定期对国务院和省政府作出的决策部署、出台的改革措施落实情况进行专项督查,对重点区域、主要部门和窗口单位开展日常督查,确保改革任务有效落实。

(四)强化宣传推介。要构建全社会共同缔造营商环境的工作机制,深入发动群众参与战略谋划、项目建设、效果评价,实现共谋共建、共管共享。要拓宽企业和社会意见反映渠道,通过在新闻媒体开辟宣传专栏、举办专家访谈等形式,及时宣传营商环境建设的先进典型和工作成效,形成全社会共同优化营商环境的浓厚氛围。

附件:陕西省对标《全球营商环境报告》优化提升营商环境任务分工

陕西省人民政府

2017年7月21日

附件

陕西省对标《全球营商环境报告》优化提升营商环境任务分工

世界银行《全球营商环境报告》		我省对标《全球营商环境报告》核心评价指标制订工作方案分工		
核心评价指标	我国在全球190个经济体中的排名	我省评价指标	牵头单位	参与单位
开办企业	127	简化企业开办和注销程序	省工商局	省级相关部门、各市、县(市、区)政府,杨凌示范区、西咸新区管委会
办理施工许可	177	简化施工许可证办理程序	省住房城乡建设厅	省发展改革委、省国土资源厅、省环境保护厅、省安全监管局等省级相关部门,各市、县(市、区)政府,杨凌示范区、西咸新区管委会
获得电力	97	方便企业获得水电气暖	省发展改革委、省住房城乡建设厅、省水利厅	各市、县(市、区)政府,杨凌示范区、西咸新区管委会有关供水、供电、供气、供暖单位
登记财产	42	方便企业办理不动产登记	省国土资源厅、省住房城乡建设厅	省级相关部门,各市、县(市、区)政府,杨凌示范区、西咸新区管委会

续表

世界银行《全球营商环境报告》		我省对标《全球营商环境报告》核心评价指标制订工作方案分工		
核心评价指标	我国在全球190个经济体中的排名	我省评价指标	牵头单位	参与单位
获得信贷	62	降低企业获得信贷难度和成本	省金融办	陕西银监局、人民银行西安分行,各市、县(市、区)政府,杨凌示范区、西咸新区管委会
纳税	131	优化企业跨境贸易和投资便利化	省国税局、省地税局	省级相关部门,各市、县(市、区)政府,杨凌示范区、西咸新区管委会
跨境贸易	96		省商务厅	省级相关部门,各市、县(市、区)政府,杨凌示范区、西咸新区管委会

陕西省人民政府关于进一步加强事中事后监管工作的意见

陕政发〔2017〕33 号

各设区市人民政府,省人民政府各工作部门、各直属机构:

根据《国务院关于印发“十三五”市场监管规划的通知》(国发〔2017〕6 号)和全国深化简政放权放管结合优化服务改革电视电话会议精神,为进一步加快政府职能转变,提高事中事后监管工作水平,维护市场公平竞争,充分激发市场活力和创造力,现提出如下意见。

一、总体要求

（一）指导思想

推进政府监管职能和方式从注重事前行政审批向注重事中事后监管转变，从管制型、粗放型向服务型、精细化转变，从分散型、封闭型向集约型、开放型转变，加快构建行政监管、风险监测、信用管理、行业自律和社会监督相结合的综合监管体系，增强事中事后监管措施的系统性、整体性、协同性，营造良好发展环境，维护公平竞争市场秩序，促进全省经济社会持续健康发展。

（二）基本原则

1. 依法依规监管。严格执行有关法律法规，坚持法无授权不可为，法定职责必须为。厘清监管职责，明确监管责任，对审管一体事项，按照“谁审批、谁负责”原则，由审批部门履行事中事后监管主体责任；对审管分离事项，按照“谁主管、谁负责”原则，由行业主管部门履行事中事后监管主体责任。

2. 科学有效监管。建立与深化改革相适应的监管制度、市场规则和方式方法，运用市场机制优化监管政策，运用科技手段强化监管措施。明规矩于前，让市场主体知晓行为边界；寓严管于中，把主要精力转到加强事中事后监管上来；施重惩于后，严厉惩处侵害群众切身利益的违法违规行为。

3. 公开公平监管。全面推行以“双随机、一公开”为重点的监管检查制度。监管的事项、方式、频率、程序、结果等依法向行政相对人公开，保障市场主体权利平等、机会平等、规则平等。

4. 智慧智能监管。依托大数据、云计算、物联网等信息技术，推进“互联网+监管”，实现空间立体可视化监管、大数据集成化监管、风险预警化监管、智能分类化监管，提高市场监管的智能化、精细化水平。

5. 包容审慎监管。建立公平开放的市场准入制度，以包容审慎态度对待新产业、新业态、新模式，鼓励新兴经济不断创新发展。

6. 协同共治监管。实现部门间资源共享、信息互通，探索推进跨部门跨行业联合随机抽查，健全社会信用信息联动响应和失信约束机制，完善风险管控体系，建立执法监管部门间涉嫌违法线索移送制度。

二、主要措施

（一）全面推行市场监管清单制度。按照“凡进必受监督”的原则和事前、事中、事后全链条监管要求，各地各部门都要结合权责清单体系建设编制市场监管清单，将相关行政许可、行政检查、行政处罚、具有审批性质的其他事项、下放的行政审批事项全部纳入监管清单，明确监管主体、监管内容、监管范围、监管措施、监管依据、监管标准、监管程序，厘清监管职责，规范监管行为，实现行政审批与事中事后监管无缝对接。监管清单以外的市场主体实行企业自律并承担市场主体责任，行业主管部门履行事中事后监管主体责任。（省编办、省工商局、省政府法制办牵头，省级各部门、各市、县、区政府按分工负责）

（二）大力推行分类分级监管。根据市场主体生产经营活动风险程度和企业信用等级评定结果，结合安全生产建设情况、质量安全、事故隐患等，探索将市场主体分为一级、二级、三级3个等级。一级为风险程度最高，二级为风险程度较高，三级为风险程度轻微。对三级市场主体以自我管理为主，“双随机”抽查为辅；对二级市场主体要加强行业组织建设，充分发挥行业组织自我约束，以实施“双随机”抽查为主要措施，加强必要监管；对一级市场主体要采取网格化管理和“双随机”抽查相结合的办法重点监管，网格化管理要全覆盖、无死角，随机抽查要提高抽查频率、强化监管链条、公开违法记录，并采取案后回查、约见谈话等监管措施织密扎牢监管网。（省工商局、省质监局、省安全监管局、省食品药品监管局、省住房城乡建设厅等部门牵头，省级各部门、各市、县、区政府按分工负责）

（三）实现“双随机、一公开”监管全覆盖。全面推广“双随机、一公开”监管，完善“一单两库一细则”（随机抽查事项清单，执法检查人员名录库、检查对象名录库，随机抽查细则），加快实现工商登记信息与省级部门电脑摇号系统无缝对接，并将随机抽查结果纳入市场主体信用信息体系。要合理确定抽查比例和频次，既保证必要的抽查覆盖面，又防止检查过多和执法扰民。积极推进跨部门“双随机”联合抽查，进一步优化执法检查方式，推进“菜单式”执法创新，打造监管工作升级版。（省工商局、省发展改革委、省政府法制办等部门牵头，省级各部门、各市、县、区政府按分工负责）

（四）强化市场主体信用监管。加快推进社会信用体系建设，严格实施《陕西省企业信用监督管理办法》，按照守信企业一路绿灯、失信企业处处受限、违法企业代价高昂的原则，建立从市场主体准入到退出的全过程信用监管体制。全面落实信用管理制度，探索引入第三方信用服务机构参与行业信用监管，建立跨区域、跨部门守信联合激励和失信联合惩戒机制，深化信用信息在行政管理、公共服务、公共资源交易、工程建设、评优评先等领域的应用。依托陕西省公共信用信息平台和国家企业信用信息公示系统（陕西），建立行政执法机关、公安机关、检察机关、审判机关相关信息共享、案情通报、案件移送等制度，实现行政处罚和刑事处罚的无缝衔接。（省发展改革委、省工商局、省政府法制办、省公安厅、省司法厅、人民银行西安分行等部门牵头，省级各部门、各市、县、区政府按分工负责）

（五）实施质量安全全程追溯监管。强化企业主体责任和政府监管责任，加强全面质量监管，严把各环节、各层次关口，进一步强化全过程、全链条、全方位监管，切实保障质量安全。探索建立以物品编码管理为溯源手段的产品质量信息监督平台，形成来源可查、去向可追、责任可究的信息链条。完善食品药品安全监管信息共享和可追溯机制，鼓励食品药品生产经营企业推行质量管理规范，建立符合全过程管理及质量控制要求的计算机追溯系统，实现食品从田间到餐桌、药品从生产到使用的全程化可追溯监管。建立企业产品和服务标准自我声明公开和监督制度、消费品生产经营企业产品安全事故强制报告制度。严格强制性标准管理，改进推荐性标准管理，推进地方性标准公开和企业标准自我声明公开工作，培育和发展团体标准，实现“一套标准管质量”。（省质监局、省食品药品监管局、省农业厅、省卫生计生委牵头，省级各部门、各市、县、区政府按分工负责）

（六）加强风险监测与防控。加强市场行为风险监测和市场产品抽验分析，加快建立高危行业、重点工程、重要商品及生产资料、重点领域的风险评估指标体系、风险监测预警制度、风险管理防控联动机制。转变招标和采购管理模式，实施技术、质量、服务、品牌和价格等多种因素的综合评估，推动“拼价格”向“拼质量”转变。广泛利用“水、电、气”等公用服务企业数据信息，经常性研判市场主体经营行为，主动发现违法违规线索，开展跟踪检查和专项整治，提高监管的针对性和有效性。以“秦云工程”为载体，在工商登记、质量安全监管、竞争执法、消费维权等领域率先开展大数据示范应用，充分运用地理空间与大数据分析技术，深度挖掘市场主体经营行为和运行规律，建立高风险领域市场风险监测预警机制，提高风险防控能力。科学设定风险数据采集点，建立统计分析模型，探索建立市场秩序状况评价指标体系。建立健全社会稳定风险评估机制，完善食品药品、医疗卫生等领域不良反应、不良事件监测体系，制定风险监测、研判、排查、预警、处置工作预案,提高对突发事件的预警和处理能力。(省工商局、省发展改革委、省工业和信息化厅、省住房城乡建设厅、省卫生计生委、省质监局、省食品药品监管局等部门牵头,省级各部门、各市、县、区政府按分工负责)

(七)加大市场监管领域案件查办力度。加大相对集中行政执法权改革力度,建立集中统一、快捷高效的基层执法体制,逐步实现"多帽合一"和"一支队伍管执法",破除市场监管相互分割、多头执法、重复执法、标准不一等痼疾。依法惩处各类违法违规行为,加大关系市场秩序安全和群众切身利益的重点领域执法力度。按照全面从严治党要求,规范市场监管执法人员行为,对违法违纪行为坚持"零容忍",营造市场监管的清风正气。(省编办、省政府法制办、省监察厅、省工商局、省质监局等部门牵头,省级各部门、各市、县、区政府按分工负责)

(八)促进新技术、新产业、新业态、新模式创新发展。对社交电商、跨境电商、网络约车、房屋分享、快递、养老等新经济业态,实行包容审慎监管,对看得准、有发展前景的,要量身定制新的监管方式;对一时看不准的,要密切关注,转变传统管理思维,慎用市场准入控制,促进其规范健康成长;对于可能有较大社会危害风险的,要严格监管、看牢盯紧。要采取建议、提醒、约谈等方式,督促市场主体合法经营,预防和避免违法行为发生。对轻微违法且未对社会、人身造成危害的行为实施柔性执法,对初次轻微违法的行为主体依法减轻或免于行政处罚。对网络售假、虚假宣传、刷单炒信、恶意诋毁、直销假冒伪劣产品和假借"微商""电商""消费投资"等名义开展新型传销的违法行为,依法严格监管,予以重点打击。(省工商局、省质监局、省商务厅、省发展改革委、省公安厅、省交通运输厅等部门牵头,省级各部门、各市、县、区政府按分工负责)

(九)发挥社会协同共治作用。按照"谁执法、谁普法"的要求,加强法治宣传教育,推广订单制"新媒体"快乐普法平台,增强全社会法治意识,引导市场主体自觉守法。发挥行业协会商会自律作用,建立健全行业经营自律规范、自律公约和职业道德准则,规范会员行为,履行社会责任。支持会计师事务所、税务师事务所、律师事务所、资产评估机构等专业化服务组织依法对企业财务、纳税情况、资本验资、交易行为等真实性、合法性进行鉴证。发挥乡镇(街道)、村(社区)、市场经营主体、小区物业、行业协会等基层组织作用,及时发现和处置违法行为,构筑全方位市场监管新格局。加强举报投诉受理平台和处理机制建设,鼓励群众积极举报投诉。充分利用新媒体等手段及时收集社会反映的问题，曝光典型案件，震慑违法犯罪行为，提高公众认知和防范能力。（省工商局、省质监局、省食品药品监管局、省民政厅、省司法厅、省环境保护厅、省安全监管局等部门牵头，省级各部门、各市、县、区政府按分工负责）

（十）探索自贸试验区事中事后监管新机制。充分发挥陕西自贸试验区“先行先试”优势，以制度创新为重点，打造事中评估分类、事后联动奖惩的全链条信用监管体系，形成可复制、可推广的经验。以全省网上政务服务平台为基础，整合工商、海关、出入境检验检疫等业务部门信息系统，开发建设陕西自贸试验区政务服务平台，推进自贸试验区监管信息互通互换，消除监管空白，形成监管合力。健全网格化监管执法工作制度，推进精细化监管、网格化执法，确保监管范围全覆盖、监管责任无盲区。建立以随机抽查为重点，专项任务检查、举报移送线索核查、大数据监测检查、无照经营查处、商品质量抽检等多种监管方式并用的新型日常监管制度，努力形成适应自贸试验区的市场监管新格局。（省自贸办、省发展改革委、省工商局、省质监局、省政府政务公开办、省口岸办、西安海关、陕西出入境检验检疫局等部门牵头，省级各部门、各市、县、区政府按分工负责）

三、组织实施

（一）强化组织领导，分层分级负责。各地各部门要加强组织领导，健全工作机制，认真落实事中事后监管各项措施。各职能部门是事中事后监管工作的责任主体，主要领导是第一责任人，分管领导是主要责任人，从事日常监管的工作人员为直接责任人。法律法规明确管理层级的，由该层级负责；各级均有责任的，以县级监管为主。

（二）加强队伍建设，提高监管效能。要充实一线执法力量，推动市场监管重心下移，不断提升县级市场监管能力水平。严格落实行政执法人员持证上岗、资格管理和教育培训制度，定期组织行政执法业务培训，努力提高执法队伍整体素质和执法水平。建立市场监管执法协作配合机制，对涉及多领域、跨区域案件和重点领域、重点行业、重点疑难复杂案件，要积极配合、统筹力量，提升综合监管效能。

（三）建立长效机制，搞好宣传引导。要加快构建结构合理、科学高效的配套监管制度体系。加快推进“互联网 + 政务服务”建设，主动解决企业和群众困难，为实体经济发展创造良好的营商环境。健全行政复议案件审理机制,完善政务公开、行政赔偿和行政补偿等制度,健全权力监督制度,切实提高政府的执行力和公信力。要运用各种手段加大舆论宣传力度,及时回应社会各界关注的事中事后监管问题,营造全社会关心、支持加强事中事后监管体系建设良好舆论氛围。

(四)细化工作方案,强化督促检查。10 个方面主要措施中涉及的重点工作任务,由第一牵头部门负责、其他牵头部门配合,按附表样式建立工作任务台账,并于本《意见》发布后 1 个月内报送至省编办(省审改办)备案。各市、县、区政府、省级各部门要结合本意见,研究制订进一步加强事中事后监管的实施方案,并在本《意见》发布 1 个月内印发实施。要强化督察检查,助推事中事后监管措施落地生效。对落实到位、积极作为的典型要通报表扬,对敷衍塞责、造成严重后果的要严肃问责。

附件:加强事中事后监管重点工作任务细化分工表(样式)

陕西省人民政府

2017 年 8 月 16 日

附件

加强事中事后监管重点工作任务细化分工表(样式)

填报部门(盖章):

主要措施	细化的任务内容	需要出台的文件或形成的可检验成果形式	牵头部门	配合部门	完成时限	备注

责任处室　　　填表人　　　联系方式

说明:1. 本表由第一牵头部门负责、其他牵头部门配合填报;

2. 10 个主要措施的表述要与二级标题保持一致;

3. 细化的任务内容是针对 10 个主要措施明确的重点工作任务。

陕西省发展和改革委员会关于深化投资管理改革促进中国(陕西)自由贸易区试验区外商投资和境外投资工作的通知

陕发改外资〔2017〕1056号

杨凌示范区管委会、西咸新区管委会,西安市高新技术开发区、经济技术开发区、国际港务区、浐灞生态区管委会:

为进一步深化“放管服”改革,促进中国(陕西)自由贸易区试验区外商投资和境外投资工作,按照《国务院关于印发中国(陕西)自由贸易试验区总体方案的通知》(国发〔2017〕21号)精神,现将有关事项通知如下。

一、请各自贸片区按照《国务院办公厅关于印发自由贸易试验区外商投资准入特别管理措施(负面清单)(2017年版)的通知》(国办发〔2017〕51号),对外商投资项目全面实施准入前国民待遇加负面清单管理制度,进一步减少外商投资准入限制,提高开放度和透明度。按照内外资一致的原则,对外商投资企业做好与负面清单管理方式相适应的事中事后监管。

二、对于外商投资准入特别管理措施(负面清单)之外的项目实行备案制,请各自贸片区按照《陕西省外商投资项目核准和备案管理办法》(陕发改外资〔2015〕691号)、《外商投资产业指导目录》和《陕西省政府核准的投资项目目录》等有关规定做好外商投资项目备案工作,其中属于省级备案权限的下发至自贸区办理。自贸试验区内的外商投资涉及国家安全的,须按照《自由贸易试验区外商投资国家安全审查试行办法》进行安全审查。

三、确立企业对外投资主体地位,对一般境外投资项目实行备案制,请各自贸片区按照《陕西省境外投资项目备案管理办法》(陕发改外资〔2015〕691号)、《国家发展和改革委员会关于实施〈境外投资项目核准和备案管理办法〉有关事项的通知》(发改外资〔2014〕947号)、《陕西省政府核准的投资项目目录》及国家有关规定做好境外投资项目备案工作,其中属于省级备案权限的下发至自贸区办理。

四、请各自贸区片区根据《企业投资项目核准和备案管理条例》(国务院2016年第673号)和《国家发展改革委办公厅关于启用全国境外投资项目备案管理网络系统的通知》(发改办外资〔2014〕1386号),利用陕西投资项目在线审批监管平台和全国境外投资在线管理和服务平台,对外商投资项目及境外投资备案项目全面实行线上备案和监管。

五、省发展改革委将会同相关部门加强相关工作培训、指导和督查。请各自贸片区加强与省级部门衔接沟通,对于工作中不明事项和重大事项及时报告请示。

陕西省发展和改革委员会

2017 年 7 月 26 日

陕西省人民政府法制办公室关于印发《关于加强省自贸试验区建设法治保障工作的意见》的通知

陕府法发〔2017〕50 号

办机关各处:

现将《陕西省人民政府法制办公室关于加强省自贸试验区建设法治保障工作的意见》印发你们,请认真贯彻执行。

陕西省人民政府法制办公室

2017 年 9 月 1 日

陕西省人民政府法制办公室关于加强自贸试验区建设法治保障工作的意见

为全力推进省自贸试验区试点任务有效落实,充分发挥法治引领、推动和保障作用,依据省自贸试验区工作专题组分工,结合我办职能优势和工作实际,现就加强省自贸试验区建设法治保障工作作出如下安排。

一、积极主动、靠前谋划,统筹规划好省自贸试验区法治保障工作

(一)运用法治思维和法治方式,以营造稳定、透明、可预期的法治化营商环境为目标,及时就自贸试验区综合行政执法体制改革提出专业性、综合性意见和建议。

（二）指导自贸试验区各管委会建立权责统一、权威高效的综合执法体制，协调、督促具体实施工作。

二、优先保障、重点支持，围绕自贸区建设加强立法

（一）涉及自贸试验区建设相关立法项目一经列入立法计划，倒排工期，统筹安排立法进程，优先安排调研、征求意见、论证、修改和审核，确保及时完成自贸试验区地方性法规、政府规章草案初审工作。

（二）加强指导，安排办内立法骨干，积极协调省政府法律顾问，主动对接，对有关部门起草有关自贸试验区重要地方性法规和政府规章草案提供帮助和支持。

（三）根据国务院要求，对照上位法变化，及时提出与自贸试验区相关的地方性法规、规章的清理、修改、废止和解释的意见和建议，并做好相关清理工作。

（四）根据自贸试验区建设的实际需要适时提出需要调整实施的有关法律、行政法规、部门规章的建议。积极配合省级有关主管单位推动国家有关部委根据国务院批准出台相关政策措施。

三、及时学习借鉴国际国内先进经验，加强规范性文件制定审核和备案审查，为自由贸易试验区各项重大行政决策提供智力支持

（一）加强对自贸试验区建设的政策支持，对省政府拟出台的自贸试验区政策进行制定审核、对有关部门报送备案的自贸试验区相关文件进行合法性审查时，要缩短办文周期。在提供法律专业意见的同时，要一并提供国际国内在相关方面的成型制度或文件范本，供有关决策部门参考。

（二）探索并建立符合自贸试验区建设实际需要的规范性文件法律审查机制。

（三）根据自贸试验区建设实际需要及上位法变化，及时组织开展规范性文件清理，并将清理结果及时报省自贸办。

四、及时研究自贸试验区建设中其他需要法治支持和保障的事项

国家旅游局办公室关于支持中国（陕西）自贸试验区旅游相关工作意见的复函

旅办函〔2016〕891号

陕西省旅游局：

你局《关于支持中国（陕西）自由贸易试验区建设的请示》（陕旅字〔2016〕168

号)收悉。为贯彻落实党中央、国务院关于建立中国(陕西)自贸试验区的决策部署,推动陕西旅游业深化改革、加快创新,在国家"一带一路"建设中发挥更大作用,现将我局意见函复如下:

一、支持在中国(陕西)自贸试验区内注册的符合条件的中外合资旅行社,从事除台湾地区以外的出境旅游业务。

二、支持"人文陕西山水秦岭"品牌建设,推进陕西省和国家旅游局驻外办事处合作,强化陕西旅游对外推广,提升陕西旅游的国际知名度和影响力。

三、支持陕西省创建国家级旅游度假区。

四、支持陕西省旅游业与金融机构合作,开展金融产品创新。创新融资模式,拓展旅游行业融资渠道。完善旅游业信贷政策,推动差异化融资手段,构建旅游专属融资产品体系。

五、支持陕西省大型旅游企业走出去。发挥渠道优势,综合运用商行加投行的服务手段,大力支持旅游企业海外并购和境外融资,推动旅游企业境外投资,加速推动旅游企业走出去步伐。

六、支持陕西省优选旅游项目工作。积极引导银行资本投向旅游业,强化金融机构对旅游优选项目的支持。

专此复函。

国家旅游办公室

2016 年 12 月 2 日

陕西省工商行政管理局　陕西省发展和改革委员会 陕西省财政厅　陕西省档案局关于印发《陕西省推行工商登记全程电子化工作实施方案》的通知

陕工商发〔2017〕123 号

各设区市人民政府,省人民政府各工作部门、各直属机构,各设区市、韩城市、西咸新区、杨凌示范区工商行政管理局、发展改革委、财政局、档案局:

《陕西省推行工商登记全程电子化工作实施方案》已经省政府研究通过。按照省政府领导批示，现印发你们，请遵照执行。

陕西省工商行政管理局　陕西省发展和改革委员会
陕西省财政厅　陕西省档案局
2017年7月10日

陕西省推行工商登记全程电子化工作实施方案

为持续深化商事制度改革，提高行政审批效能，根据《国务院关于印发注册资本登记制度改革方案的通知》（国发〔2014〕7号）、国家工商总局《关于推行企业登记全程电子化工作的意见》（工商企注字〔2017〕43号）《关于全面推进企业电子营业执照工作的意见》（工商企注字〔2017〕47号）精神，现就全省推行工商登记全程电子化工作，制订本实施方案。

一、总体目标

以工商登记全程便捷、高效、利民为目标，积极在全省推行无纸全程电子化登记，实现市场主体申请、受理、核准、发照、公示等各个环节全程网上办理，核发无介质电子营业执照，推动电子营业执照在全社会通行认可和共享共用，提高行政许可效率，促进大众创业、万众创新。

二、基本原则

（一）便捷高效。申请人登录工商登记全程电子化登记管理系统提交材料，登记人员网上审查，实现网上发照、公示，为申请人提供方便快捷的服务。

（二）规范统一。建立全省统一流程、统一标准、统一运行、统一管理的全程电子化登记管理系统和电子营业执照签发、管理、应用系统，核发统一数据格式、管理规范及技术标准的电子营业执照。

（三）安全可靠。利用现代科技手段，实现工商登记业务数据的防伪、防篡改。规范市场主体电子档案的采集、储存、应用、管理和电子营业执照的生成、管理，确保电子档案的真实、有效和电子营业执照的安全可靠。

（四）无纸质无介质无费用。申请人在线填报相关信息，通过手机微信、国家法人单位信息资源库或国家企业信用信息公示系统实现身份确认。工商登记全程无纸化，电子营业执照不依附特定存储介质，不向申请人收取任何费用。

三、主要内容

(一)适用范围。工商登记全程电子化适用于企业、个体工商户和农民专业合作社的登记注册。经营范围中涉及前置审批事项的市场主体和外商投资企业暂不采用全程电子化登记方式。

(二)用户管理。自然人申请注册时应提交真实准确的姓名、身份证号码、手机号码、影像等信息,系统通过微信身份识别等系统自动比对方式,实现自动确认。法人或者其他组织申请注册时应提交单位名称、身份证件、法定代表人(负责人)等有关人员手机号码等信息,系统通过国家法人单位信息资源库或者国家企业信用信息公示系统平台获取信息,实现自动确认。

(三)登记流程。申请人网上填报登记信息、网上签名提交登记资料,登记机关对申请人提交的材料进行形式审查后,网上核准、发照、归档并公示相关信息。申请人无须到登记窗口提交纸质申请材料。申请人对提交材料的真实性、合法性、有效性负责。

(四)建设登记管理系统。整合全省工商登记数据库,建设全省统一的工商登记全程电子化登记管理系统。实现对用户注册、提交申请、网上签名、受理、审查、发照、归档等操作环节产生的数据留痕管理。全程电子化登记与传统登记方式具有同等法律效力。

(五)实行企业名称自主申报制度。开放企业名称数据库,建立企业名称自助查重申报系统。申请人登录后自主选择企业名称,确认其拟使用企业名称不违反企业名称规则及相关法律法规规定,即可向登记机关申请登记。申请人对申报的企业名称承担相应法律责任。

(六)实行住所(经营场所)申报制度。依照全程电子化登记模式登记的企业在设立登记时无须提交住所(经营场所)证明材料,申请人在线签署电子承诺书,对住所(经营场所)的合法性、真实性、有效性负法律责任。

(七)实行电子签名。申请人通过全程电子化系统在手机、电脑等设备上签名或对数据电文进行真实表达和确认的,均视为有效电子签名。电子签名后,提交的申请材料和身份证明文件视为符合法定形式。电子签名与手写签名或者盖章具有同等法律效力。电子签名人对申请行为和签名电子文档的真实性、合法性负责。

(八)强化电子档案管理。全程电子化登记审查通过的电子文档作为工商登记全程电子化申请材料的依据,自动转入电子档案系统进行电子归档。加载电子签名的电子文件、电子档案等与纸质档案具有同等法律效力。登记机关要积极配合当地档案管理部门做好档案管理工作。

(九)电子营业执照公示。登记机关在市场主体设立登记后即自动生成电子营业执照,保存到电子营业执照库。国家企业信用信息公示系统(陕西)和陕西工商微信公众号为电子营业执照合法、有效的官方发布平台。登记机关通过国家企业信用信息公示系统(陕西)和陕西工商微信公众号公示已核准的市场主体信息和电子营业执照,供相关单位和社会公众查阅、验证。

四、工作要求

(一)加强组织领导。工商登记全程电子化是深化商事制度改革的重要举措,是促进双创的重要途径,是提升政务服务效能的有力措施。各地要高度重视,加强组织领导,研究制订具体实施细则,明确责任分工,形成政府支持、部门协同、社会参与、重点突破的工作机制,确保工商登记全程电子化工作顺利实施。

(二)落实部门职责。各地要推动建立部门参与、分工协作、互通互认、共享共用的联动机制。各级政府负责统筹推动全程电子化改革实施工作,为构建工商登记全程电子化业务系统、推行电子营业执照电子身份认证等信息化建设提供必要的人员、设备、资金、技术等方面保障。西安市人民政府负责协调本市工商业务系统与全省工商业务系统融合和数据库整合工作,实现全省工商业务系统和全程电子化登记管理系统的统一一致。

省工商局具体负责全程电子化登记实施工作,做好全程电子化登记注册系统、电子营业执照管理系统、电子档案管理系统和国家法人单位信息资源库、国家企业信用信息公示系统(陕西)的建设、运行维护工作。

省发展改革委负责完善省公共信用信息平台建设,升级对接工商登记管理系统和各部门相关业务系统,为实现部门间信息互联共享提供平台支撑。

省财政厅负责统筹做好工商登记全程电子化业务系统的经费保障工作。

省档案局负责提供电子档案数据的格式、标准,指导工商登记电子档案管理系统建设。

(三)多种登记方式并行。充分考虑企业登记申请的便利性,各地在开通全程电子化登记的同时,要保留窗口登记服务,继续为申请人办理市场主体的设立、变更等多项业务。申请人在获得电子营业执照的同时,也可以选择领取纸质营业执照。

(四)电子营业执照社会共认。通过国家企业信用信息公示系统和陕西工商微信公众号实现对企业基本信息和电子营业执照的公示。电子营业执照和纸质版营业执照具有同等法律效力。市场主体持电子营业执照办理许可审批、资质认定、招投标、金融等相关业务时,各相关部门和机构应予以认可。

(五)加强惩戒措施。对登记过程中弄虚作假、提供虚假身份证明材料、提交虚假材料(文件)等恶意行为,依法进行查处并限制相关人办理登记业务。冒用他人身份证或者网上冒用他人身份签名等方式骗取登记的,支持被侵权人依法向公安机关举报,或向人民法院提起民事诉讼或行政诉讼来保护自己的权利。登记机关依据法院生效判决,或依被侵权人书面申请和公安机关处罚决定冒用的事实,对相关登记事项依法处理。

(六)加强督导检查。各地、各相关部门要加强对工商登记全程电子化工作的检查和指导,及时研究解决工作推进过程中遇到的困难问题。要严肃工作纪律,对工作协调配合不力,造成工作脱节、延误工作进程的单位和个人予以通报。

(七)强化宣传引导。各地、各相关部门和新闻媒体要采取多种形式,向社会广泛宣传工商登记全程电子化工作的政策措施、办事流程和电子营业执照的便利性和易用性,提高政府部门、社会机构和公众对工商登记全程电子化工作和电子营业执照的知晓率和认可度。

中国(陕西)自由贸易试验区工作办公室 中国人民银行西安分行 国家外汇管理局陕西分局关于印发《金融服务中国(陕西)自由贸易试验区建设的意见》的通知

陕自贸办发〔2017〕3号

中国(陕西)自由贸易试验区西安管理委员会、杨凌示范区管理委员会、西咸新区管理委员会及各功能区;中国人民银行西安分行营业管理部、陕西省各中心支行、杨凌支行;国家外汇管理局陕西省各中心支局、杨凌支局;国家开发银行陕西省分行,各政策性银行陕西省分行,各国有商业银行陕西省分行,各股份制商业银行西安分行,各城市商业银行西安分行,中国邮政储蓄银行陕西省分行,长安银行,西安银行,陕西省农村信用社联合社,陕西秦农农村商业银行,各外资银行(中国)西安分行:

为进一步深化金融领域的开放创新,以金融引领和推动我省自贸试验区建设又好又快发展,省自贸办会同中国人民银行西安分行、国家外汇管理局陕西省分局制定了《金融服务中国(陕西)自由贸易试验区建设的意见》(以下简称《意见》),现印发你们,请贯彻执行。

自贸试验区各金融机构,要根据中国(陕西)自由贸易试验区总体方案和《意见》内容,建立台账清单,细化分解任务,明确时间节点,确保《意见》内容不折不扣落到实处。要强化上下之间、横向之间的工作协调与对接,积极争取总行将相关金融产品或服务创新试点优先落户自贸试验区;要紧密围绕实体经济需求和自贸试验区特色战略定位,大胆探索,积极创新,尽快形成试点先行、以点带面的工作格局,加快培育形成可复制、可推广的金融创新案例。

自贸试验区各管委会和功能区,要紧密结合本地区的区位优势和经济特征,改善金融生态环境,助推银企对接,帮助企业将自贸试验区政策红利转换为发展驱动力,不断提升金融服务实体经济发展、服务陕西“追赶超越”和对外开放的质量和水平。

中国(陕西)自由贸易试验区工作办公室
中国人民银行西安分行
国家外汇管理局陕西省分局
2017 年 7 月 31 日

金融服务中国(陕西)自由贸易试验区建设的意见

为加快中国(陕西)自由贸易试验区(以下简称“自贸区”)建设,有效贯彻落实《中国(陕西)自由贸易试验区总体方案》,进一步推进简政放权,促进贸易投融资便利化,支持实体经济发展,中国(陕西)自由贸易试验区工作办公室、中国人民银行西安分行和国家外汇管理局陕西省分局依据工作职责,提出以下金融服务自贸区建设的意见。

一、总体要求和基本原则

(一)总体要求

金融支持陕西自贸区建设工作,要全面贯彻落实党的十八大和十八届三中、四中、五中、六中全会精神,深入贯彻习近平总书记系列重要讲话精神,牢牢把握"追赶超越"定位,认真落实"五个扎实"基本要求和省第十三次党代会精神,主动服务国家战略,紧密围绕陕西自贸区经济创新转型和实体经济发展需求,以"服务实体经济、防控金融风险、深化金融改革"为目标,以制度创新为核心,以促进跨境贸易和投融资便利化为主线,以支持与"一带一路"沿线国家人文交流和现代农业国际合作为特色,积极作为,大胆探索,力争取得更多可复制可推广的金融创新成果,为促进陕西自贸区建设发挥积极作用。

(二)基本原则

践行国家战略。发挥区位优势,紧密结合中国(陕西)自贸区定位,构建与推进"一带一路"战略相适应的金融服务体系,为加强与"一带一路"沿线国家区域经济合作和人文交流发展提供金融支持。

服务实体经济。紧密围绕经济创新转型和实体经济发展需求,促进跨境贸易和投融资便利化,推进金融改革发展,全面提升金融资源配置效率。

坚持改革创新。坚持简政放权的改革方向,逐步实现准入前国民待遇加负面清单管理模式,在人民币跨境使用、资本项目可兑换和外汇管理等方面积极探索,推动市场要素双向流动。

守住风险底线。稳妥有序促进金融合作与开放,先易后难,逐步推进。加强区域金融监管协调,建立健全监测分析、风险预警和防范化解体系,切实做好各项应急预案,及时化解和处置风险隐患。

二、扩大人民币使用,加快跨境人民币结算中心功能建设

(三)推动人民币作为自贸区与"一带一路"沿线国家跨境贸易和投资计价、结算的主要货币。各银行应顺应市场需求,立足服务实体经济,积极推动人民币在"一带一路"沿线国家跨境贸易和投资中的使用。

(四)简化跨境贸易和投资人民币结算业务流程。各银行可在"了解客户""了解业务""尽职审查"(以下简称"展业三原则")基础上,凭企业提交的收付款指令,直接办理经常项下和直接投资项下人民币跨境结算业务。

（五）支持开立跨境人民币结算账户。各银行可根据《人民币银行结算账户管理办法》（中国人民银行令〔2003〕第5号发布）、《境外机构人民币银行结算账户管理办法》（银发〔2010〕249号）等文件规定，按照账户管理有效区分的原则，为符合条件的自贸区境内外主体（含个人）开立人民币银行结算账户，办理相关跨境人民币结算业务。

（六）支持跨国企业集团开展跨境双向人民币资金池业务。支持和鼓励自贸区符合条件的跨国公司根据自身经营和管理需要，备案开展集团内跨境双向人民币资金池业务，为境内外成员企业提供跨境人民币资金余缺调剂和归集服务；探索降低跨境人民币资金池的准入门槛，提高资金净流入额度。

（七）鼓励境外发行人民币债券。支持自贸区金融机构和企业在境外发行人民币债券，所筹资金可根据需要调回区内，按照债券募集说明书所披露的用途使用。

（八）支持境外母公司境内发行人民币债券。自贸区企业的境外母公司可按有关规定在境内发行人民币债券，募集资金用于集团内设立在自贸区全资子公司和集团内成员企业借款的，不纳入现行外债管理。

（九）支持自贸区银行发放境外人民币贷款。鼓励和支持自贸区银行基于真实需求和审慎原则向境内机构的境外项目贷款，满足“走出去”企业的境外直接投资、项目建设、承包工程、出口买方信贷以及大型设备出口等融资需求。根据办理境外项目人民币贷款需要，自贸区银行可以从其境外分行调拨人民币资金，也可以向其境外子行或境外代理行融出人民币资金。

（十）支持开展个人跨境贸易人民币结算业务。各银行可为个人开展货物贸易、服务贸易跨境人民币业务提供结算服务，在展业三原则基础上，可凭个人有效身份证件或工商营业执照等相关资料，直接为客户办理跨境贸易人民币结算业务。

（十一）拓展跨境电子商务人民币结算。自贸试验区内结算银行与依法取得“互联网支付”业务许可的支付机构合作，在办理相关备案后，为企业和个人跨境货物贸易、服务贸易提供人民币结算服务。

三、进一步简政放权,促进贸易投资便利化

(十二)简化经常项目外汇账户管理。在真实、合法交易基础上,自贸区内货物贸易外汇管理分类等级为A类的企业无须开立待核查账户,货物贸易外汇收入可直接进入经常项目外汇账户。允许企业外汇账户备案和外汇账户开立两个环节合并为一个环节,在银行一并办理。

(十三)简化经常项目外汇收支手续。银行按照展业三原则办理经常项目购付汇、收结汇及划转等手续,可自主把握是否审核单证及审核何种单证。对于资金性质不明确的业务,银行应要求办理机构、个人主体进一步提供相关单证。放宽货物贸易电子单证审核条件。支持自贸区开展适应内陆加工贸易等多种贸易业态的结算便利化试点。

(十四)探索适合商业保理发展的外汇管理模式。鼓励自贸区有实际需求、经营合规且业务和技术成熟的商业保理公司开展国际保理业务,充分发挥商业保理在扩大出口、促进流通等方面的积极作用。

(十五)进一步深化支付机构跨境外汇支付业务试点。大力扶持和培育有实际需求、经营合规且业务和技术条件成熟的支付机构参与跨境外汇支付业务试点,便利境内机构、个人通过互联网进行跨境电子商务交易。

(十六)推动直接投资便利化。将外商投资企业和境外投资企业外汇登记改由银行办理,取消外商投资企业和境外投资企业联合年检,改为实行直接投资存量权益登记。支持企业开展对外直接投资,鼓励自贸区企业参与"一带一路"建设,指导银行优先安排自贸区10亿美元内大额对外投资存量项目资金汇出。探索研究限额内资本项目可兑换。

(十七)便利跨国公司外汇资金集中运营管理。放宽跨国公司外汇资金集中运营管理准入条件,相关备案条件中上年度本外币跨境收支规模可由超过1亿美元调整为超过5000万美元。境内银行通过国际外汇资金主账户吸收的存款,可境内运用比例由不超过六个月日均存款余额的50%调整为100%,境内运用资金不占用银行短期外债余额指标。

(十八)进一步简化资金池管理。允许经银行审核真实、合法的电子单证办理经常项目集中收付汇、轧差净额结算业务。简化集中收付汇和轧差结算收支申报程序,建立与资金池自动扫款模式相适应的涉外收付款申报方式,允许银行和企业签订一揽子涉外收付款扫款协议。

(十九)探索将外汇管理和金融服务功能纳入国际贸易“单一窗口”。扶持和培育外贸综合服务企业,为中小企业提供通关、融资、退税、保险等服务。积极支持政府部门建立以“服务清单”制度为核心的服务贸易服务体系和公共服务平台。

(二十)便利融资租赁公司境内外融资。允许区内金融租赁公司、外商投资融资租赁公司和中资融资租赁公司在向境内承租人办理融资租赁时,如果用以购买租赁物的资金50%以上来源于自身的国内外汇贷款或外币外债,可以外币形式收取租金等。对于自贸区具有真实贸易背景的外商投资租赁公司开展跨境融资,可将公司上年度经审计净资产的10倍减去风险资产作为新年度期间该公司新借外债余额的最高限额,并充分保证其额度使用灵活性。鼓励自贸区融资租赁类公司开展对外融资租赁业务,取消其境外放款额度限制。

(二十一)允许自贸区境外机构境内外汇账户结汇。允许注册且营业场所均在自贸区的银行为境外机构境内外汇账户(NRA账户)按照不落地结汇方式办理结汇业务,结汇后汇入境内使用的,境内银行应当按照跨境交易相关规定,审核境内机构和境内个人有效商业单据和凭证后办理,不得划转境外或进入FT账户及人民币NRA账户等。

(二十二)拓宽企业资本项下外币资金结汇用途。支持自贸区企业资本项目外汇收入实行意愿结汇。对重点外商投资企业资本项目外汇收入结汇在一定条件下可实行简化管理。鼓励投资性外商投资企业、外资股权投资管理机构、外资创业投资管理机构在自贸区以资本金结汇资金开展股权投资。

(二十三)便利涉外主体跨境融资。允许内保外贷项下资金通过向境内进行放贷、股权投资等方式直接或间接调回境内使用。支持有货物贸易出口的业务或企业,扩大境内外汇贷款结汇范围,银行可按照展业三原则要求,对出口项下相关背景进行真实性、合规性审核后,代企业办理结汇。实施外债意愿结汇政策,下放银行直接办理。

(二十四)支持企业利用全口径跨境融资宏观审慎管理政策融资。统一中外资企业借款标准,符合条件的企业均可开展跨境融资。允许自贸区金融机构和企业在与其资本或净资产挂钩的跨境融资余额上限内,自主开展本外币跨境融资。进一步提高企业跨境融资杠杆率,跨境融资余额上限由企业净资产的1倍提高到

2 倍。引导外商投资企业合理选择“投注差”与全口径跨境融资宏观审慎管理模式,为自贸区引入更多境外资金。

四、大力创新金融服务,支持实体经济加快发展

(二十五)探索建立与自贸区相适应的本外币账户管理体系。在风险可控的前提下,探索创新本外币账户设置、结算业务办理等新模式,支持市场主体通过自贸区本外币账户开展跨境投融资业务,促进跨境贸易、投融资结算便利化。

(二十六)鼓励各银行创新供应链融资。推动自贸区企业特别是轻资产服务贸易企业发展应收账款融资。推动自贸区政府部门通过补贴或奖励方式促进核心企业确认应收账款及降低企业融资负担。鼓励金融机构探索平衡核心企业、上下游企业利益的市场化供应链融资机制。

(二十七)支持自贸区企业在银行间市场进行直接融资。引导符合条件的企业在银行间市场发行短期融资券、中期票据、中小企业集合票据、非公开定向债务融资工具、资产支持票据等债务融资工具,进一步拓宽企业融资渠道。探索推动自贸区企业结合行业产业特点,发行“双创”、军民融合等专项债券融资工具。推动政府运用奖励和补贴等方式,对在银行间市场发行债券融资工具的企业给予支持。

(二十八)健全守信激励和失信惩戒机制。推进行政许可和行政处罚信息公示,实现与省公共信用信息平台的联通与共享。落实金融领域守信激励失信惩戒机制,拓展金融信用信息基础数据库的广度和深度,推广征信产品和服务在自贸区应用。在自贸区设立人民银行征信查询服务窗口,为市场主体提供方便、快捷、高效的信息查询服务。

(二十九)推动引进各类征信服务机构。支持自贸区引进第三方征信机构,开展信用登记、信用调查、信用咨询等业务,帮助企业提升信用水平。探索引进国际或国内专业信用评级机构,建立自贸区入区企业信用评级制度,完善信用分类管理机制。

(三十)推动自贸区支付结算基础设施建设。发展金融 IC 卡(芯片银行卡)和移动金融,打造金融 IC 卡无障碍示范区。完善自贸区金融 IC 卡应用环境,加大销售终端、自动柜员机等机具布放力度。在自贸区各综合服务大厅“一口受理窗口”试点开通企业基本存款账户开立绿色通道。大力推广电子商业汇票等非现金支付工具。

五、深化金融改革创新，推进人文交流和现代农业国际合作

（三十一）积极推进文化金融改革创新。鼓励金融机构支持依托政府、企业在人文交流方面的基础设施建设需求，探索通过延长贷款期限、灵活设定还款方式等，开展和改善融资服务。鼓励金融机构围绕自贸区与“一带一路”沿线国家的科技合作、教育合作、文化交流、文化贸易，积极创新金融产品，提供更具针对性的金融服务，支持创建与“一带一路”沿线国家人文交流新模式。

（三十二）支持金融机构开发适合文化行业“轻资产”特征的信贷方式或其他金融产品。鼓励和推动金融机构依托无形资产市场价格发现机制开展融资、结算等金融服务，鼓励开展知识产权质押融资业务。

（三十三）支持现代农业国际合作。鼓励金融机构为现代农业国际合作项目量身打造金融产品和提供全面高效金融服务；鼓励金融机构建立综合授信联盟，针对“走出去”涉农企业开展统一信用评级，加大对示范区“一带一路”沿线国家现代农业示范园区融资支持；引导金融机构利用杨凌众创田园平台和跨境农业电子商务平台，向新型农业创客开展创业贷款。

六、加强监测管理，防控开放环境下金融风险

（三十四）自贸区内机构办理跨境创新业务，应以真实合法交易为基础，不得使用虚假合同等凭证或虚构交易办理业务。各银行应遵循“展业三原则”，完善业务真实性、合规性审查机制，及时、准确、完整地向人民银行和外汇局报送相关数据信息及可疑交易，切实履行反洗钱、反恐融资、反逃税等义务。

（三十五）探索在自贸区建立和完善跨境资金流动风险监测预警指标体系，全面监测分析跨境资金流动，健全和落实单证留存制度，探索主体监管，实施分类管理，采取有效措施防范风险，避免资金利用自贸区特殊政策违规流动。

（三十六）加强金融消费权益保护。加强自贸区金融消费权益保护，建立与金融监管、行业组织和司法部门的协调机制，探索构建和解、专业调解、仲裁和诉讼在内的多元化金融纠纷解决机制。加强自贸区金融创新产品相关知识普及和风险教育。

陕西省公安厅推出七项服务自贸区和国家级自主创新示范区的出入境管理措施

陕西省公安厅

陕西省人民政府新闻办公室

2017年8月10日

陕西省人民政府新闻办公室新闻发布会材料一

发布辞

2017年8月10日

陕西省公安厅副厅长 向书茂

各位记者、各位新闻界的朋友们:

大家下午好!

为进一步支持我省自贸区和西安市全面创新改革示范区建设,贯彻落实公安部《关于复制推广有关出入境政策措施的通知》精神,省公安厅学习借鉴兄弟省市做法,深入西安、杨凌两个自贸区,调研了解自贸区内企事业单位对出入境政策措施的实际需求,并与省自贸办、省人社厅、省商务厅、省地税局等单位反复沟通,研究制定了我省贯彻落实公安部复制推广有关出入境政策措施的业务规范,确定了七项出入境政策措施的实施区域、外籍高层次人才认定标准,明确陕西自由贸易试验区办公室、西安市人民政府为外籍高层次人才申请外国人永久居留身份证的推荐单位。经公安部批准,将于2017年8月15日在陕西自由贸易试验区、西安市行政区域内正式实施七项服务自贸区和国家级自主创新示范区的出入境政策措施。这七项出入境政策措施具体内容如下:

1. 对符合认定标准的外籍高层次人才及其配偶、未成年子女,经自贸区管委会等单位推荐,可直接申请在华永久居留;

2. 外籍人员已在当地连续工作满4年,每年在我国境内实际居留累计不少于

6 个月,有稳定生活保障和住所,工资性年收入和年缴纳个人所得税达到规定标准,经工作单位推荐,可以申请在华永久居留,并允许配偶和未成年子女随同申请;

3. 外籍华人具有博士研究生以上学历在当地工作,或外籍华人在当地连续工作满 4 年、每年在我国境内实际居留累计不少于 6 个月,可直接申请在华永久居留;

4. 对来当地探望亲属、洽谈商务、开展科教文卫交流活动及处理私人事务的外籍华人,可以签发 5 年以内多次入出境有效签证;对在当地工作、学习、探亲以及从事私人事务需长期居留的,可以按规定签发有效期 5 年以内的居留许可;

5. 对具有创新创业意愿的外国留学生,可以凭我国高校毕业证书申请 2 至 5 年有效的私人事务类居留许可(加注"创业"),进行毕业实习及创新创业活动。期间,被有关单位聘雇的,可以按规定办理工作类居留许可。对经省级公安机关出入境管理机构备案的企业邀请前来实习的境外高校外国学生,可在入境口岸申请短期私人事务签证(加注"实习")入境进行实习活动;持其他种类签证入境的,也可在境内申请变更为短期私人事务签证(加注"实习")进行实习活动;

6. 在当地工作的外国人,如其已连续两次申请办理工作类居留许可,且无违法违规问题的,第三次申请工作类居留许可,可以按规定签发有效期 5 年以内的工作类居留许可;

7. 有关企业选聘的外籍技术人才和高级管理人才,办妥工作许可证明的,可在入境口岸申请工作签证入境;来不及办理工作许可证明的,可凭企业出具的邀请函件申请人才签证入境。

此次实施的七项出入境政策措施是公安机关支持陕西自贸区及西安市全面创新改革示范区建设的重要举措,对进一步便利外籍人员申办外国人永久居留身份证及签证居留许可,激发外籍华人回国创新创业热情将发挥积极作用。公安机关将一如既往主动作为,服务陕西招商引资、招才引智战略,努力为来陕外籍人员提供高效、便捷的出入境服务。

谢谢大家!

陕西省人民政府新闻办公室新闻发布会材料二

陕西省公安厅出入境管理局关于贯彻落实公安部复制推广有关出入境政策措施的业务规范

为有力推动陕西自贸区和西安市国家级自主创新示范区建设,吸引更多更好的国外人才,切实落实公安部《关于复制推广有关出入境政策措施的通知》(公境〔2017〕946 号)精神,结合我省实际,借鉴外省经验,研究制定本业务规范。

政策 1:对符合认定标准的外籍高层次人才及其配偶、未成年子女,经自贸区管委会等单位推荐,可直接申请在华永久居留。授权省级公安机关会同当地相关部门制定人才认定标准,报公安部批准后实施。

一、审批标准

符合我省外籍高层次人才认定标准的外国人,经由陕西省自由贸易试验区工作办公室或西安市人民政府出具的推荐函,可以申请办理外国人永久居留。

二、申请材料

(一)“高层次人才”需提交材料:

1. 提交《外国人在中国永久居留申请表》,三张近期 2 寸半身正面免冠彩色照片;

2. 相关奖励、成果证明复印件。指国家主管部门为申请人颁发的奖励证明、申请人获得的具有世界影响力或重大价值的科研成果证明等。如推荐函中已有详细说明,可不另行提供;

3. 有效护照、签证或居留许可复印件;

4. 提交中国(陕西)自由贸易试验区工作办公室或西安市人民政府的推荐函。

(二)“高层次人才”配偶需提供材料:

1. 提交《外国人在中国永久居留申请表》,三张近期 2 寸半身正面免冠彩色照片;

2. 婚姻证明复印件;

3. 高层次人才的有效护照及《外国人永久居留证》复印件。与高层次人才同一请示上报的申请,无须提供《外国人永久居留证》;

4. 提交一份自己在国内外均无犯罪记录的书面声明作为国内外无犯罪记录证明;

5. 体检证明原件;

6. 有效护照及签证或居留许可复印件;

7. 提交中国(陕西)自由贸易试验区工作办公室或西安市人民政府的推荐函。

(三)"高层次人才"未成年子女需提供材料:

1. 提交《外国人在中国永久居留申请表》,三张近期2寸半身正面免冠彩色照片;

2. 出生证明或亲子关系证明复印件;

3. 高层次人才的有效护照及《外国人永久居留证》复印件。与高层次人才同一请示上报的申请,无须提供《外国人永久居留证》;

4. 有效护照及签证或居留许可复印件;

5. 提交中国(陕西)自由贸易试验区工作办公室或西安市人民政府的推荐函。

(推荐函件中应明确所推荐人员的基本情况、所作贡献、突出才能等)

三、办理时限

西安市公安局和杨凌示范区公安局自受理后20个工作日内完成受理、初审,陕西省公安厅自收到初审材料后10个工作日内完成审核并报公安部审批。

四、办理机构

西安市公安局出入境管理支队和杨凌示范区公安局出入境管理处负责受理,陕西省公安厅出入境管理局负责审核,报公安部审批。

政策2:外籍人员已在当地连续工作满4年,每年在我国境内实际居留累计不少于6个月,有稳定生活保障和住所,工资性年收入和年缴纳个人所得税达到规定标准,经工作单位推荐,可以申请在华永久居留,并允许配偶和未成年子女随同申请。授权省级公安机关会同当地有关部门按照上一年度本区域人均水平倍数规定工资性年收入标准和纳税标准,报公安部批准后实施。

一、审批标准

外国人在西安市或杨凌示范区连续工作满4年,且4年内每年在中国境内实际居留累计不少于6个月;连续4年工资性年收入(税前)40万元人民币以上;每年缴纳个人所得税8万元人民币以上;经现工作单位推荐,可以申请办理外国人永久居留。

二、申请材料

1. 提交《外国人在中国永久居留申请表》,三张近期2寸半身正面免冠彩色照片;

2.《外国人就业许可证》复印件。有效时间段应为申请人自申请之日前连续4年。对符合现行规定免办《外国人就业许可证》的,需提交相关单位出具的书面证明;

3. 提交现工作单位出具的推荐函;

4. 交验单位登记证明并提供复印件。

5. 有效护照、签证或居留许可复印件;

6. 提交工作单位出具的最近4年工资收入证明及税务机关出具的最近4年个人所得税缴纳证明。

三、办理时限

西安市公安局和杨凌示范区公安局自受理后20个工作日内完成初审,陕西省公安厅自收到初审材料后10个工作日内完成审核,报公安部审批。

四、办理机构

西安市公安局出入境管理支队和杨凌示范区公安局出入境管理处负责受理,陕西省公安厅出入境管理局负责审核,报公安部审批。

政策3:外籍华人具有博士研究生以上学历在当地工作,或外籍华人在当地连续工作满4年、每年在我国境内实际居留累计不少于6个月,可直接申请在华永久居留。

一、审批标准

具有博士研究生以上学历且持工作类居留许可在西安市、杨凌示范区企事业单位工作的外籍华人;或持工作类居留许可在西安市、杨凌示范区企事业单位连续工作满4年、每年在中国境内实际居留累计不少于6个月的外籍华人,可以申请办理外国人永久居留。

二、申请材料

(一)符合具有博士研究生以上学历条件的申请人

1. 提交《外国人在中国永久居留申请表》,三张近期2寸半身正面免冠彩色照片;

2.《外国人就业许可证》复印件。对符合现行规定免办《外国人就业许可证》的,需提交相关单位出具的书面证明;

3. 交验单位登记证明并提供复印件;

4. 交验学历学位证明。自境外取得学历学位证书的,应提供经国家教育部门指定机构认证或我驻外使领馆认证;

5. 有效护照、签证或居留许可复印件;

6. 提交能够说明曾经拥有中国公民身份的相关证明材料。

(二)符合连续工作满4年条件的申请人

1. 提交《外国人在中国永久居留申请表》,三张近期2寸半身正面免冠彩色照片;

2.《外国人就业许可证》复印件。有效时间段应为申请人申请之日前连续4年。对符合现行规定免办《外国人就业许可证》的,需提交相关单位出具的书面证明;

3. 交验单位登记证明并提供复印件;

4. 有效护照、签证或居留许可复印件;

5. 提交能够说明曾经拥有中国公民身份的相关证明材料。

三、办理时限

西安市公安局和杨凌示范区公安局自受理后20个工作日内完成初审,陕西省公安厅自收到初审材料后10个工作日内完成审核,上报公安部审批。

四、办理机构

西安市公安局出入境管理支队和杨凌示范区公安局出入境管理处负责受理,陕西省公安厅出入境管理局负责审核,报公安部审批。

政策4:对来当地探望亲属、洽谈商务、开展科教文卫交流活动及处理私人事务的外籍华人,可以签发5年以内多次入出境有效签证;对在当地工作、学习、探亲以及从事私人事务需长期居留的,可以按规定签发有效期5年以内的居留许可。

一、审批标准

持F、M、Q2、S2签证来西安市、杨凌示范区的外籍华人,可以签发5年以内多次入出境有效签证;对在西安市、杨凌示范区工作、学习、探亲以及从事私人事务需长期居留的,可以按规定签发5年内有效的居留许可。

二、申请材料

(一)办理5年内多次入出境签证的外籍华人

1. 提交有效护照或者其他国际旅行证件;

2. 填写《外国人签证证件申请表》,提交一张近期2寸半身正面免冠彩色照片;

3. 提交《境外人员临时住宿登记表》;

4. 提交能够说明曾经拥有中国公民身份的证明材料;

5. 提交与申请事由相关的证明材料:

持M签证入境:提交邀请、接待单位或者个人出具的证明函件。未备案的单位还应当提交注册登记证明。合作伙伴为个人的,出具的函件应当签名并提交本地常住户籍证明或者实际居住地居住证明;

持F签证入境:提交邀请单位证明函件,未备案的单位还应当提交依法登记证明(如组织机构代码证副本、事业单位法人登记证书、办学许可证等证明);

持Q2签证入境:提交亲属关系证明或声明、被探望人员出具的担保证明函件、被探望人的有效身份证件及户口簿;

持S2签证入境:提交家庭成员关系证明或声明、被探望人员出具的担保证明函件和外国有效身份证件。其他人员,应当提交处理私人事务或者具有人道原因的相关证明。

(二)办理5年内有效居留许可的外籍华人

1. 提交有效护照或者其他国际旅行证件;

2. 填写《外国人签证证件申请表》,提交一张近期2寸半身正面免冠彩色照片;

3. 提交《境外人员临时住宿登记表》;

4. 提交能够说明曾经拥有中国公民身份的证件材料;

5. 提交与申请事由相关的证明材料:

工作类:提交当地市级以上人力资源和社会保障部门出具的工作许可证明以及工作单位证明函件;

学习类:提交就读学校注明学习期限的证明函件或入学证明;

探亲类:提交被探望人的常住户籍证明或者实际居住地6个月以上居住证明或者外国人永久居留证和说明家庭成员关系的函件;

私人事务类:提交被探望人居留证件和说明家庭成员关系的函件;其他人员提交处理私人事务事由的相关证明材料;

(首次申请的单位,需向公安机关进行备案)

三、办理时限

签证自申请受理之日起5个工作日内办结;

居留许可自申请受理之日起7个工作日内办结。

四、办理机构

西安市、杨凌示范区公安局出入境管理支队(处)以及西安市公安局所辖各区(县)公安机关出入境管理部门。

政策5:对具有创新创业意愿的外国留学生,可以凭我国高校毕业证书申请2至5年有效的私人事务类居留许可(加注“创业”),进行毕业实习及创新创业活动。期间,被有关单位聘雇的,可以按规定办理工作类居留许可。对经省级公安机关出入境管理机构备案的企业邀请前来实习的境外高校外国学生,可在入境口岸申请短期私人事务签证(加注“实习”)入境进行实习活动;持其他种类签证入境的,也可在境内申请变更为短期私人事务签证(加注“实习”)进行实习活动。

一、审批标准

具有在西安市、杨凌示范区创新创业意愿,并在我国高等院校毕业的外国留学生,凭高等院校毕业证书等材料,可签发2至5年有效的私人事务类居留许可(加注“创业”);期间,被有关单位聘雇的,应当按规定办理工作类居留许可;境外高校外国学生凭备案的西安市、杨凌示范区企业邀请函件、自贸试验区管委会或自贸试验区所包含功能区管委会或国家级自主创新示范区管委会等单位的证明函件,以及在境外高校在读证明,西安口岸签证机关可签发一次入境有效、停留期限不超过30日的短期私人事务(S2)签证(加注“实习”);持其他种类签证入境,符合条件的境外高校外国学生,可申请换发入境有效期不超过3个月,停留有效期不超过180天的零次或一次短期私人事务签证(加注“实习”)。

二、申请材料

(一)具有创新创业意愿外国留学生

1. 提交有效护照或者其他国际旅行证件;

2. 填写《外国人签证证件申请表》,提交一张近期2寸半身正面免冠彩色照片;

3. 提交个人申请或单位申请;

4. 交验本人获得的我国高等院校毕业证书;

5. 提交有关主管部门出具的申请人创新创业相关证明;

6. 提交《境外人员临时住宿登记表》;

(二)境外学生口岸签证

1. 填写《外国人口岸签证证件申请表》,提交两张近期2寸半身正面免冠彩色照片;

2. 提交本人属于境外高校在校生的证明材料;

3. 提交《外国人及邀请单位(个人)信息登记表》;

4. 提交外国人有效护照及复印件;

5. 提交邀请单位出具的邀请函。

(首次申请的需对邀请单位的登记信息、公章、负责人签字章样及证明函件式样和联系人向我省口岸签证机关进行备案。)

(三)境外学生办理签证换发

1. 提交有效护照或者其他国际旅行证件;

2. 填写《外国人签证证件申请表》,提交一张近期2寸半身正面免冠彩色照片;

3. 提交本人属于境外高校在校生的证明材料;

4. 提交西安市、杨凌示范区接待单位出具的说明入境从事相关活动的接待计划及实习事由的邀请函件；

5. 提交自贸试验区管委会或自贸试验区所包含功能区管委会等单位的证明函件；

6. 提交《境外人员临时住宿登记表》。

三、办理时限

口岸签证办理时限：申请人抵达后，至西安市咸阳国际机场口岸签证窗口及时办理；

其他签证办理时限：自申请受理之日起5个工作日内办结。

四、办理机构

西安市、杨凌示范区公安局出入境管理支队（处）以及西安市公安局所辖各区（县）公安机关出入境管理部门。

口岸签证由陕西省公安厅出入境管理局口岸签证处办理。申请人未随身携带相关申请材料，聘用单位需提前3日将相关材料送省公安厅出入境管理局口岸签证处办公室（西安市北二环51号）。

政策6：在当地工作的外国人，如其已连续两次申请办理工作类居留许可，且无违法违规问题的，第三次申请工作类居留许可，可以按规定签发有效期5年以内的工作类居留许可。

一、审批标准

符合已连续两次在陕办理工作类居留许可，且在华无违法违规问题的外国人，提交相关证明材料，可申办有效期5年内的工作类居留许可。

二、申请材料

（一）提交有效护照或者其他国际旅行证件；

（二）填写《外国人签证证件申请表》，提交一张近期2寸半身正面免冠彩色照片；

（三）提交《境外人员临时住宿登记表》；

（四）交验市级以上人力资源社会保障部门出具的外国人工作许可证明。

三、办结时限

自申请受理之日起7个工作日内办结。

四、办理机构

西安市、杨凌示范区公安局出入境管理支队(处)以及西安市公安局所辖各区(县)公安机关出入境管理部门。

政策7:有关企业选聘的外籍技术人才和高级管理人才,办妥工作许可证明的,可在入境口岸申请工作签证入境;来不及办理工作许可证明的,可凭企业出具的邀请函件申请人才签证入境。

一、审批标准

符合外籍高层次人才具体认定标准,办妥工作许可证明的外国人,西安咸阳国际机场口岸签证处可签发一次入境有效、停留期限不超过30日的工作(Z)签证。来不及办理工作许可证明的外国人,西安咸阳国际机场口岸签证处可签发一次入境有效、停留期限不超过30日的人才(R)签证。

二、申请材料

(一)办妥工作许可证明的外国人

1. 填写《外国人口岸签证证件申请表》,提交两张近期2寸半身正面免冠彩色照片;

2. 交验人力社会保障部门签发的工作许可证明;

3. 提交聘用单位出具的邀请函件;

4. 提交《外国人及邀请单位(个人)信息登记表》;

5. 提交外国人护照复印件;

(二)来不及办理工作许可证明的外国人

1. 填写《外国人口岸签证证件申请表》,提交两张近期2寸半身正面免冠彩色照片;

2. 提交自贸试验区管委会或自贸试验区所包含功能区管委会等单位证明函件。

3. 提交《外国人及邀请单位(个人)信息登记表》;

4. 提交外国人护照复印件;

5. 提交邀请单位出具的邀请函。

三、办理时限

申请人抵达后，至西安咸阳国际机场口岸签证处及时办理。

四、办理机构

口岸签证由陕西省公安厅出入境管理局口岸签证处办理。聘用单位代为申请的，需提前3日将相关材料送省公安厅口岸签证处办公室(西安市北二环51号)。

陕西省国家税务局强化十条措施助推中国(陕西)自由贸易试验区建设

陕国税发〔2017〕51号

陕西省国家税务局以中国(陕西)自由贸易试验区发展规划和纳税人需求为导向，规范流程，优化服务，大胆创新，推出了10项税收服务新举措，切实推动自贸试验区建设。

一、建立机制，确保税收政策支持效用最大化。为了发挥税收支持自贸区建设的最大化效应，省国税局成立了助推陕西自贸试验区办公室，由主要领导亲自挂帅。在第一时间掌握全国自贸区税收问题动态，研究政策，积极向上争取国家税收政策支持，研究创新适用的服务措施，确保提供一流的服务措施和服务质量，督导跟进政策实施，确保每一项政策发挥效果。建立定期例会制，按照省委省政府推动自贸区试点工作的脉动同步推进，同频共振。

二、深化拓展，推进“互联网+税务”行动计划。认真落实“服务税户、服务基层、服务大局”要求，在优化办税手段、创新征管方式上深入实践探索。加快电子税务局系统推广，建成完善“省国税局电子税务局系统(1.0版)”，通过对电子税务局功能创新和优化升级，推出电子税务局手机版(APP)陕西国税掌上办税系统，实现主要涉税事项的网上办理，构建网上自主办税新格局。

三、精准对接，打通国地税电子服务平台。充分利用省国税局电子税务局和省地税局电子办税服务厅建设成果，建设融合国地税业务，标识统一、流程统一、操作统一的陕西电子税务局，利用信息化手段对已有国地税合作成效进行固化，打破以往国地税网上办税界限。实现“五个一”，即“一次登录入门、一体办理两家事、一次性提交资料、一致化办税体验、统一接收信息”，将“进一家门办两家事”从线下做到线上，为纳税人带来全新的办税体验。

四、持续推进,实现办税事项区域通办。按照"长流水、不断线、打连发、呈递进"的工作节奏,持续深入开展"便民春风办税行动",今年推出5类20项43条便民办税措施。特别是在自由贸易区内实行办税事项同城通办和省内通办,对增值税一般纳税人资格直接登记,一般纳税人资格即时办结。

五、分类管理,提升出口退税办理效能。改进出口退(免)税企业管理,充分发挥出口退税支持外贸发展的职能作用,对一类、二类出口退税企业简化申报手续,提供退税绿色通道等服务,缩短退税办理时限。

六、规范落实,推进保税园区建设。全面落实税收优惠政策,营造公平公正法治环境。对出口企业经海关报关进入出口加工区、保税物流园区、保税港区、综合保税区、保税物流中心(B型),并销售给特殊区域内单位或境外单位、个人的货物(适用增值税免税或征税的出口货物除外),实行免征和退还增值税政策。

七、创新服务,全力打造智慧税务。运用多元化互动手段提升纳税人办税体验,有效整合系统资源,实现"热线""网线""无线"互联互通,纳税人信息和需求网上采集。针对纳税人特点开展网上涉税信息推送、提醒,提供网上办税信息查询等个性化服务。推行网上备案,行政许可类事项网上审批,备案类事项实行"以报代备"。

八、统筹推进,实现办税自主化预约。纳税人可以通过电话、手机APP、微信等多种渠道,向税务机关预约办理日常涉税业务,在约定时间内办理预约事项。向纳税人提供发票网上、掌上申请,物流配送、窗口自取及终端自助领取发票服务,实现发票领用"线上申领、线下配送"。

九、部门协作,纳税信用评价信息共享互用。联合地税部门运用税收大数据等,对纳税人的涉税信用信息进行科学采集、分析和评价,联合评定纳税信用等级,实施分类服务和管理并依托陕西省公共信用信息平台,实现纳税人信用信息在各部门间的共享利用。

十、上下联动,突出片区特色服务。全面动员,上下联动,因地制宜,推出特色服务,个性化服务,不断增强纳税人获得感。如西咸新区国家税务局空港新城税务分局针对自贸区外籍纳税人增多的情况,确定分局2名具备专业英语水平的干部为兼职双语税收服务员,为需要外语服务的纳税人提供无沟通障碍服务等,受到纳税人好评。

质量监督检验检疫总局关于推进检验检疫改革创新进一步支持自由贸易试验区建设的指导意见

国质检通〔2017〕261 号

天津、辽宁、上海、浙江、福建、厦门、河南、湖北、广东、深圳、珠海、四川、重庆、陕西检验检疫局:

设立自由贸易试验区(以下简称“自贸试验区”)是党中央、国务院在新形势下作出的重大决策。自贸试验区是改革开放的制度创新高地,也是检验检疫改革创新的重要平台。当前,全国已有 11 个省(区、市)获批建设自贸试验区,涉及 14 个直属检验检疫局。为贯彻落实国务院新印发的全面深化上海自贸试验区改革开放方案及辽宁等 7 个自贸试验区总体方案,并加强对各自贸试验区检验检疫工作的指导,充分发挥自贸试验区在推进检验检疫改革创新中的引领作用,现就进一步支持自贸试验区建设提出以下意见。

一、指导思想

全面贯彻党的十八大和十八届三中、四中、五中、六中全会精神,深入贯彻习近平总书记系列重要讲话精神和治国理政新理念新思想新战略,紧紧围绕“四个全面”战略布局和“五位一体”总体布局,以国务院印发的各自贸试验区建设方案为指导,充分利用自贸试验区的改革创新引领作用,大胆试、大胆闯、自主改,进一步探索推进自贸试验区检验检疫监管模式改革,促进自贸试验区建设,提升贸易便利化水平,改善营商环境。

二、工作目标

通过在自贸试验区实施支持政策,试点探索创新制度,形成一批国际化程度高、创新性强、用户体验好的改革举措,大幅提升自贸试验区的贸易便利化水平,带动自贸试验区产业聚集发展,提高自贸试验区的吸引力,体现和发挥检验检疫在促进经济社会发展、服务国家重大战略中的地位和作用。同时形成一批系统性强、实用性佳、影响面广的可复制可推广创新制度和经验,为推进检验检疫全面深化改革创新提供有益经验。

三、基本原则

(一)坚持安全第一,注重效率。坚持把维护国门安全作为自贸试验区检验检疫改革创新的底线,把提高效率作为基本要求,坚持改革创新不逾越安全底线,在安全和效率之间探索最佳平衡点,做到既严把国门安全,又最大限度提升放行速度。

(二)坚持依法改革,有序创新。正确处理依法改革与创新突破的关系,坚持法律法规调整走在改革实践之前,坚持在取得法律授权的前提下进行改革试点,使改革在法制的框架下有序推进。

(三)坚持统筹兼顾,统分结合。充分发挥检验检疫垂直管理的优势,合力推进一些共性事项的改革创新,形成统一适用的改革经验。对于具有地方特色的个性事项,允许各地在保证检验检疫统一性的前提下,探索适应当地实际的改革举措,形成共性与个性改革创新相互补充、相互促进的良好格局。

(四)坚持立足当前,着眼长远。坚持实事求是、方便可行,立足当前解决检验检疫事业发展最紧迫的现实问题。同时坚持适度超前、兼顾长远,从检验检疫事业长远发展的角度,探索和储备一批适应未来发展需要的改革举措。

四、支持措施

(一)深化试点探索,推进简政放权

1. 优化审批流程。支持在各地自贸试验区综合服务大厅设立检验检疫窗口,实行检验检疫相关审批"一口受理"服务模式,推进行政审批规范化、标准化建设。自贸试验区内食品生产加工企业申请出口食品企业注册备案的,采信企业 HACCP 认证或自查内审结果声明,简化审批流程。

2. 完善审批模式。对自贸试验区内特殊物品企业,入出境生物医药类特殊物品实施行政审批全程无纸化,在产品分级、企业分类的基础上对信用良好企业的 D 级生物制品出境进一步提升审批效率。推进实施强制性产品认证免办审核工作全程无纸化建设。

3. 创新认证监管。在自贸试验区内使用的入境展品,设计、研发所需的原材料和零部件等,简化强制性产品认证免办审核程序。

4. 探索优化口岸卫生许可。探索优化自贸试验区内口岸食品生产经营单位、饮用水供应单位、公共场所经营单位卫生许可监管模式,建立健全企业诚信机制,进一步缩短审批时限,加强事中事后监管,确保试验区内口岸公共卫生安全。

(二)加大支持力度,促进产业发展

5. 促进入境维修/再制造产业发展。复制推广上海等自贸试验区创新经验,推进以口岸查验、监督管理、产成品质量验证为基础,以能力评估、境外装运前检验为管理手段的入境维修/再制造料件质量安全管理工作模式,对料件、企业实施差别化管理。

6. 促进检验检测产业发展。支持自贸试验区内检验检测认证机构建设,鼓励在区内投资设立进出口商品检验鉴定机构,推动检验检测产业加快发展。推进实施检验结果第三方采信制度,进一步扩大第三方采信范围。

7. 支持国际物流大通道建设。支持指定口岸建设,推动提升指定口岸运营水平。创新多式联运及国际分拨货物证书核查、口岸查验等检验检疫监管制度,提前规划、科学布局口岸检验检疫监管区,支持多式联运国际物流中心建设。优化拼箱拼装货物检验检疫监管模式,提高检验检疫效率。对已获得我国检疫准入的国际中转食品免予实施检验,免予提供证书,免予注册备案。

8. 支持中欧班列扩量增效。支持各内陆自贸试验区充分发挥内陆主要货源节点和主要铁路枢纽节点作用,简化检验检疫申报、查验和放行手续,对过境中转集装箱免于开箱查验(装载动植物及其产品的,仍按照进出境动植物检疫法律法规相关规定执行),支持冷链物流发展,扩大班列运输食品范围,促进打造中欧班列枢纽。

9. 支持重大项目建设。优化检验检疫监管模式,探索建立以“便利通关、风险评估、组织检验、技术支撑、综合监管、合格评定”为基础的进口大型及成套设备检验监管新模式,支持自贸试验区重大项目建设。

(三)优化监管模式,提高贸易便利化水平

10. 深化分线管理模式。科学界定沿海、沿边和内陆地区自贸试验区“一线”“二线”范围,按照严密防范质量安全风险和最大便利化的原则,一线主要实施进出境现场检疫、查验、处理和重点敏感货物检验工作;二线主要实施进出口产品检验检疫监管及实验室检测,维护质量安全。

11. 探索优化查验放行模式。探索自贸试验区内进出口产品检验检疫分类监管新模式,针对不同的监管对象和产品特点,实行基于合格评定的多种放行模式。

12. 探索完善事中事后监管。优化整合现有监管资源,拓宽信息采集渠道,建立多维度事中事后风险监测、评估和预警机制,建立健全质量安全约谈、追溯、召回制度,推动建立政府监管、企业主责、行业自律、社会监督、公众参与的综合监管体系。

13. 测算和压缩检验检疫放行时间。依托 E - CIQ 统计系统,开展检验检疫平均放行时间测算工作。进一步优化检验检疫工作流程,强化流程管理,加强各环节之间工作衔接,压缩检验检疫平均放行时间。

(四)加强协作配合,形成工作合力

14. 支持国际贸易"单一窗口"建设。支持各自贸试验区依托电子口岸公共平台推进国际贸易"单一窗口"建设,完善货物进出口和运输工具进出境的应用功能,进一步优化通关流程,实现贸易许可、资质登记平台功能。

15. 加强部门协作配合。密切与自贸区管委会的协作,积极配合管委会有关工作的落实,形成合力,创造良好工作环境。加强与海关、海事、交通、边检等口岸管理部门的合作,推进信息共享,加强执法互助,创造和谐环境。强化自贸试验区检验检疫机构与口岸检验检疫机构之间的协作联动,在自贸试验区深化检验检疫一体化改革,形成高效、便捷的检验检疫通关放行机制。

16. 加强对外国际合作。支持自贸试验区与"一带一路"沿线国家开展检验检疫、认证认可等方面的合作与交流,推进检验检疫证书国际联网核查机制建设,在平等互利的基础上,探索推进检验鉴定结果互认,逐步实现信息互换、监管互认、执法互助。

五、有关要求

(一)加强组织领导。各直属局要加强对自贸试验区检验检疫工作的组织领导,建立工作机制,细化工作任务,加强工作协调,充分发挥各领域专家队伍的力量,全力推进工作落实,确保工作取得实效。

(二)加强沟通交流。各直属局要加强与总局相关业务司局的沟通交流,就相关改革事项听取业务司局的意见,以使改革措施与相关业务改革创新的方向一致;总局有关部门要积极指导相关直属局推进改革,形成上下互动的良好局面;各直属局之间要加强沟通交流,互通有无,取长补短,形成合力。

(三)加强创新经验的试点探索。各直属局要根据各自贸试验区总体方案内容及当地实际，结合各自贸试验区的功能定位，积极研究实施支持措施，试点探索创新经验，并适时对创新事项进行总结，对于存在不足、效果不佳的创新事项，及时进行调整完善，使创新事项发挥应有的作用。总局将根据国务院的部署和有关要求，适时对创新措施进行评估和复制推广。

（四）加强与研究机构的协作。加强与知名院校、专业智库的协作，在业务管理与研究方面实现优势互补和成果共享，共同提高“检学研”合作的层次和水平，为自贸试验区检验检疫制度创新提供智力支持。

质量监督检验检疫总局

2017 年 6 月 6 日

陕西省出入境检验检疫局关于印发支持中国（陕西）自由贸易试验区建设 20 项措施的通知

陕检质〔2017〕34 号

各分支局、办事处，各处室、直属单位：

为支持中国（陕西）自由贸易试验区建设，进一步扩大开放和加快推进“一带一路”建设，根据陕西自贸试验区战略定位和发展目标，结合工作实际，我局研究制定了 20 项支持措施。现印发你们，请认真学习，抓好落实。

陕西省出入境检验检疫局

2017 年 4 月 7 日

陕西检验检疫局支持中国（陕西）自由贸易试验区建设 20 项措施

为支持中国（陕西）自由贸易试验区（以下简称自贸试验区）建设，进一步扩大开放和加快推进“一带一路”建设，根据陕西自贸试验区战略定位和发展目标，以制度创新为核心，以简政放权、转变职能为手段，结合工作实际，制定以下 20 项支持措施。

一、深化行政管理改革

1. 推进简政放权。全面授权自贸试验区相关分支机构办理辖区各类检验检疫业务,出口食品生产企业备案、动植物产品生产企业登记备案、进境动植物产品检疫审批、出入境特殊物品卫生检疫审批、强制性认证产品免办等业务的受理和初审工作。(质量处、认证处,各业务处,各相关分支机构)

2. 推进"多证合一"和多项联办。推进外贸经营企业资格备案、原产地证书申领企业备案、报检企业备案等"多证合一"改革和多项联办。建设"互联网+检验检疫"综合行政服务平台,打造线上行政大厅。(通关处、信息化处,各相关分支机构)

3. 加强事中事后监管,完善信用监管体系。建立健全目录外商品监督抽查、退运、通报调查、原产地证退证查询等事中事后监管机制。支持自贸试验区社会信用信息归集平台建设,将进出口企业质量征信归集纳入社会信用共享体系。健全守信激励和失信惩戒机制。(通关处、各业务处,各相关分支机构)

二、深化检验检疫监管制度创新

4. 实施分线检验检疫监管制度。按照防控质量安全风险和贸易便利化的原则,在出入境"一线"实施检疫和重点敏感货物检验,一般货物不实施检验,在"二线"实施检验监管。对自贸试验区内进出口商品及企业实施风险监测为主的质量安全管理。(各业务处,各相关分支机构)

5. 创新检验检疫监管模式。实行货物预检验制度,入区一次检验检疫、出区分批核销;探索建立自贸试验区内货物"空检陆放"和分类监管等新型监管模式;积极落实《动植物及其产品检疫审批负面清单制度》和《免除低风险动植物检疫证书的清单制度》;对低风险进出口动植物产品安全卫生项目实施抽查检验;对输入国家或地区没有注册登记要求的出境动植物产品,原则上不再对其国内生产、加工、存放企业实施登记备案。(质量处,各业务处,各相关分支机构)

6. 推进出口和内销产品"同线同标同质"。按照供给侧结构性改革要求,推动自贸试验区内企业出口和内销产品在同一生产线上按相同的标准组织生产,达到相同的质量水准,逐步消除国内市场与国际市场的产品"质量高差",促进出口优质产品向国内市场的供给,促进海外消费回流。(认证处、检验监管处,各相关分支机构)

7. 推进检验检疫国检监管区建设。积极探索检验检疫国检监管区建设，把口岸“搬到”内地，创新工作机制、创新业务模式、创新通关便利化举措，最大限度地优化进口和出口贸易通关环境。（通关处、各业务处、相关分支机构）

三、提升贸易便利化水平

8. 支持国际贸易“单一窗口”建设。支持地方政府国际贸易“单一窗口”建设，推进自贸试验区检验检疫监管服务平台和数据交换平台建设，建立与自贸试验区公共信息平台的网络互联机制；打造“智慧检验检疫”平台，启动“互联网+”质量安全追溯、技术规则及风险监测等项目建设。（通关处、信息化处）

9. 深化检验检疫一体化改革。深化检验检疫全程无纸化改革，加快全省检验检疫一体化进程，建立自贸试验区片区间的协调联动机制，提高包括自贸试验区在内的特殊开放区域互联互通水平及通关效率；加强与陕西货物主要进出口口岸检验检疫机构协同合作，推进与口岸检验检疫机构间信息互换、监管互认和执法互助。（通关处，各相关分支机构）

10. 加强口岸疫情疫病联防联控。推动与地方卫生部门等加强联防联控合作，提升口岸疫情疫病防控能力，防止传染病跨境传播。（卫检处、机场局）

11. 推动与“一带一路”沿线国家认证认可及检验检测结果互认。积极参与质检总局与“一带一路”沿线国家在检验检疫、认证认可、标准等方面的多双边交流与合作，开展陕西主要出口“一带一路”国家技术法规和标准分析研究，推动实现标准、方法的互认及检验检疫证书国际联网核查；深化第三方检验、认证结果采信制度，扩大进出口工业产品第三方检验结果采信的适用范围。推动与“一带一路”沿线国家执法联络网络建设。（质量处、认证处、法制处，各业务处等）

12. 积极拓展口岸检验检疫服务功能。积极协助地方政府申报进境水果、种苗和进口汽车等指定口岸，指导基础设施建设，支持已获批的进口肉类、粮食、冰鲜水产品、食用水生动物等指定口岸业务做大做强。（通关处，各业务处，相关分支机构）

13. 支持中欧班列和向西开放发展。支持西安充分发挥“一带一路”重点节点城市的作用，保障中欧班列常态化运行；简化申报、查验和放行手续；支持冷链物流发展，扩大班列运输货物范围。（陆运办）

14. 积极配合口岸监管部门实现“信息互换、监管互认、执法互助。”加强与海关等口岸监管部门的沟通协调,运用关检联席会议等机制,深化关检合作“三个一”,加强与海关“一站式查验”协作配合,共享共用查验场所、监管设施。推动陆港联动,实现口岸功能延伸。(通关处,各分支机构)

四、支持产业发展

15. 支持现代农业国际化建设。积极支持杨凌进境种质资源保护中心建设,实现对种质资源的有效保护。支持生物材料、遗传物质、种苗、繁殖材料等产业建设。支持先进农业设施设备和研发设备进口。(植检处、动检处、检验监管处)

16. 加强技术性贸易措施工作。创新中国 WTO/TBT - SPS 通报机制;加强对重点贸易国家和地区、重点行业和产品的技术性贸易壁垒研究分析,针对自贸试验区企业特点制定并落实应对措施;积极开展我国技术性贸易措施工作。(法制处,各业务处,相关分支机构)

17. 支持全球维修、租赁产业发展。支持企业开展面向国内外市场的高技术、高附加值的检测维修等保税服务业务。在对维修企业信用管理和风险监测基础上,以产品不定性监督检查代替批批检验。对入境维修复出口、入境再制造机电料件免于实施装运前检验。对保税、租赁等方式多次进出自贸试验区的货物实行“一次检验、登记核销”的管理模式。(检验监管处,各相关分支机构)

18. 支持跨境电商等新兴业态发展。创新跨境电商检验检疫监管,明确电商经营主体的质量安全责任,构建跨境电商质量安全追溯体系,保障跨境电商快速有序发展。支持陕西邮快件业务健康发展。支持农业走出去返销产品进口。支持高端制造、航空物流、现代物流等产业发展。对自贸试验区内进口文化艺术品(限艺术品整体或部分属于强制性认证目录产品)给予无须办理强制性认证的特殊监管措施,凭艺术品证明文件直接受理报检。(质量处,各业务处,各相关分支机构)

19. 支持生物医药贸易和产业发展。实施审批负面清单管理和并联审批,实现“一次申请,多项审批”,缩短特殊物品审批流程。对以生物材料为主的特殊物品实行风险分级管理,对低风险特殊物品审批期限放宽至 12 个月,实施“一次审批、分批核销”和直通放行。在风险管理和企业诚信的基础上,可以实施“非侵入、

非干扰”式查验。(卫检处、动检处,各相关分支机构)

20. 支持会展业发展。对进境展品实施口岸核放、场馆集中查验监管。对保税展示货物,实行登记管理,允许多次出区展示。自贸试验区涉及强制性认证的展品免予办理强制性认证。允许来自非疫区但未获得进口准入的食品在检验检疫机构的监管下在区内展览、展示;允许参展的预包装食品、化妆品等,凭展会组织方证明免予加贴中文标签和抽样检验。(质量处、各业务处,相关分支机构)

海关总署关于印发支持和促进中国(陕西)自由贸易试验区建设发展的若干措施的通知

署加发〔2017〕77 号

西安海关:

设立中国(陕西)自由贸易试验区,是党中央、国务院作出的重大决策,是新形势下全面深化改革、扩大开放和加快推进“一带一路”建设、深入推进西部大开发的重大举措。

为贯彻落实党中央、国务院决策部署,支持和促进中国(陕西)自由贸易试验区建设和发展,总署结合海关工作实际,研究制定了《海关总署关于支持和促进中国(陕西)自由贸易试验区建设发展的若干措施》,现印发你们,请认真组织学习,抓好贯彻落实。

一、要解放思想、改革创新、积极探索、加强协调、相互借鉴,支持自由贸易试验区先行先试。边实践、边改革、边创新,不断丰富和完善支持措施,细化相关海关监管办法。

二、坚持“放得开”和“管得好”相结合,既要有效落实支持措施,积极创新、先行先试,又要依法依规做到安全高效管住,切实防控各类风险。

三、要根据《中国(陕西)自由贸易试验区总体方案》要求,按照有利于安全高效管住、促进贸易便利化原则,在创新模式、优化流程、简化手续、提高效率等方面自主创新海关监管制度,积累可复制可推广的经验。涉及有关政策性问题的,须报经总署同意后再先行先试。

特此通知。

附件:海关总署关于支持和促进中国(陕西)自由贸易试验区建设发展的若干措施

海关总署

2017 年 4 月 7 日

附件

海关总署关于支持和促进中国(陕西)自由贸易试验区建设发展的若干措施

为贯彻落实党中央国务院关于中国(陕西)自由贸易试验区(以下简称"自贸试验区")提出的"以制度创新为核心,以可复制可推广为基本要求,全面落实党中央、国务院关于更好发挥'一带一路'建设对西部大开发带动作用、加大西部地区门户城市开放力度的要求,努力将自贸试验区建设成为全面改革开放试验田、内陆型改革开放新高地、'一带一路'经济合作和人文交流重要支点"要求,根据《国务院关于印发中国(陕西)自由贸易试验区总体方案的通知》(国发〔2017〕21 号)精神,进一步转变职能、创新制度、把好国门、做好服务,现制定以下支持措施:

一、创新海关监管制度,促进贸易便利化

(一)全面推动海关监管制度创新

深化复制推广上海、广东、天津、福建自贸试验区海关监管创新制度工作,对适合新设自贸试验区发展的海关监管创新举措及原四个自贸试验区海关支持措施,因地制宜借鉴复制。继续开展海关监管制度创新,进一步提升贸易便利化水平。

(二)优先推进自贸试验区"互联网 + 海关"特色服务

全面优化海关线上业务流程,优先推进海关服务事项网上办理,实现应上尽上、全程在线;融入全国"互联网 + 政府服务"体系,建设海关的一体化互联网政务服务平台,根据自贸试验区发展需求,提供海关特色服务。

(三)率先推进通关一体化改革

将自贸试验区率先纳入全国通关一体化改革推进进程,结合自贸试验区特色,加速推进自贸试验区海关功能化改造。完善“双随机、一公开”制度,强化事中事后监管。加强内陆与沿海、沿边海关间协作,推广应用物流监控系统,进一步提高通关效率,服务外贸转型升级,实现优进优出。

(四)建设国际先进水平的国际贸易“单一窗口”

依托电子口岸公共平台,建设国际先进水平的国际贸易“单一窗口”,并优先在自贸试验区试点推广。以“总对总”方式与各口岸和贸易管理部门系统对接,实现贸易许可、支付结算、资质登记等平台功能,逐步实现企业通过“单一窗口”一站式办理所有通关手续,优化监管执法流程,探索“一口对外、一次受理和统一反馈”的口岸管理模式,实现由“串联执法”转为“并联执法”,优化投资环境,进一步提高国际贸易便利化水平。

(五)推进海关税收征管方式改革

推动税收征管申报要素的审查由集中在进出口通关环节向全过程转变,由逐票审查确定向抽查审核转变,实现税收征管作业的前推后移。支持企业自报、自缴税款、创新税收担保形式,从以货物为单元的逐票担保机制转变为以企业为单元的总担保机制。优化归类一致性协调解决机制,将自贸试验区企业数据优先纳入归类先例企业库,推动企业使用归类先例辅助查询系统。

(六)创新企业管理制度

积极融入国家商事制度改革,推进自贸试验区企业注册登记“多证合一”,进一步优化海关“关企合作平台”,实现企业远程在线办理海关注册登记业务。构建以信用为核心的新型海关监管体制,优化企业信用信息公示制度,支持自贸试验区内符合条件的企业经申请认证为海关 AEO 企业,促进企业享受海关监管便利措施。有效落实对海关高级认证企业守信联合激励措施和对失信企业的联合惩戒措施。

(七)深化国际间海关合作

以贸易安全与便利为重点,开展国际海关间通关便利化、AEO 互认、能力建设、执法等合作,积极开展“一带一路”沿线国家、地区间自由贸易园区海关监管合作。

二、实施保税监管改革,促进加工贸易创新发展

(八)改革加工贸易监管模式

实施以企业为单元,以账册为主线,以企业物料编码(料号)或HS编码(项号)为基础,周转量控制,定期核销的加工贸易监管模式和“风险研判、分类审核”作业模式。对管理规范、符合海关监管要求的企业,实施自主备案、自主核报的管理方式。取消异地加工贸易审核环节,企业可直接在加工企业所在地主管海关办理手续。探索建立总部式一体化保税监管模式和以研发设计为龙头的全产业链保税监管模式,促进加工贸易向产业链中高端延伸。

(九)改革加工贸易核销及单耗管理方式

允许符合条件的企业根据生产经营实际自主确定合理核销周期,并自主选择采用单耗、耗料清单、工单等核算方式,自主选择在报核前申报单耗或实行单耗自核管理。简化核销手续,取消预报核环节。

(十)加快海关特殊监管区域和保税监管场所整合优化

支持符合条件地区新设综合保税区和保税物流中心。支持自贸试验区内海关特殊监管区域转型为综合保税区。推动保税仓库和出口监管仓库整合。支持自贸试验区内海关特殊监管区域创新发展,加快实施选择性征收关税试点。

(十一)提高保税货物流转效率

优化口岸、海关特殊监管区域、保税监管场所和加工贸易企业之间的保税货物流转方式。企业可自行选择运输工具承运保税货物。

三、支持新型贸易发展,促进稳增长调结构

(十二)支持文化对外贸易发展

探索文化产品保税监管新模式,促进文化艺术、数字出版、动漫游戏、艺术品交易等文化业务发展。依托海关特殊监管区域,发展文化特色服务进出口产业。

(十三)支持跨境电子商务发展

支持建立跨境电子商务平台运营主体、符合条件的外贸综合服务企业、物流服务企业集中代理纳税的机制。进一步加强对跨境电子商务企业、外贸综合服务企业研究,制定更加符合新业态特点的企业认证标准,实施海关企业信用管理。推进跨境电子商务线上线下有机融合。

(十四)支持服务外包业务发展

支持符合条件企业开展服务外包保税业务时,适用国际服务外包业务进口货物保税监管模式,鼓励企业承接服务外包,促进软件研发、工业设计、信息管理等业务发展，提高服务外包产业国际竞争力。

（十五）支持生产性服务业发展

创新与研发、设计、检测、维修等生产性服务业相适应的海关监管模式，支持企业开展高技术含量、高附加值、环境风险可控的境内外检测、维修业务，促进生产性服务业发展。

（十六）支持融资租赁业务发展

对注册在自贸试验区海关特殊监管区域内的融资租赁企业进出口飞机、大型设备等涉及跨关区的，在确保有效监管和执行现行相关税收政策前提下，按物流实际需要，实行海关异地委托监管。

四、助推产业优化升级，推动“一带一路”建设和西部大开放战略深入实施

（十七）支持打造面向“一带一路”的高端产业高地

支持发展高端装备制造、新一代信息技术、新材料、生物医药等先进制造业，探索“电子底账 + 企业自核”的保税监管模式。支持软件开发测试、中医药文化和技术等服务贸易发展，培育“陕西外包”品牌。创新税收征管模式，提供预归类、预审价、原产地预确定等服务，支持进口先进技术和资源类商品。

（十八）支持打造面向“一带一路”的人文交流高地

支持境内外专业人才双向流动，对高层次人才进出开辟绿色通道，优化通关手续。简化文物进出境通关手续，探索博物馆联盟间交流合作海关监管模式，支持开展文物国际展示、国际交流。

（十九）支持建设“一带一路”国际内陆中转枢纽港

优化整合监管资源，支持加密国际客货运航线航班，发展空港货运物流，支持建设全方位立体化开放大通道，建设“一带一路”交通、商贸、快递物流中心。探索开展进出口邮、快件铁路运输监管业务。

（二十）支持“一带一路”现代农业国际合作

贯彻落实国家税收优惠政策，支持“一带一路”现代农业国际合作，建设国家现代农业国际创新园、“星创天地”、现代农业合作联盟、全球农业智库联盟。增设企业协调员，提供个性化的通关监管服务，支持在农业新技术、新品种、新业态以及节水农业、设施农业、农业装备等领域的国际合作，促进科技创新和示范推广。

（二十一）支持推进与“一带一路”沿线国家产能合作

利用自贸协定税收优惠、通关便利和海关统计资源支持企业"走出去",开展境外基础设施建设、能源资源合作。发展对外承包工程和劳务合作,鼓励有竞争优势的企业开展境外加工,带动产品、服务和技术出口。

(二十二)支持推动西部大开发战略深入实施

支持现代服务业、先进制造业和战略性新兴产业集聚发展,促进产业转型升级。支持军民两用技术联合攻关,促进军民科技成果共享共用,推动产业化发展。

五、培育法治化营商环境,维护贸易秩序公平公正

(二十三)依法实施知识产权保护,维护企业创新成果

强化知识产权保护,促进企业自主创新。加大知识产权海关保护力度,提高知识产权行政执法与海关保护的协调,协同打击进出口领域侵权假冒违法行为,构建打击侵权假冒的社会共治格局,助推企业提升创新能力和核心竞争力,努力构建公平有序的营商环境,吸引更多国内外知识产权资源集聚。

(二十四)打防结合,有效防控风险

依法开展风险防控,维护国家意识形态安全,严密查堵进出境违禁印刷品音像制品。认真研究可能出现的风险隐患,确保安全高效管住,打击走私等违法犯罪活动,促进自贸试验区健康发展。

(二十五)加强法治建设,维护健康发展环境

坚持用法治思维和法治方法开展制度创新,将成熟的创新制度固化为法律规范,以法治建设保障制度创新。加强规范、统一执法,营造法治化营商环境。

陕西银监局简化中国(陕西)自由贸易试验区银行机构及高管准入方式实施细则

第一条　为进一步明晰辖内中资商业银行(不含邮政储蓄银行代理营业机构,下同)、外资银行在中国(陕西)自由贸易试验区内(以下简称陕西自贸区内)变更、终止机构,以及陕西自贸区内相关机构高管准入的管理职责,在简政放权同时,切实加强对自贸区内银行机构及高管相关准入事项的事中、事后监管,根据《中国银监会关于中国(上海)自由贸易试验区银行业监管有关问题的通知》《中国银监会办公厅关于自由贸易试验区银行业监管有关事项的通知》及有关银行业

监管规定，特制定本实施细则。

第二条　本实施细则中的机构变更指，辖内中资商业银行、外资银行在陕西自贸区内的分行级(不含分行)以下机构更名、降格、区内迁址，以及支行级(不含支行)以下机构升格为支行。

本实施细则中的机构终止指，辖内中资商业银行、外资银行在陕西自贸区内的分行级(不含分行)以下机构的终止。

本实施细则中的高管准入指，辖内中资商业银行、外资银行在陕西自贸区内应纳入任职资格审核范围的分行级(不含分行)以下分支机构拟任负责人准入。

第三条　辖内中资商业银行、外资银行在陕西自贸区内的分行级(不含分行)以下机构更名，变更后名称要包含自贸区相关字样的，应在符合银监会有关机构命名规则基础上，按照“银行名+陕西自贸试验区+”格式命名。

第四条　本实施细则适用于陕西银监局对陕西自贸区内相关银行机构及高管准入的监督管理。相关银行机构应采取有效措施确保本细则所要求报告材料的真实性、完整性、准确性，以及报告所涉机构、高管的合规性。

相关银行机构发生须报告事项不及时报告，或在报告事项处理过程中瞒报、漏报、不审慎的，陕西银监局将根据《中华人民共和国银行业监督管理法》等相关规定，对报告机构依法实施监管强制措施或行政处罚。同时，依法追究相关责任人责任。

第五条　辖内中资商业银行、外资银行存在重大风险隐患或发生重大风险违规事件的，陕西银监局可酌情暂停其享有陕西自贸区内机构、高管准入简化政策。

第六条　辖内中资商业银行、外资银行在陕西自贸区内的分行级(不含分行)以下机构变更、终止，实行事后报告制。变更、终止的陕西自贸区内银行分支机构上级管辖行应按照本实施细则规定，向陕西银监局报送相关报告材料。

第七条　相关银行机构应根据中资商业银行、外资银行变更、终止分支机构的行政许可或报告要求，制定自行评估、验收相关事项审慎合规性的内部管理制度，并根据监管规定变化及自身管理需要适时进行修订，明确评估验收标准和要求，明晰内部相关部门职责分工，确保变更后分支机构实质符合监管规定和审慎性要求，终止分支机构的所有手续完备合规。

相关银行机构制定及修订后的自行评估、验收管理制度应及时提交陕西银监局。

第八条　陕西自贸区内相关银行机构变更、终止,应自变更、终止完成5个工作日内,向陕西银监局分别提交以下报告材料:

1. 不涉及营业场所变更的机构更名

(1)更名报告,内容包括更名机构名称、更名原因及变更后名称等;

(2)因客观原因需要更名的相关证明材料或批复文件;

(3)有权上级行同意其变更名称的批文;

(4)更名机构辖属自贸区的证明材料;

(5)原金融许可证及其复印件(A4规格)。

2. 机构升格或降格

(1)升格或降格报告,内容包括升格或降格机构名称、升格或降格原因等;

(2)总行机构改革规划或上级管辖行同意升格或降格的批复文件;

(3)上级管辖行对升格或降格后机构业务范围的授权文件;

(4)机构升格或降格前后的组织结构图(明确实际到岗人员);

(5)升格或降格机构辖属自贸区的证明材料;

(6)原金融许可证复印件(A4规格)。

3. 区内迁址

(1)迁址报告,内容包括迁址机构名称、迁址原因、迁址后营业地址等,同时涉及名称变更的,应一并报告变更后名称及相关批复文件;

(2)新址营业场所公安验收证明、消防备案或验收证明;

(3)实施自行评估验收的证明材料,评估结果应逐项由相关验收部门盖章或由责任部门负责人签章;

(4)迁址机构原址、新址辖属自贸区的证明材料;

(5)原金融许可证及其复印件(A4规格)。

4. 机构终止

(1)终止报告,内容包括终止机构名称、营业地址、终止原因等;

(2)总行或上级管辖行同意机构终止的批复文件或董事会决议;

(3)内部审计部门或外部审计机构对拟终止分支机构的审计报告;

(4)终止机构资产处置、债务清偿、人员安置计划,以及负责后续事项人员名单及联系方式；

(5)终止机构辖属自贸区的证明材料；

(6)原金融许可证及其复印件(A4 规格)。

第九条 陕西银监局自收到相关银行机构报送的完整报告材料 10 个工作日内，在银监会金融机构及市场业务准入管理系统和金融许可证管理系统中进行变更及终止登记，向相关银行机构换发或回收《金融许可证》。陕西银监局就报告材料的完整性进行形式审核，并同步加强事中、事后监管。

第十条 陕西自贸区内原应纳入任职资格审核范围的分行级(不含分行)以下分支机构拟任负责人准入，实行事后报告制，免于参加高管人员任职资格考试。相关高管人员所任职机构上级管辖行，应当按照本实施细则规定，向陕西银监局报送报告材料。

通过事后报告制担任陕西自贸区内分行级(不含分行)以下分支机构负责人的，平行调整或改任同一法人机构内自贸区外机构负责人，不适用银监会相关行政许可事项实施办法有关具有高级管理人员任职资格且未连续中断任职 1 年以上的拟任人在同一法人机构内，同一职务平行调整或者改任较低职务的，不需重新申请核准任职资格，需重新申请核准任职资格。

第十一条 相关银行机构应根据中资商业银行、外资银行高管人员行政许可或报告要求，明确拟任高管人员选任资格条件，明晰选任流程和职责，自行审查、核查并确认陕西自贸区内分支机构高管人员实质符合监管规定要求，且具备落实本行在自贸区内业务发展战略所需要的专业治理能力和实践经验。

第十二条 相关高管人员任职陕西自贸区内分行级(不含分行)以下分支机构，所任职机构上级管辖行应当向陕西银监局报送以下报告材料：

1. 任职报告，内容包括任职人任职机构、所任职务、主要职责及权限，所任职务在任职机构及其管辖行组织结构中的位置、报告路线；

2. 对任职人的授权书；

3. 由任职人授权书签字人签字的任职人简历、身份证明和学历证明复印件；

4. 由任职人签署的无不良记录陈述书以及任职后将守法尽责的承诺书；

5. 任职人任现职前担任其他金融机构董事长或高管人员的，应提交前任职务离任审计报告(经济责任审计报告)或者原任职机构出具的履职评价；

6. 任职人在银行、银行集团及其关联企业中担任、兼任其他职务的情况说明;

7. 任职人不属于失信被执行人证明材料(失信被执行人信息查询结果);

8. 由报告机构加盖公章以及相关责任人签发的任职资格审查承诺函。

第十三条 相关银行机构应在内部任命生效后5个工作日内,向陕西银监局提交完整的报告材料。陕西银监局就报告材料的完整性进行形式审核,并对跨行或异地任职的高管人员,向原监管机构或部门征求意见,同步加强事中、事后监管。

第十四条 辖内政策性银行、农村中小金融机构在中国(陕西)自由贸易试验区内变更、终止机构,以及陕西自贸区内相关机构高管准入参照本实施细则执行。

第十五条 本实施细则未尽事宜,遵照所涉相关规定执行。

第十六条 本实施细则由陕西银监局负责解释。

第十七条 本实施细则自公布之日起施行。

关于印发《陕西省推行工商登记全程电子化工作实施方案》的通知

陕工商发〔2017〕123号

各设区市人民政府,省人民政府各工作部门、各直属机构,各设区市、韩城市、西咸新区、杨凌示范区工商行政管理局、发展改革委、财政局、档案局:

《陕西省推行工商登记全程电子化工作实施方案》已经省政府研究通过。按照省政府领导批示,现印发你们,请遵照执行。

陕西省工商行政管理局 陕西省发展和改革委员会

陕西省财政厅 陕西省档案局

2017年7月10日

陕西省推行工商登记全程电子化工作实施方案

为持续深化商事制度改革,提高行政审批效能,根据《国务院关于印发注册资本登记制度改革方案的通知》(国发〔2014〕7号)、国家工商总局《关于推行企业登记全程电子化工作的意见》(工商企注字〔2017〕43 号)《关于全面推进企业电子营业执照工作的意见》(工商企注字〔2017〕47 号)精神,现就全省推行工商登记全程电子化工作,制订本实施方案。

一、总体目标

以工商登记全程便捷、高效、利民为目标,积极在全省推行无纸全程电子化登记,实现市场主体申请、受理、核准、发照、公示等各个环节全程网上办理,核发无介质电子营业执照,推动电子营业执照在全社会通行认可和共享共用,提高行政许可效率,促进大众创业、万众创新。

二、基本原则

(一)便捷高效。申请人登录工商登记全程电子化登记管理系统提交材料,登记人员网上审查,实现网上发照、公示,为申请人提供方便快捷的服务。

(二)规范统一。建立全省统一流程、统一标准、统一运行、统一管理的全程电子化登记管理系统和电子营业执照签发、管理、应用系统,核发统一数据格式、管理规范及技术标准的电子营业执照。

(三)安全可靠。利用现代科技手段,实现工商登记业务数据的防伪、防篡改。规范市场主体电子档案的采集、储存、应用、管理和电子营业执照的生成、管理,确保电子档案的真实、有效和电子营业执照的安全可靠。

(四)无纸质无介质无费用。申请人在线填报相关信息,通过手机微信、国家法人单位信息资源库或国家企业信用信息公示系统实现身份确认。工商登记全程无纸化,电子营业执照不依附特定存储介质,不向申请人收取任何费用。

三、主要内容

(一)适用范围。工商登记全程电子化适用于企业、个体工商户和农民专业合作社的登记注册。经营范围中涉及前置审批事项的市场主体和外商投资企业暂不采用全程电子化登记方式。

(二)用户管理。自然人申请注册时应提交真实准确的姓名、身份证号码、手机号码、影像等信息,系统通过微信身份识别等系统自动比对方式,实现自动确认。法人或者其他组织申请注册时应提交单位名称、身份证件、法定代表人(负责人)等有关人员手机号码等信息,系统通过国家法人单位信息资源库或者国家企业信用信息公示系统平台获取信息,实现自动确认。

(三)登记流程。申请人网上填报登记信息、网上签名提交登记资料,登记机关对申请人提交的材料进行形式审查后,网上核准、发照、归档并公示相关信息。申请人无须到登记窗口提交纸质申请材料。申请人对提交材料的真实性、合法性、有效性负责。

(四)建设登记管理系统。整合全省工商登记数据库,建设全省统一的工商登记全程电子化登记管理系统。实现对用户注册、提交申请、网上签名、受理、审查、发照、归档等操作环节产生的数据留痕管理。全程电子化登记与传统登记方式具有同等法律效力。

(五)实行企业名称自主申报制度。开放企业名称数据库,建立企业名称自助查重申报系统。申请人登录后自主选择企业名称,确认其拟使用企业名称不违反企业名称规则及相关法律法规规定,即可向登记机关申请登记。申请人对申报的企业名称承担相应法律责任。

(六)实行住所(经营场所)申报制度。依照全程电子化登记模式登记的企业在设立登记时无须提交住所(经营场所)证明材料,申请人在线签署电子承诺书,对住所(经营场所)的合法性、真实性、有效性负法律责任。

(七)实行电子签名。申请人通过全程电子化系统在手机、电脑等设备上签名或对数据电文进行真实表达和确认的,均视为有效电子签名。电子签名后,提交的申请材料和身份证明文件视为符合法定形式。电子签名与手写签名或者盖章具有同等法律效力。电子签名人对申请行为和签名电子文档的真实性、合法性负责。

(八)强化电子档案管理。全程电子化登记审查通过的电子文档作为工商登记全程电子化申请材料的依据,自动转入电子档案系统进行电子归档。加载电子签名的电子文件、电子档案等与纸质档案具有同等法律效力。登记机关要积极配合当地档案管理部门做好档案管理工作。

(九)电子营业执照公示。登记机关在市场主体设立登记后即自动生成电子营业执照,保存到电子营业执照库。国家企业信用信息公示系统(陕西)和陕西工商微信公众号为电子营业执照合法、有效的官方发布平台。登记机关通过国家企业信用信息公示系统(陕西)和陕西工商微信公众号公示已核准的市场主体信息和电子营业执照,供相关单位和社会公众查阅、验证。

四、工作要求

(一)加强组织领导。工商登记全程电子化是深化商事制度改革的重要举措,是促进双创的重要途径,是提升政务服务效能的有力措施。各地要高度重视,加强组织领导,研究制订具体实施细则,明确责任分工,形成政府支持、部门协同、社会参与、重点突破的工作机制,确保工商登记全程电子化工作顺利实施。

(二)落实部门职责。各地要推动建立部门参与、分工协作、互通互认、共享共用的联动机制。各级政府负责统筹推动全程电子化改革实施工作,为构建工商登记全程电子化业务系统、推行电子营业执照电子身份认证等信息化建设提供必要的人员、设备、资金、技术等方面保障。西安市人民政府负责协调本市工商业务系统与全省工商业务系统融合和数据库整合工作,实现全省工商业务系统和全程电子化登记管理系统的统一一致。

省工商局具体负责全程电子化登记实施工作,做好全程电子化登记注册系统、电子营业执照管理系统、电子档案管理系统和国家法人单位信息资源库、国家企业信用信息公示系统(陕西)的建设、运行维护工作。

省发展改革委负责完善省公共信用信息平台建设,升级对接工商登记管理系统和各部门相关业务系统,为实现部门间信息互联共享提供平台支撑。

省财政厅负责统筹做好工商登记全程电子化业务系统的经费保障工作。

省档案局负责提供电子档案数据的格式、标准,指导工商登记电子档案管理系统建设。

(三)多种登记方式并行。充分考虑企业登记申请的便利性,各地在开通全程电子化登记的同时,要保留窗口登记服务,继续为申请人办理市场主体的设立、变更等多项业务。申请人在获得电子营业执照的同时,也可以选择领取纸质营业执照。

(四)电子营业执照社会共认。通过国家企业信用信息公示系统和陕西工商微信公众号实现对企业基本信息和电子营业执照的公示。电子营业执照和纸质版营业执照具有同等法律效力。市场主体持电子营业执照办理许可审批、资质认定、招投标、金融等相关业务时,各相关部门和机构应予以认可。

(五)加强惩戒措施。对登记过程中弄虚作假、提供虚假身份证明材料、提交虚假材料(文件)等恶意行为,依法进行查处并限制相关人办理登记业务。冒用他人身份证或者网上冒用他人身份签名等方式骗取登记的，支持被侵权人依法向公安机关举报，或向人民法院提起民事诉讼或行政诉讼来保护自己的权利。登记机关依据法院生效判决，或依被侵权人书面申请和公安机关处罚决定冒用的事实，对相关登记事项依法处理。

(六)加强督导检查。各地、各相关部门要加强对工商登记全程电子化工作的检查和指导，及时研究解决工作推进过程中遇到的困难问题。要严肃工作纪律，对工作协调配合不力，造成工作脱节、延误工作进程的单位和个人予以通报。

(七)强化宣传引导。各地、各相关部门和新闻媒体要采取多种形式，向社会广泛宣传工商登记全程电子化工作的政策措施、办事流程和电子营业执照的便利性和易用性，提高政府部门、社会机构和公众对工商登记全程电子化工作和电子营业执照的知晓率和认可度。

主要参考文献

[1]陈淑梅:《"一带一路"引领国际自贸区发展之战略思考》,载《国际贸易》,2015 年第 12 期,第 48 – 51 页。

[2]方玮峰:《中国陕西自贸区:引领追赶超越》,载《中国投资》,2017 年第 2 期,第 57 – 59 页。

[3]樊秀峰:《自贸区将加速陕西优势产业和企业国际化进程》,载《陕西商务之窗》,2016 年 9 月 9 日。

[4]广东省知识产权局广东自贸区知识产权研究课题组:《知识产权是自贸区建设的重要支柱》,载《南方日报》,2015 年 2 月 28 日。

[5]康传义:《陕西拉近与世界距离》,载《西部大开发》,2016 年第 10 期,第 42 – 43 页。

[6]康传义:《自贸区服务"一带一路"》,载《陕西日报》,2016 年 9 月 12 日。

[7]李滨:《36 条金融举措服务陕西自贸区》,载《华商报》,2017 年 8 月 14 日。

[8]李猛:《中国自贸区服务与"一带一路"的内在关系及战略对接》,载《经济学家》,2017 年第 5 期,第 50 – 57 页。

[9]上海市社会科学界联合会:《中国(上海)自由贸易试验区 150 问(第二版)》,格致出版社 2014 年版。

[10]沈开艳、黄钟等:《中国(上海)自由贸易试验区建设:理论分析与实践探索》,上海社会科学院出版社 2014 年版。

[11]沈开艳、周奇等:《自贸试验区建设与中国经济创新转型发展》,上海社会科学院出版社 2016 年版。

[12]盛斌:《世界自由贸易区全景透视》,载《人民论坛》,2015 年第 12 期,第 57 - 59 页。

[13]肖林:《国家试验:中国(上海)自由贸易试验区制度设计(增订版)》,格致出版社 2015 年版。

[14]闫然:《全球先进自由贸易区的功能定位、监管模式与政策创新——以迪拜、新加坡、伊基克为例》,载《上海商学院学报》,2014 年第 4 期,第 35 - 41 页。

[15]张国军:《"一带一路"视阈下的中国自贸区建设研究》,载《中国经贸导刊》,2016 年第 29 期。

[16]张志强:《世界自由贸易区的主要类型和发展特点》,载《港口经济》,2009 年第 11 期,第 56 - 58 页。

[17]赵润民:《以自贸试验区建设为引领加快构筑新高地》,载《陕西日报》,2017 年 9 月 7 日。

[18]赵晓雷:《自贸区实践指南——图解工作手册》,东北财经大学出版社 2017 年版。

[19]朱悠然、蔡宏波:《全球自贸区发展与中国自贸区建设》,载《国际经济合作》,2016 年第 1 期,第 38 - 41 页。

主要网站信息

1. http://www. gov. cn/zhengce/xxgkzl. htm
2. http://www. china – shftz. gov. cn/
3. http://www. china – gdftz. gov. cn/
4. http://www. china – tjftz. gov. cn/
5. http://www. china – fjftz. gov. cn/
6. http://www. china – lnftz. gov. cn/
7. http://www. china – zjftz. gov. cn/
8. http://www. scftz. gov. cn/
9. http://www. china – hnftz. gov. cn/
10. http://www. liangjiang. gov. cn/
11. http://www. hubei. gov. cn/
12. http://www. shaanxiftz. gov. cn/

后 记

2017 年 4 月，中国(陕西)自由贸易试验区正式挂牌成立。为了让广大读者深入理解自贸区建设发展的相关知识和政策，西安交通大学“一带一路”自由贸易区研究院与中国(陕西)自贸试验区工作办公室联合组织编写了这本书。本书由西安交通大学校长王树国与陕西省商务厅厅长赵润民组织策划，西安交通大学副校长、自贸区研究院院长席光，陕西省自贸办副主任翟北秦拟定整体框架，西安交通大学社会科学处处长贾毅华、自贸区研究院院长助理梅红统筹全书编写工作。具体章节安排上，第一篇由自贸区研究院黄艳茹博士、梅红副教授编撰，第二篇由陕西省自贸办综合信息处王红学处长、政策法规处王振祥处长、协调指导处杨小宝处长，省自贸办陈亚滨、李宝平、贺占华、刘惜、赵俊芳等同志负责编撰。自贸区研究院李华、西安交通大学外国语学院陈洋承担了部分书稿资料的收集整理工作。

由于时间、资料所限，书中难免存在疏漏之处，欢迎读者予以批评完善。

西安交通大学“一带一路”自由贸易试验区研究院

中国(陕西)自由贸易试验区工作办公室

2017 年 12 月 26 日